●武昌起義後，革命軍在街頭為百
姓剪辮子。

●民國初年上海男孩的裝束。

●民國初年，傳統女性仍然足踩三寸金蓮，穿著合身旗袍，謹守三從四德等禮教。

●初到上海不久的小女工，她們的裝扮已經很快跟上了都市的潮流。

●上海街頭的公共電話亭。

●一九二〇年代，上海的郵遞員整裝從郵局出發，投送郵件。

●基督教會在向中國人民提供現代醫療服務方面做了大量出色工作。圖為天津的倫敦傳道會診所內景，攝於一九一〇年左右。

●一九一五年，美國洛克菲勒基金會下屬的中華醫學基金會接辦北京協和醫學堂，改名協和醫學院。圖為該校附設的協和醫院大門。

●孫中山辭去臨時大總統後，出任「全國鐵路督辦」，專心於鐵路建設。圖為孫中山視察京張鐵路時，在張家口與歡迎者合影。

●鐵路是跨越傳統與現代的象徵。一九二〇年，淞滬鐵路出現了第一輛新式蒸汽火車頭，令上海的交通步入新紀元。

●一九〇二年，小汽車出現在上海街頭。

●民國初年，即使是首善之區的北京，路面仍然是塵土飛揚，不利汽車通行。

●漢陽鐵廠是中國第一家，也是最大的鋼鐵聯合企業，其規模在當時的亞洲首屈一指。圖為落成不久的漢陽鐵廠，攝於一九〇六年。

●江南製造局是近代中國最著名的官辦企業，也是中國工業的發軔之一。

●申大麵粉公司，一九一〇年由顧馨一、王寶崙、王一亭合資開辦。

●三友實業社創於一九一二年，是最早能自紡、自織、自銷毛巾與被單的華資企業。

●中國疆域遼闊，貨幣制度一直相當複雜混亂，嚴重影響商品流通和財政金融穩定。圖為清末傳統的金融機構——錢莊。

●美國友華銀行一九一八年在上海發行的鈔票。

●一九一七年，由中國人創辦的第一家環球百貨公司「先施公司」正式開張。圖為先施下設的化妝品發行所。

●中國各地的農產品、手工製品都是經過上海輸往海外。圖為上海口岸出口的草帽。

●中國戲的舞臺沒有布景，其道具、服裝、臉譜、動作相當奇特，觀衆得充分發揮自己的想像力。圖為京劇《陽平關》中的黃忠、趙雲（譚鑫培、楊小樓飾）。

●一九一三年，中國第一家電影製片公司「亞細亞影戲公司」全體演職員在上海香港路五號的露天攝影場中。

●上海一家外文報社的辦公室。

●中國記者在歐戰現場採訪。

●辛亥革命後，教育界力圖新制，小學生穿制服做體操十分時髦。

●在新文化運動下，男女教育平等，大學開放女禁。圖為北京大學第一批七名女學生跟美國實用主義哲學家杜威（左一）等外籍人士及蔣夢麟教授（右一）合影。

●西方人眼中的中國形象：沉睡的女巨人。

●留學日本時的秋瑾。

●辛亥革命時期的上海女革命軍。

●一九二一年三月二十九日，廣東女界聯合會舉行婦女參政大示威。

●民國以後，雖然各省都下令禁止種植罌粟，但還是有不少地方陽奉陰違。圖為福建省永春縣正在公開焚燒吸食鴉片的煙具。

●一九二〇年代，顛沛流離到上海的一戶江北難民。

親切的、活潑的、趣味的、致用的

實用歷史叢書

遠流出版公司

共和十年（下）

《紐約時報》民初觀察記（1911-1921）

編　　者——鄭曦原
譯　　者——蔣書婉、劉知海、李方惠
主　　編——游奇惠
責任編輯——陳穗錚
發 行 人——王榮文
出版發行——遠流出版事業股份有限公司
臺北市10084南昌路2段81號6樓
電話／2392-6899 傳真／2392-6658
郵撥／0189456-1
法律顧問——董安丹律師
著作權顧問——蕭雄淋律師
2011年11月1日　初版一刷
行政院新聞局局版臺業字第1295號
售價新台幣380元（缺頁或破損的書，請寄回更換）

ISBN　978-957-32-6875-8（套號）
ISBN　978-957-32-6874-1（下冊）
YLib 遠流博識網
http://www.ylib.com　　E-mail:ylib@ylib.com

實用歷史叢書

共和十年（下）

《紐約時報》民初觀察記（1911-1921）

《實用歷史叢書》

出版緣起

王榮文

·歷史就是大個案

《實用歷史叢書》的基本概念，就是想把人類歷史當做一個（或無數個）大個案來看待。

本來，「個案研究方法」的精神，正是因為相信「智慧不可歸納條陳」，所以要學習者親自接近事實，自行尋找「經驗的教訓」。

經驗到底是教訓還是限制？歷史究竟是啟蒙還是成見？——或者說，歷史經驗有什麼用？可不可用？——一直也就是聚訟紛紜的大疑問，但在我們的「個案」概念下，叢書名稱中的「歷史」，與蘭克（Ranke）名言「歷史學家除了描寫事實『一如其發生之情況』外，再無其他目標」中所指的史學研究活動，大抵是不相涉的。在這裡，我們更接近於把歷史當做人間社會情境體悟的材料，或者說，我們把歷史（或某一組歷史陳述）當做「媒介」。

・從過去了解現在

為什麼要這樣做？因為我們對一切歷史情境（milieu）感到好奇，我們想浸淫在某個時代的思考環境來體會另一個人的限制與突破，因而對現時世界有一種新的想像。

通過了解歷史人物的處境與方案，我們找到了另一種智力上的樂趣，也許化做通俗的例子我們可以問：「如果拿破崙擔任遠東百貨公司總經理，他會怎麼做？」或「如果諸葛亮主持自立報系，他會和兩大報紙持哪一種和與戰的關係？」

從過去了解現在，我們並不真正尋找「重複的歷史」，我們也不尋找絕對的或相對的情境近似性。「歷史個案」的概念，比較接近情境的演練，因為一個成熟的思考者預先暴露在眾多的「經驗」裡，自行發展出一組對應的策略，因而就有了「教育」的功能。

・從現在了解過去

就像費夫爾（L. Febvre）說的，歷史其實是根據活人的需要向死人索求答案，在歷史理解中，現在與過去一向是糾纏不清的。

在這一個圍城之日，史家陳寅恪在倉皇逃死之際，取一巾箱坊本《建炎以來繫年要錄》，抱持誦讀，讀到汴京圍困屈降諸卷，淪城之日，謠言與烽火同時流竄；陳氏取當日身歷目睹之事與史實印證，不覺汗流浹背，覺得生平讀史從無如此親切有味之快感。

觀察並分析我們「現在的景觀」，正是提供我們一種了解過去的視野。歷史做為一種智性活動，也在這裡得到新的可能和活力。

如果我們在新的現時經驗中，取得新的了解過去的基礎，像一位作家寫《商用廿五史》，用企業組織的經驗，重新理解每一個朝代「經營組織」（即朝廷）的任務、使命、環境與對策，竟然就呈現一個新的景觀，證明這條路另有強大的生命力。

我們刻意選擇了《實用歷史叢書》的路，正是因為我們感覺到它的潛力。我們知道，標新並不見得有力量，然而立異卻不見得沒收穫；刻意塑造一個「求異」之路，就是想移動認知的軸心，給我們自己一些異端的空間，因而使歷史閱讀活動增添了親切的、活潑的、趣味的、致用的「新歷史之旅」。

你是一個歷史的嗜讀者或思索者嗎？你是一位專業的或業餘的歷史家嗎？你願意給自己一個偏離正軌的樂趣嗎？請走入這個叢書開放的大門。

目錄

【卷上】

【卷下】

國教育改革／庚款助學成績斐然／金陵女子學院令人矚目／電影在香港舉步維艱／前教育總長率團赴美考察／國際新聞俱樂部在北京成立／杜威教授希望幫助中國革新教育／天津學生罷課驚動總統／美國科考隊在中國收穫頗豐／五所教會女中籌建／北京大學首次錄取女學生／中國人自拍電影殺青／電影在天津大受歡迎／在中國尋找龍骨／在唐人街觀賞中國戲／百老匯上演中國話劇

★中國婦女解放運動專題

為爭取選舉權而鬥爭／卡特夫人的考察報告／廣州婦女大鬧議會要求參政權

第六篇　實業興起／679

西式醫院在廣州開診／袁世凱批准鐵路建設計劃／銀元、港幣與中國對外貿易／對華貿易在戰爭迷霧中增長／中國尋求五億美元鐵路貸款／民國的植樹造林計劃／民國推行幣制改革／中美合資籌建銀行／中國純銻產量大增／顧維鈞表示歡迎美國來華投資／中國工業革命進程綜述／戰爭刺激民國工業復蘇／中國盲人生活無虞／美國對中、印兩國白銀出口劇增／中國因戰爭享受繁榮／美國四艘萬噸輪將在上海製造／西方工程師建議引進自動電話／中國製造鉛筆／天津建立碳酸飲料廠／民國政府擬頒佈金屬出口禁令／上海百貨商店頗受歡迎／民國遠洋貨輪首航西雅圖／民國的貿易創紀錄／武昌將建立新棉紡廠／現代化的中國前途無量／上海首家卡車運輸公司開業／評民國鐵路建設／新式大飯店將現身上海／髮網製造在中國／大規模電話改造工程進展順利／中國民用航空事業取得進步／北京至濟南航線開通／中德合資電器設備廠將落戶蘇州

【卷下】

第四篇

西風東漸

回顧百年歷史，長期閉關鎖國的中國，得以有今日盛景，很重要一條是參與全球化。民國初年的中國，雖然掛著「亞洲第一個民主共和國」的招牌，但是，仍然受制於帝國主義列強，是被它們強推著參與全球化。列強在華爭奪利益，不斷撕扯和搖晃著這個沉睡的巨人。國民付出巨大犧牲，但也終因巨痛而蘇醒。這個過程是新思潮、新事物、新制度引進、磨合、吸收、消化的過程。西風東漸，不僅改變著中國的面貌，而且打碎了千百年來禁錮國民的精神枷鎖。改革開放運動就是思想解放運動。如果沒有改革開放的一百年，科學與民主的啓蒙不能完成，復興與進步也無從談起。面對世界上一切先進、文明與優秀的東西，我們需要虛懷若谷、海納百川和寬容大度，在學習中繼承、改造和弘揚我們民族文化的優良傳統，並創造性地解決我們面臨的種種問題。

新式醫學院將落戶上海

一九一一年七月十七日

麻州劍橋七月十六日電：在中國建立一所旨在引進西方現代醫學和衛生學體系的新式學院❶即將成為現實。明年二月，新的醫學院將在上海開學。

這是由哈佛醫學院一些醫生們發起籌備的建設項目，他們中的愛德華茲博士（Dr. Martin Russ Edwards）將出任這所醫學院的院長，與他一起奔赴上海的還有十五名來自哈佛醫學院的年輕助手們。塔夫脫總統和哈佛大學名譽校長艾略特❷對這個項目提供了支持。

愛德華茲博士相信，這個醫學院的建立，將成為中國杜絕令人恐怖的瘟疫、霍亂和麻風病的開端。

注釋

❶即中國哈佛醫學院（Harvard Medical School of China），後以資金管道單一、本土化不足等原因於一九一三年停辦。

❷艾略特（Charles William Eliot, 1834-1926），美國著名教育家。生於波斯頓。一八五三年自哈佛大學畢業，

一八五八年任數學及化學助理教授。一八六七年赴歐洲考察學習，研究法國和德國的高等教育，其後發表的研究心得引起哈佛校董注意。一八六九～一九〇九年擔任哈佛大學校長，在校內進行了轟轟烈烈的高等教育改革，把哈佛從傳統學院提升到世界知名學府的地位。

西風吹過中國

一九一二年九月一日

如今，當人們談論起中國事件，不由自主地總會提到「中國的覺醒」以及「新時代到來」之類的說法。然而，對於我們大多數人而言，這樣的說法畢竟是空洞的，它們無法提供實證的事例。

約瑟夫．基根：中國革命的見證者

然而，如果我們恰巧聽到某人親口敘述他本人親歷的中國的覺醒，那便是另一回事了。他看到中國這條沉睡了若干個世紀的巨龍翻身伸了個懶腰，揉揉惺忪的睡眼，問道：「現在是什麼時候？」然後突然從床上跳起來，飛快地穿上衣服——提醒一下，這是美國製造的衣服——然後，在今日世界實現了自尊和獨立的民族之林中找到自己的一席之地。

辛亥革命將中華民國變為現實，正是這樣的一個事件。而美國人目睹了這一切的發生，他們看到這條打著呼嚕昏睡的遠東巨龍正在蘇醒，他們知道迫使這條巨龍沉淪的數個世紀已經遠去，現在，一個偉大的事件將要發生。

身居紐約的美國人，對於如何理解他們所目睹的這一切充滿疑問。基根—羅森克蘭茨公司（Keegan & Rosencrantz Co.）的約瑟夫・基根（Joseph J. Keegan），是這家美國製造商的駐華代表。十四年前，當他第一次來到中國時，巨龍還在熟睡。兩個月前，當他離開時，中國已在覺醒，並且用一種連樂觀的基根先生十四年前也無法想像的方式扶搖直上。

他曾經旅行到過中國各地，了解那裡繁忙的通商口岸，那隱藏在海岸背後的繁華都市，還有那遙遠而平靜的鄉村。最重要的是，他了解和懂得中國人。當他第一次來到遠東開展業務時，他決定學習中文。這樣做的結果是，當其他人徒勞地試圖讓中國商人明白他們究竟在說什麼時，基根先生已經可以到中國商人家中拜訪，用他們的語言愉快的交談，贏得他們的信任，從他們那裡獲知那些不願意告訴外國人的想法、他們關於國家發展的觀點、他們的希望以及他們對未來的理想。

毫無疑問，當這個真誠而熱情的小夥子提到「中國在覺醒」、「舊王朝已土崩瓦解」這些老生常譚的字眼時，便不再顯得空洞無物了。

崇尚外國現在成了一種風潮

基根先生見證了中國革命的興起以及滿清王朝的覆滅，見證了接受西方進步思想的革命黨人從一次次恥辱的失敗中崛起，將政權掌握在自己手中。七年前，他竭盡全力試圖糾正彌漫在中國的反美情緒以及由此而生的抵制美貨；然而今天，他有幸在中國親眼見到，擁有美國人的身分已成為一張凡事暢通無阻的通行證。

「在中國人中，崇尚外國現在成了一種風潮。」基根簡明扼要地總結了當前的情形。「並且，要想走在潮流的最前端，就一定要親美。」一名《泰晤士報》記者聽了基根先生的觀點後補充道。

在華南地區，後一說法顯得尤為貼切。這裡，人們態度的反轉表現得最強烈，美國人突然成為最受歡迎的人群。這裡的人們捐贈大量資金支持革命黨，將革命黨人的勝利向頑固守舊的北方推進，最終促成了中華民國的誕生。看起來，親美觀念也將從這裡逐漸傳播到北方，橫掃之前的一切社會思潮。

「在華南，人們對美國人確實非常友好。」當記者在拉姆斯俱樂部❶找到基根先生的時候，他這樣說。基根先生再次向東方進發前，他的公司總部設在拉姆斯俱樂部。

「你們可以看到，華南地區的中國人不光與前往廣州的美國人和其他國家的外國人接觸越來越密切，他們很多人還有身在美國或者曾居住在美國的親戚。通過這種方式，他們逐漸了解了這個國家，並且對西方的觀點變得越來越容易接受了。

革命使得中國人感受到從未有過的團結

「所以，中國的革命起源自南方，是再正常不過了。這裡的富商巨賈為革命出資，並且對民國政府非常擁戴。

「這些富商中，韋玉❷是最為活躍的一位銀行家，他雖然是香港居民和華人立法局成員，但同時也是一位極富熱情的愛國者，決不允許任何事情損害他祖國的利益。他為革命捐助了大量資金，並且極有可能在新政權中擔任高職。

「韋玉和其他華南富商的捐款，使得革命橫掃一切阻礙，也使取得成功變為可能。對於盤踞在華北地區的清軍而言，來自華南的金錢攻勢使得他們變節支持革命是最常見不過了。這些貧窮的士兵們已很長時間沒有領過一分錢軍餉了，因此，他們對於大清帝國毫無忠誠可言。

「為什麼會這樣？直到今天為止，中國從沒有產生過凝聚力。革命使得中國人感受到從未有過的團結。在帝王統治下，這裡只是一片由眾多省分組成的、巨大的、死氣沉沉的的土地，而現在，它成為一個真正的朝氣蓬勃的共和國。

「我想，在過去數年，遍及華南並迅速蔓延的親美思潮，在很大程度上是辛亥革命取得勝利的重要原因。中國革命黨人一直在密切關注著美國，他們認識到美國的共和政體是一個巨大的成功，於是反躬自問，為什麼中國的共和政體不可以取得同樣的成功？現在，中華民國已經建立，他們有理由相信，這裡將會朝著美國的方向發展。

「這種傾向非常明顯。從廈門、廣州等通商口岸開始，逐步向內陸地區延伸，直到最遙遠的邊區。如果你看見整條船的美國服飾——成千上萬的西服——從海岸向內陸地區運輸，你便知道，這種趨勢是不可阻擋的。

服飾是中國最顯著的變化

「服飾是中國最顯著的變化。你知道，中國人長久以來的服飾風格和我們有著多大的差別，你完全不能想像一個華人沒有穿戴中國服飾是什麼樣子。但是現在，一切都改變了。崇尚外國成為一種風潮，身著西式服裝成為一個人時尚的標誌。

「每一個中國人都在拋棄傳統服飾。如果這種崇尚西方的傾向繼續發展下去，對於全球服裝市場的影響將是令人驚訝的。

「我們知道，迄今為止，從法國的里昂（Lyons）到英國的蘭開夏（Lancashire），他們向中國供應的絲綢和布料都大受歡迎。但是，如果中國人喜好厚重布料製成的西式服飾的傾向持續增長，那麼必然會造成絲綢製品貨運量的下降，而來自英國的布拉德福德（Bradford）和法國的魯貝（Roubaix）等地的出口將激增，從而彌補里昂和蘭開夏的損失。如果美國廠商能夠抓住機會，為中國人提供適銷對路的商品，那麼我們的對華貿易額必將出現極大的提升。

「不只是衣服，如果中國人想變得更加摩登，他們還必須拋棄他們用絲綢和棉布做的舊鞋，換上皮鞋，還有裝配許多他們以前知之甚少的摩登品，例如襪子、領帶、禮帽和各種各樣的配飾。值得注意的是，正如我先前所說，那些除了中國傳統服飾之外再沒有穿過任何衣服的中國人，他們正在上班時間拚命穿戴自己最值錢的傳統服飾，以便儘快把它們穿破，好去購買外國人身上穿戴的那種新式服飾。

「確實，看到美國和美國人在中國愈發受到青睞，這種感覺真的十分美妙。在上海，這已經變得十分普遍。比如，理髮店門口懸掛的廣告上寫著，他們可以修剪『美式髮型』。

「中國的這種變化，不僅體現在男士們身上，女士們的改變程度也不相上下。再過幾年，我相信，美麗的中國女人將穿戴得和我們的女士們完全一樣。

如果他們賣你面子，一切事情都好辦

「美國人應該獲得中國的貿易。儘管大部分中國商人都有紳士做派，但並非他們中的所有人都如同天使。在他們當中，也存在著一些品行不端之徒，這就像在其他任何一個國家一樣。但是，如果你贏得了他們的信任，他們便會非常友好地對待你，這是一條通用原則。

「這是一個關於臉面的問題。如果他們賣你面子，一切事情都好辦。我一直在努力平等地對待他們，隨後，我發現他們也會用同樣的方式對待我。

「所有的美國人都需要中國的貿易，這是一條常識。那麼究竟什麼是出口貿易呢？其實，依然無外『常識』二字。」

注釋

❶拉姆斯俱樂部（Lambs Club），一八七四年在紐約創建的著名會所，是戲劇、文藝及娛樂專業人士群聚之地。

❷韋玉（西名Sir Boshan Wei-Yuk），字寶珊，祖籍廣東香山，一八四九年生於香港，父親韋光（一八二五～一八七九）為有利銀行買辦。韋玉一八六七年前往英國留學，是近代首批留學西歐的華裔學生。一八七二年返港加入有利銀行，是香港早期少數熱心參與社會公職的華人。一八八二年選為太平紳士。一八九六～一九一七年出任香港定例局（後改稱立法局）議員。一八九八年，英國根據《展拓香港界址專條》派兵新界，遭遇新界鄉民激烈反抗，最後經韋玉等人協助調停，新界納入香港版圖。他多次代表香港與內地交涉，深得清廷信任。辛亥革命爆發後，廣東水師提督李準向胡漢民投降時，也以韋玉為保證人，協助政權平穩過渡。為表揚其功，袁世凱在一九一二年授予三等嘉禾勳章。韋玉晚年身體多病，一九一七年退休，淡出政壇。一九二一年十二月病逝。他是歷史上第三位獲得勳爵爵位的華人。

中國正在成爲美國的翻版

一九一二年十一月十日

王景春❶說，「我們許多國民黨人，都從美國大學畢業，生活方式完全美國化，除了在南京搞革命、反對帝制，實際上也像其他美國畢業生一樣喜歡討論橄欖球比賽。」王擁有耶魯大學碩士和博士學位，是推翻這個世界上最古老帝國的革命元老，現重返美國參加上個月在波士頓召開的第五屆國際商業大會（The Fifth International Congress of Chambers of Commerce）。

王還是出席巴拿馬太平洋世博會（Panama-Pacific International Exposition）的中國代表之一，是京奉鐵路局副局長，此外還擁有一大堆頭銜，實在讓人難以記全。但是，當他談起新建立的民國時眉飛色舞，令人印象深刻。王是個充滿激情的人，他講述的事情讓人很難相信竟然發生在發展遲緩的東方。他預言要發生的事情，即使你深受感染，仍然難以置信。

新民國蹣跚學步，但預示著美好的未來

「中國正在成為一個新的美國。」他斷言道，而且列舉了一大堆論據來支持這個觀點。他講述了鐵路沿線各省發生的變化，展現了一個難以想像的進步的中國，一個堪為亞洲發展先驅的中

國，一個突破日本遏制繼續向前發展的中國。

「中國的進步，就意味著日本的倒退！」這是一個令西方人難以理解的概念。對我們來說，中國是一個「保守落後」的典型，而日本，她的每一寸腳步都在前進。我們不相信自己所見。我們問，「這是否只是你們的夢想？」

「當然不是。」對於王博士來說，今天的中國就是遠東的美國，她意味著一切的可能性，絕非夢想。新生的共和國可能剛剛開始走路，但在這位耶魯畢業生以及無數留美中國學生的眼裡，這樣的開端已經成為一個良好的基礎，並且預示著美好的未來。

他並沒有將他的精采描述局限於滿洲或南京。無論他是否在修飾中國政客的觀點，關於中國鐵路的發展前景，關於中國人民對待外國、特別是美國的態度變化，這位民國公民都給出了積極的看法。

他宣稱，「中國國民的性格正在發生改變。」即使他的說法只有一半當真，那麼這個變化也是驚人的。

大連還是秦皇島，出海口的選擇

當談起他身為京奉鐵路局副局長的見聞時，王博士說，中國試圖實現滿洲發展，但只是徒勞地與日本對抗。日本僅僅出於本國利益來經營這片區域。

他描繪的中國是如此驚人的快速發展，他為祖國所取的暱稱「另一個美國」一點都不誇張。

在曼哈頓酒店（Hotel Manhattan）的走廊上，他告訴記者，「京奉鐵路❷在好幾年前就已經竣工，是中國最早的鐵路之一，它成功地改變了中國人對鐵路的抵制。但更重要的是，它只是中國鐵路大規劃中的一個樞紐。未來另一個將對中國以及滿洲發展發揮重要影響的鐵路樞紐工程，是修建從哈爾濱通往北京的鐵路。

「日本堅決反對修建這條線。如果你攤開地圖就會看到，這條線將使鐵路貫穿北滿直到中國海岸，而這正是日本人極力避免的。儘管這條鐵路對滿洲的發展十分有利，但日本人妄圖把貿易限制在他們控制的南滿鐵路範圍之內。

「如果與南滿鐵路奉天（譯注：瀋陽）以北段相連的這條中國鐵路線能夠興建，那麼大連以南一百五十英里的秦皇島港將作為出海口。但在目前局勢下，日本人希望從滿洲運出的貨物通過南滿鐵路到大連，然後通過海路運往中國內地。這樣，日本控制的南滿鐵路即可收取從哈爾濱到大連出海口的全部貨運費用。如果北滿來的部分貨物通過中國規劃的新鐵路線運往秦皇島，他們將會減少收益。我之所以引用此例，是希望你們了解日本在滿洲實行所謂『門戶開放』政策的真相。

日俄戰爭勝利的興奮消退後，日本政客對滿洲會有不同認識

「甚至在已經建成的京奉線，日本人也不斷製造障礙。在奉天以北有一條中國管理的鐵路支線延伸到南滿鐵路範圍，穿過了滿洲一個比較富裕的地區。為通過這條支線將貨物運往中國內

地，貨車必須在奉天從南滿鐵路換掛京奉鐵路，兩個火車站之間的交換距離不超過半英里，而每噸貨日本人竟然收取四美元。

「誠然，站在日本人的角度，他們可以以此達成不錯的交易。日本將滿洲視為她的戰利品，不允許日本人之外的其他人染指獲利。但是，我認為，當日俄戰爭勝利的興奮消退以後，日本政客會有不同認識，他們將不再視滿洲為軍事佔領區，而是一片需要開拓和發展的區域。在這種情況下，他們將會允許其他國家、特別是中國在此享有同等的開發機會。」

照王博士的看法，中國這個長久沉睡的國家今天反倒成了一個受到日本阻礙的前進者。從西方觀點出發，記者對王博士描繪的場景感到吃驚。

留學生爲國家修鐵路，也爲自己掙錢謀生

王將談話轉到中國其他地方。他說，「新鐵路的修建工程正在全中國熱火朝天地進行，即使今天沒有鐵路的地方，也在積極的規劃之中。其中，有一些規劃由美國工程師幫助制定，另一些則由在美國受過教育的中國人來做。」說到這裡，王博士笑了，「這些留學生不僅將修築鐵路作為中國的發展途徑，而且也作為他們掙錢的手段。美國將他們培育為工程師，回到祖國後希望以此謀生。因此，鐵道建設工作必須由他們來完成。

「不要忘記，曾經有數千名中國人到美國留學，現在這裡還有八百名中國學生，而未來幾年還將有成千上萬的中國學生來到這裡。毫無疑問，現在的中國深受美國影響。我們的政府模式是

美國式的，憲法是美國式的，我們中許多人感覺就像是美國人。

打開天府之國的大門

「在所有鐵路規劃中，最重要的是通往富饒的四川省和雲南省的鐵路。一旦這幾條線路修築完成，我們就將擁有一個真正意義上的國家鐵路網。現在北方主要有京漢路和津浦路兩條線，京漢路的延伸已有規劃，準備從漢口通往華南重鎮廣州，但更重要的一條規劃線路，是從漢口直達四川腹地。

「四川是我國最大、物產最豐的省分，它每年的生產總值相當於整個日本和朝鮮之和。四川的富饒堪與法蘭西平原相媲美，它是一個真正的天府之國，礦藏十分豐富，銅礦和其他有價值的礦物俯拾皆是。

「問題是如何為這些寶藏進入市場尋找到道路。在漢口上游，某些規模的船隻可以通航，但要到達天府之國還有幾百英里的距離。

「在這段路上，已開始興建的川漢鐵路❸將發揮重要作用。我希望它能在五年內建成。現在，產品出川都是通過人力，要搬運數百英里。一旦鐵路建成，這種景象將不復存在。

「除了四川鐵路，規劃中的另外兩條重要線路是從廣州通往雲南，以及從廣州向北與川漢線連通的粵漢鐵路❹。此外，我們計劃在北方將北京跟蒙古和土耳其斯坦連結起來。所有這些規劃意味著修建上千英里的鐵路。但是，我有信心，火車十年後將會疾馳在我們規劃的鐵路線上。

鐵道旁不許拴馬，但農民不予理睬

「不太久遠以前，當中國第一條鐵路修建時，受到了沿線居民的重重阻礙。那時候，擺在鐵路工程師和築路工人面前的是各種阻礙和困難，然而現在他們遇到的只有幫助。

「你可以看到一個最有力的證據，鐵路沿線居民從前貧困潦倒，現在突然變得開始富裕起來。他們不再被迫將價值五角的商品以一角的低價賤賣。居住在京奉鐵路沿線的人民，現在對這條鐵路交口稱讚，而他們從前曾使用暴力阻擾鐵路施工。

「記得有一次，一隊工人在鐵道旁樹立了幾根電線杆，一個對鐵路規章制度一無所知的當地農民卻將馬拴在電杆上。工人們解開韁繩將馬趕走。當農民回來牽馬時，發現馬不在了，勃然大怒，而工人們回答，鐵路規定不許將馬拴在鐵道沿線。

「被激怒的農民回到村裡，召集親朋鄉鄰，講述了事情經過。於是，他們傾巢而出，破壞了好幾英里的鐵軌。這本來僅是個誤會，卻帶來如此大的損失。

「如今的中國正在發生確鑿的變化。我承認，中國人已落後於世界。但是，當我們開始著手做某件事後，便一定能夠做成。我們從一堆阻擋視線的巨石縫隙中往外窺探了一眼，於是，遼闊的平原向我們展開。

民意爲中國帶來今天的這一切變化

「自辛亥革命勝利後，中國已推行了一些改革措施，如果你還記得中國的往昔，你會覺得今天的這一切變化真是不可思議。

「以曆法為例，當一些進步人士建議棄用農曆以與世界曆法接軌時，許多人認為這個改變絕無可能，因為我們已經使用農曆數千年了。後來發生了什麼？中國在兩天之內便開始使用西曆，沒有出現任何反對或激憤，什麼都沒有發生。它就這樣改變了。

「同樣，中國人還留長辮嗎？而僅僅幾年前，沒有人相信這可能發生。

「鴉片呢？當一些中國人提議根除鴉片時，幾乎沒人相信。他們認為，中國人一直抽食鴉片，程度甚深，因此未來也必將如此。看看發生了什麼？現在美國抽鴉片的人比中國還多。從前，吸食鴉片被視作地位的象徵，而現在則是犯罪。抽鴉片的人被社會排斥，無法找到工作。事實上，在中國已很難買到鴉片。

「是什麼帶來這些改變？是民意。鴉片買賣在五年之內便被打壓下去，這樣的成績比你們美國人在處理酒精買賣上的表現還要優秀。你們是雷聲大雨點小，最後什麼也沒做。

「而你們也該知道，當中國發生這些改變時，我們還處在美國許多年以前的狀態。當鐵路剛剛在英美出現時，難道沒有反對聲嗎？難道沒有許多人抱怨火車頭帶出的煤渣會毀壞莊稼、巨大噪音會嚇跑森林中的鳥兒嗎？所以，中國人起初帶著懷疑眼光去看待這些新事物是非常正常的，因為你們也同樣如此。但現在，我們已行進在這條前進的道路上，便不會停止。中國的前方，有光明美好的未來。

商業歸商業，政治歸政治

「我們現在需要的，是與美國以及其他國家的貿易往來，是真正的貿易，而不是參雜在國際政治遊戲中的所謂貿易。

「我們擁有我們國民自己需要的政治。到目前為止，洋人在華的行為記錄並不完美，有些美國人以及其他國家的人士，無論對他的祖國還是對中國都沒有公平對待。我們需要的是正直誠實、光明磊落的外國朋友。唯有如此，我們才會以同樣方式對待他們。

「從今以後，我們希望能夠明確，商業歸商業，政治歸政治。當我們需要資金時，我們指的是資本，而不是資本所附加的一大堆醜陋不堪的政治索求。籌集資金對於一個欠缺發展經驗的國家來說，本來已經很難了；如果再參雜政治因素，那就太難承受了。

「對於中國人來說，和你們談生意過於曲折。當我們認為你在談論金融問題時，你卻突然轉向政治；於是我們和你談政治，而你卻又突然再轉回商業領域。我們和你們的銀行家商談，銀行家告訴我們應去找美國國務院；當我們把注意力轉向國務院時，你們卻又談起貸款來。

「如今，我們商人的做事方式是直來直往，我們不能理解這樣的交易。中國的政府，我必須承認它時常發生變動，但從來就不是一個生意人。

美中兩個偉大共和國必將實現共同的發展

「並且，我們非常希望與美國發展貿易關係。在中國，我們對於美國人民給予的幫助非常感激，我們從未忘記海約翰、羅斯福和塔夫脫為我們所做的一切。你們現在忙於國內政治，可能已經遺忘這些事，但我保證，我們從未忘記。

「我相信，美國和中國這兩個太平洋地區的偉大共和國必將實現共同的發展。她們都是和平的愛好者，都有成功的潛質。我們希望正直的美國人來到中國，對我們平等相待。我們需要的，不是試圖在最短時間內榨乾中國窮人血汗的商人，而是願意長期經營獲得合理贏利的商人。

「這便是中國現在最需要的。我想告訴你，美國人一定會從一個新生的中國獲得極大收益，因為中國正在成為另一個美國。」

注釋

❶王景春，字兆熙，一八八二年生，河北灤縣人。北京匯文大學畢業後，先入美國耶魯大學土木工程系，一九〇八年轉學至伊利諾州立大學，專攻鐵路運輸管理，一九一一年獲博士學位。次年回國任南京臨時政府外交部參事。一九一二～一九一三年任京奉路、京漢路副局長。其後代表中國政府參加在波斯頓召開的第五屆國際商業會議。一九一四年七月至一九一六年在交通部任職。一九一七年任第五屆中日關稅會議委員，京奉路、京漢路局長。一九一九年出席巴黎和會任專門委員。一九二〇年任中東路技術管理局中方代表、東省鐵路公司理事、交通部路政司長。一九二二年任中東路會辦。一九二五年出席國際電信郵政會議，回國後任郵政電信會議總代表。一九二八～一九三〇年任中東路理事長。一九三一年至抗戰期間任國民政府派駐倫敦購料委員會委員。一

九四九年後赴美，一九五六年六月病逝。王氏生前為中國統一鐵路會計與統計制度，提高鐵路管理，以及袪除盲目服從洋人方面均做出貢獻。

❷京奉鐵路在中國近代鐵道史上有重要歷史地位，對中國近代社會的歷史進程有很大影響。京奉鐵路又名關內外鐵路，起自北京正陽門東車站，止於奉天城（瀋陽）站，幹線長八百四十二公里，另建支線數條。於一八九八年十月正式開工，一九一二年至奉天全線通車。由於英、俄兩國激烈爭奪修建貸款權，大清政府舉棋不定。最後由英、俄兩國直接談判，以互換照會方式訂立謀求路權互不妨礙協定。英國人金達（Claude William Kinder）任總管兼總工程師。

❸川漢鐵路是晚清末年籌建的一條鐵路線，最初計劃從成都起，經內江、重慶、萬縣、奉節、秭歸、宜昌，至漢口止，全長三千公里。川漢鐵路自晚清提出修建，直到宜萬鐵路於二〇一〇年十二月二十二日正式通車，全路才算真正貫通，湖北、四川兩省人民追求了百年的夢想才終於實現。

❹粵漢鐵路是京廣鐵路南段廣州到武昌間的一條鐵路舊稱，全長一千零九十五公里。一八九六年十月，清廷下旨修建粵漢鐵路。但因耗資巨大，工程一再延遲，直到一九三六年八月，粵漢鐵路才全線貫通。一九三六年九月一日，當第一列粵漢鐵路的列車從武昌開出時，時速只有三十五公里，需要運行四十四小時才能到達廣州。二〇〇九年十一月，武廣高速鐵路全線建成，設計時速三百五十公里，全程最短運行時間為三小時。

女人服飾的變化是另一場革命

一九一三年八月三日

難道中國也有時尚嗎？也許對你來說，當這個想法從頭腦中蹦出來時，你無疑會像世界上大多數人一樣，從來不認為那裡會有什麼時尚的東西，在那裡頑固存在了無數個世紀、無數個朝代的社會風俗怎麼可能允許他們的服飾順應潮流的變化呢？

西洋服飾激發中國女性的時尚觀念

老古董固然還在，但是，新生事物卻如雨後春筍令人吃驚地萌生出來。儘管遺老遺少們仍在嘲笑和阻攔，但是，西洋時裝潮流正飛速進入這個古老的國度，與其說年輕人們是在接受這股潮流，不如說他們是在逐漸地適應。

端莊秀麗的中國女士可以隨意穿著洋裝又不失「面子」的那一天還沒來到，也許它永遠不會來到。有一些勇敢的女士正試圖嘗試，卻難逃指責。即使是一位在中國很有名的西方教育家的夫人，她也發現，如果她穿著西洋服飾迎合她的丈夫，她很難在中國人面前擡得起頭來，保持高尚的社會地位。多年來，她的丈夫一直穿戴中國服飾，直到最近才開始穿西裝。

然而，排斥西洋服飾對於中國女性來說不是大的困擾，因為洋裝並非為展現中國女人的美麗而量身打造，嬌小玲瓏的東方婦女也許不一定適合西洋女裝。不過，西洋服飾風格正在對中國女性服飾產生巨大影響，而且逐漸被大眾了解，由此激發了中國女性的時尚觀念。而今懸掛在商店櫥窗裡的新潮女裝琳琅滿目，與往昔風格大異其趣，富有當地特色的新式服飾設計證明，時尚元素正在引進中國，它們與西方一樣令人耳目一新。

上海是遠東的紐約。當你漫步南京路這個上海的第五大道時，或是走在福州路這個中國最華麗炫目的城市街道時，你會發現，新款鞋與舊款鞋並排擺放在鞋店裡，顯得十分古怪。櫥窗裡，先是一排柔軟光滑的舊款女鞋，小而尖，呈船形，是專供舊式裹足女人穿的；另一排是設計優雅、形狀自然的低跟便鞋，專為天足婦女製作。

然而，更強烈的對比在另一個櫥窗。這裡只有皮鞋，而其中只有很少一部分是為那些遺留在舊時代的小腳女人穿用，其他大部分皮鞋都擁有相同的款式和造型，粗看起來似乎和過去的綢緞布鞋一樣，但注意了，它們是高跟鞋，簡潔明快的時尚風格一點不輸西方時髦女性的表現，同樣擁有不可思議的女性魅力。

穿上新鞋的中國女人健步如飛

中國女鞋從外表看很像西方的水泵，腳背上很少有皮製鞋舌，鞋面上有綢緞作成的裝飾。理論上講，中國製鞋業在很多年前就使用皮革；然而，事實上直到辛亥革命後，皮鞋才開始流行。首先是男人開始穿皮鞋，包括那些堅持穿長袍大褂的中國男人。隨後女人也開始穿皮鞋。照東方思維，這已經侵犯了男人的特權，而這個突飛猛進的進步在過去四千年中是根本無法想像的。

追趕時尚的中國新女性甚至穿上了西洋鞋。她們不願意再穿中式的皮鞋，製鞋必須真材實料，通常由中國製造，但式樣在美國人看來非常眼熟！

中國男人不大情願看到他們女人服飾的巨大變化，對在大街上招搖過市的中國新女性深懷厭惡，認為她們在公然對抗傳統習俗，雖然身著中式服裝，腳下卻穿一雙西洋鞋，走起路來大步流星，而不是輕移蓮足、小心翼翼，真是「非常不守婦道」的行為。

小腳女人不是在行走，她們是在蹣跚挪動，就像站在一個高蹺上一樣。然而，即使是一個天足的女人，如果她身穿普通中式女鞋，再裹一條狹小得把人捆住的旗袍（事實上除了女僕和小孩外，所有中國女人都至少有一條這樣的旗袍），當她們邁著小步向前，誰也搞不清楚她到底能走多遠。

但是，當她們穿上西洋長筒靴時，情況就大變了。即使是極具衝擊力的高跟鞋，她們行走起來也輕鬆靈活，健步如飛。西洋筒靴挑戰著中國旗袍裙襬的極限。

旗袍革命是婦女解放的開端

現在應該可以這麼說了，即無論西方女性以何種眼光看待中國傳統旗袍，它們都應該逐漸淡出舞臺，這些有黑色眸子的東方女人們對此也不會過於傷感。因為她們穿這種裙子已經太久、太久，即使不為其他，僅僅為了表明她們也可以參與到服裝革命中來，她們也可以換上下襬寬鬆、與傳統旗袍完全不同的裙子。更重要的原因，是中國女性希望從今以後能夠大步行走，而不再是曳踵而行，傳統旗袍已不再能滿足她們的要求，至少必須加大裙襬的寬度。

無論如何爭論，最後的結果是商店櫥窗裡掛滿了半土半洋的新式旗袍，下面的裙擺變得寬大了，有些甚至展現一種鐘形效果（bell-sharped effect），幾乎按臀部尺寸做的，突出女性的身段。然而店家在解釋這一設計時，一本正經地說，這是為了適應胸衣下端結構而設計的！

中國裙裝的顏色也相當古怪，據說是習俗流傳下來的。在西方，黑色在很大程度上為男性專有，但是在中國，它卻毋庸置疑地歸屬於女性。確實，有時我們看到她們穿粉紅色的旗袍，但那只是在她的婚禮大典上。

上海的服裝店主們正悄悄地把葬禮一樣的黑色從許多新旗袍上去除掉，但到目前為止也僅僅敢使用暗棕色。他們主要在樣式上動腦筋，比如添加衣褶，裝上鬆緊帶，大量使用花邊和刺繡。舊旗袍的形狀像一個管子，是用一塊方方正正的布料縫製而成，裙襬和上圍的寬度相同。而這些在上海商店櫥窗內陳列的新裙子，即使對最大膽前衛的女性來講，其離經叛道的激烈程度，絲毫不亞於一次革命。

有一點特別要提請中國的女士們注意，就是雖然這裡設計的新旗袍和西方的裙子差不多，但中國婦女一般不穿襯裙。因此，為更好地適應這種情況，首先要把腿部照顧到。這似乎是必須動腦筋想一想的。

寬鬆上衣使得女學生們歡呼雀躍

我們把注意力從旗袍移到上衣。中國人的顏色搭配不喜歡過於強烈的色彩對比，上衣顏色總是不同灰度的綠色或藍色，用一些小巧優雅的裝飾來點綴，通常是將花朵的圖案編織到綢緞上。中國傳統女裝再次表現出狹小包裹的傾向，舊式上衣做得非常緊身，不同於西方婦女穿著舒適的想法，特別是中國女人要束胸。

許多中國婦女患有肺結核是與此陋習有關。隨著新事物層出不窮，寬鬆的、特別是保護肺部不受壓迫的上衣正在成為潮流，這使得在上海學習衛生學的中國女學生們歡呼雀躍。同時，服裝店主們也在將新式的女上衣變得更短，比以前要短很多。

最近流行的是，上衣兩側開叉沒太大變化，但衣領變得更高了。事實上，這些在胸前開口的衣領，被提高得幾乎要遮住她們的耳朵和臉頰了。

在冬天，衣領和整件上衣都會襯上羊毛保暖；在夏天，會在綢緞的邊緣鑲上蕾絲。當然，在權貴最高層的小圈子裡，女士們拒絕將衣領弄高，她們對這項創新嗤之以鼻，稱其「簡直難以忍受」。

髮型、頭飾和禮帽

除了用西方化妝品往臉頰塗脂抹粉外，她們還渾身噴灑香水，甚至塗上口紅。在髮型上，中國女性仍然保有自身特點。和西方女性不同，中國女士們最光彩奪目的打扮不在禮帽上，因為她們從來不帶禮帽！

中國婦女的髮型越來越明顯地開始逐漸背離舊傳統。女士們頭上髮型發生的革命，絲毫不亞於男性削掉辮子。

從前，沒有人會質疑女性頭上橢圓形黑色包頭的美觀和實用。通常情況下，美麗、珍貴的寶玉或金簪會插在包頭上。光潔的頭髮整齊地裹住她的頭頂，額際的頭髮被小心地剃去，全部頭髮整齊地向後梳成一股，從細長的頸部往上，盤成一個漂亮的髮髻，並插入一支髮簪固定起來。

隨著潮流演變，雖然有上百萬的中國女性仍然沿用舊式髮型，但是，也有一些追求勇敢的新女性開始做出新的嘗試，她們把頭髮分成兩股，向後梳成一對花辮，整齊地盤捲在頭頂上。這種髮型需要用新式髮夾夾住頭髮，並且要用西洋髮飾來裝扮。

儘管禮帽還沒在中國打開市場，但這個西方流行物件已蓄勢待發。一種源自日本的瀟灑小帽受到上海的騎師和高爾夫球手們的追捧。這說明，這種用白羊毛編成、帶有綢緞裝飾、精致優雅的西洋小帽正在向中國走來。

至少有二十九件衣服才能滿足換季需要

考慮到中國婦女裝束習俗在不同季節有不同的變化，而且在用料上遠比西方婦女講究，西方生產廠商可以做到的，就是根據季節的變化增加款式。

然而，對於中國女士們來說，根據時間和場合的不同，其著裝要求也實在太多。她估計得有半打以上不同款式、不同厚薄的皮裘衣物才能合乎體面地適當輪換，依次適應不同季節，從寒冬到酷暑。為確保體面，防止其他女人在背後說三道四，一位中國女士必須在衣櫃裡至少保有二十九件衣服，才可能滿足換季的需要。

這一服飾法則不僅適用於達官貴人的夫人和小姐們，也適用於貧苦人家的婦女，只是程度輕些而已。由此造成的一個後果是大多數窮苦人家或不那麼成功的人士，他們的妻子必須將上一個季節的衣服典當出去，才可能換來下一個季節可穿的衣服。

貼身衣服怎麼辦？其實，這個話題可以直接忽略，因為事實上，中國婦女從來不穿內衣！對於她們來說，包括三圍、樣式等，統統不存在。在她們眼裡，服裝只分為衣服和褲子。如果要添置衣物，只需要增加上衣和褲子的數量就足夠了，最多再加上一件應景的旗袍。

長筒襪風靡一時

然而，時裝的潮流難以抵擋，變革終歸還是發生了。不是在她們的內衣上，而是在襪子上達成了折中的意見。確切地說，中國人原來習慣穿短襪，但世界上還有比西式皮鞋搭配中式女短襪更可笑的事情嗎？

於是，西式長筒襪在這裡風靡一時，為歐洲和美國的長筒襪生產商們帶來了大量訂單。他們現正忙於設計新的款式，以設法滿足千百萬隻中國金蓮小腳的迫切需要。這種足部的殘疾，沒有給上海女裝店的店主們帶來任何生意上的煩惱。

事實是，雖然很少有人在認真地打扮自己，但是，由於中國四季明顯，換季需要產生了很大的服裝需求，中國女性也因此承受著令西方女性難以想像的經濟負擔。現在，隨著西洋服裝時尚的引入和變換，中國女士們梳妝打扮的花銷更大了，這是任何一個美國人用腳趾頭都能想到的悲哀結果。

亞洲復興是當今世界最重要的事件

一九一三年十一月二十三日

亞洲的全面復興來自於政治、教育、經濟、社會和宗教等各方面的巨大改革，帶來了遍及東方這片廣闊的大陸的進步。

這是艾迪（George Sherwood Eddy）在他的新書《亞洲新時代》（*The New Era in Asia*）中得出的結論。艾迪先生擔任基督教青年會國際委員會（International Committee Young Men's Christian Association）亞洲地區幹事長，學術研究方向是現代化運動。本書以他在印度及周邊國家、乃至整個東方共十七年的生活經歷為基礎寫成，由衛理公會出版社（Methodist Book Concern）出版。

作者一八九一年畢業於耶魯大學，一八九六年在普林斯頓大學完成神學課程，後來到印度。除短期回紐約外，他幾乎一直在那裡生活。

一九一二年至一九一三年，在穆德博士❶陪同下，艾迪先生展開他最後一次亞洲之旅，足跡遍佈印度、緬甸、錫蘭、海峽殖民地、中國、朝鮮半島和日本。他的旅行成果在其書中總結如下：

整個亞洲都正在經歷著偉大的覺醒

東方每年都會有新變化，但再沒有比去年這次旅行讓我看到如此深刻而廣泛的變遷。中國建立了共和制國家，日本的君主立憲制進步明顯，朝鮮也正在適應新的統治，印度的動亂進入新階段，巴爾幹戰爭改變了土耳其帝國（譯注：指鄂圖曼帝國）的版圖，並對近東產生了影響。

亞洲正在經歷根本性的變遷，一個嶄新的亞洲正在逐漸成型。亞洲的復興和改革，讓歐洲人看到了一個新時代。在這之前，還沒有任何人預見到這一變化的重要性。亞洲今天的變化，在許多方面都比歐洲十五世紀的文藝復興更為廣泛而深刻。亞洲近幾十年的變遷，是當今世界所面對的最重要的事件。

整個亞洲都正在經歷著偉大的覺醒。西方文明創造的各項準則，正為古老的東方所採用，給東方帶來的巨大變化正如當年在西方發生的一樣。亞洲的覺醒是如此廣泛而深入，完全可以將其稱之為「亞洲復興」。而且，「亞洲復興」更為豐富，它將思想的復興、宗教的改革與十九世紀的科學和工業革命完美結合，比五個世紀前的歐洲文藝復興更加波瀾壯闊、更強而有力、更重要。

歐洲在十五世紀時人口不到一億，而亞洲現在的人口已超過九億。亞洲人口佔全球人口的一半，是現在歐洲人口的兩倍多、南北美洲人口總和的五倍多。亞洲的復興和變革，發生在最近這幾十年中，其速度之快也遠甚於歐洲大陸延續了好幾個世紀的覺醒。

亞洲的變化不僅突然而且徹底。首先，亞洲在政治上覺醒了。民族主義、愛國主義、憲政制政府和軍事力量都在快速地發展，在速度和廣度上也更勝歐洲一籌。

日清戰爭的勝利不僅是日本的勝利，也是中國的勝利

一八五三年美國海軍准將佩里（譯注：Matthew C. Perry）的和平艦隊敲開了日本對外開放的大門，揭開了亞洲復興的帷幕。一八六八年，日本年輕的明治天皇頒佈憲章，宣誓政府遵從民意、保障司法公正、向世界各國學習知識。這個事件不僅是日本人民的紀念日，也是亞洲人民的自由紀念日。明治憲章的頒佈，標誌著全亞洲進入了一個新的政治時代。

日清戰爭的勝利不僅是日本的勝利，也是中國的勝利。它摧毀了中國舊時代的基礎，將中國帶入了一個新的政治規則之中。日本一九〇五年對俄戰爭的勝利，是整個東方世界的一次真正的勝利。日本不僅憑藉此役贏得了西方列強的平等相待，而且日俄簽署《樸茨茅斯條約》後不到一個月，清朝的光緒皇帝就朱筆一揮，廢除了科舉制度，宣佈採用新式教育理念。

第二年，波斯國王不得不向人民頒佈憲法。兩年後，青年土耳其黨（Young Turk Party）發動革命。日本勝利的消息，如閃電一般照亮亞洲的天空，為整個東半球帶來了希望。

家族宗法觀念和政府的絕對權力，剷除了真正的民族主義萌生的土壤

民族主義和愛國主義精神迅猛發展，席捲全亞洲。這種精神由東向西傳播。此前，沒有一個

偉大的東方國家具有這種現代化的概念，沒有一種東方語言對它進行過全面的表述，直到它與西方文明準則一起傳播至此。

家族宗法觀念和政府的絕對權力，剷除了真正的民族主義萌生的土壤。但是，今天有多麼大的改變！亞洲民族解放運動的全新概念為這裡的人民帶來了希望，這是一件無比幸福的事。歐洲在知識、經濟、社會乃至宗教領域的革命與發展，正是植根於歐洲人民的民族主義和自由精神之中。

日本獨特的民族主義包含危險

日本也許是世界上一個最具有愛國主義精神的民族。誠然，這種愛國主義是一種過分強烈與獨特的民族主義，然而，當人道主義精神得以廣泛地發揚後，這種激烈的情緒將會有所中和。日本人的愛國主義令人震驚。一九〇一年，日本軍官和士兵以血書請願，要求上級批准他們參加奪取旅順港的戰役，或是加入敢死隊。男人們經常因為無法上戰場而切腹自殺。一名日本死刑犯拒絕吃行刑前的最後一餐，只是為了替國家省下這頓餐費。乃木將軍❷在天皇死後切腹自殺，獲得日本人民舉國同情與讚揚，這充分顯示出日本十分獨特的民族主義所包含的力量與危險。

長辮和過去四千年舊思想一起剪去

義和團運動前，許多有關中國的出版物中經常認為，中國儘管是一個統一民族，但漢語中並無「愛國主義」一詞，人民也沒有民族概念。我們聽說，許多中國人根本不知道中國被日本打敗的消息，而聽到這個消息的人對此也毫不在意。但是今天，中國的年輕一代爆發出了強烈的愛國熱情，這種情緒迅速蔓延至人民大眾之中。據說有許多中國學生劃破手指，用自己的鮮血在呈給清帝的請願書上簽名，要求獲得自由的權利。中國學生剪去了長辮，過去四千年的封建保守思想也隨之而去，這是一副奇特的場景。

在公開演講中，所有聽眾都懷著激烈的情緒站起來，共同唱起新國歌，國歌旋律與西方多個大國的相似。普遍要求共和政體以及最近的政權更迭，是中國人民充滿民族主義與愛國主義的新精神的明證。儘管還有各地政府的破壞和干擾，但人民追求自由與解放的願望無比強烈。中國的民主共和政府將巍然屹立於世界的東方。

他們對個人救贖沒興趣，但關心國家利益

在腐敗的朝鮮，上一代人幾乎完全不知道什麼是愛國主義，然而，如今強烈的民族情緒卻無處不在。菲律賓人民在西班牙統治時期沒有任何民族主義概念，現在他們同樣堅決要求自治。對於美國政府所能給予的最大程度的自治政府，他們仍然感到不滿。

印度學生中同樣爆發了火熱的愛國主義熱情。事實上，從東京到加爾各答，從上海到君士坦丁堡，從漢城到孟買，各地的學生聽眾都表現出同樣強烈的民族主義精神，對於民族主義的召喚有同樣的回應。今天，與亞洲各國學生接觸後都會發現，在他們的身上包含著深切的民族意識。

最初，他們對於個人救贖沒有興趣，但與國家利益相關的任何事都會迅速激發起他們的反應。

今天的印度學生已不再閱讀吠陀經（Vedas，譯注：印度最古老的宗教文獻和文學作品的總稱）、古代哲人的沉思錄或枯燥的哲學理論了。他們在讀彌爾（譯注：John Stuart Mill）和馬志尼（譯注：Giuseppe Mazzini）關於自由的書籍。他們對美、法兩國的革命以及英國為自由所做的努力很感興趣。民族意識儘管發展緩慢，但必將在大眾中傳播開來。最終，印度將與加拿大一樣，成為高度自治的大英帝國成員。

知識覺醒比政治覺醒更引人注目

關於亞洲國家的知識覺醒，艾迪先生這樣寫道：它比政治覺醒更引人注目，如今輪到亞洲從西方教育和西方科技借取思想自由、心靈解放，而這些曾經是歐洲在文藝復興時期從希臘文和拉丁文經典、從東方的智慧中得來的。

他說，「我們在有生之年應能看到日本成為一個知識的國度。日本人說，他們有超過九成的適齡兒童就讀於公立學校。日本去年的新書發行量已經超過英國和美國。自一八六八年明治維新以來，日本進入了真正意義上的文藝復興時期。

「中國的知識覺醒比日本的更令人驚歎。一九〇五年，在《樸茨茅斯條約》簽署後一個月，滿清王朝就頒佈政令廢除古舊的科舉制度，採用西方新式教育。兩千年來，中國的學者一直只將自己的目光投向昔日的輝煌時代，儘管他們能夠將古代聖賢的經典著作熟記於心，但卻不知道地球是圓的，也不理解什麼是重力和現實的世界。現在，中國人開始如飢似渴地學習新知識。許多城鎮的寺廟被徵用改造為各類新式學堂。學校的建設速度比老百姓蓋自己房子還要快。科舉考試的貢院大牆被推倒了，建成了新的大學和諮議局大樓。

每個城市都有成千上萬名學生

「近十年中，北京新式公立學堂的學生數量由三百名增加到一萬七千名，直隸省的學生數量由二千名增加到二十萬名。通過對中國十餘個城市的考察發現，在每個城市都有大約四千到一萬二千名學生。許多城市裡建立了大型師範學堂，校舍精美，一些師範學堂內有上千名教師在接受培訓。一旦中國新式教育體系建成，大約需要一百萬教師。當看到一些七八十歲的老先生正努力學習準備通過班級考試時，你就會發現，中國人對新式教育的渴望是如此迫切，而針對女性的教育也在中國迅速展開。

「當然，在中國和印度，仍有大量民眾未能接受教育。這兩個國家中，大約有五分之四的兒童無法上學。邊遠村莊的農民們至今不知道印度一八五七年的民族大起義，或是日本在甲午海戰中戰勝中國。其實在歐洲文藝復興時期，同樣有許多民眾未能接受教育，也完全不知道有文藝復興。

報紙與出版物

「報紙在東方復興時期的傳播速度比西方文藝復興時期要快得多。儘管中國最早發明活字印刷術，比德國美因茨（Mainz）的古騰堡（Gutenberg）要早五個世紀，但卻是一位名叫莫里循的傳教士第一次將現代印刷機帶進中國。《京報》（譯注：即邸報）是滿清政府允許發行供官員閱讀的報紙，其發行量已比最初提升了二百倍。凱瑞（William Carey）是第一個將印刷機和報紙引入印度的人，現在印度有二千七百個出版社發行的三千五百份報刊。

「上海一家教會出版社一年發行量為一億印張。貝魯特出版社（Beirut Press）至今在伊斯蘭世界中心的發行量超過十億印張。在朝鮮，僅《福音書》一年就售出五十萬本，比文藝復興時期第一個百年全歐洲賣出的《聖經》數量還多。中國每年售出四百萬冊《聖經》，與十九世紀初全球的流通數量一樣。」

貿易、工業和航運

艾迪先生列舉了一些關於亞洲經濟復蘇的有趣事實。他寫道：

「在十九世紀下半葉，印度貿易增長了四倍，而中國貿易增長了六倍。菲律賓貿易在美國統治的十年中增長二倍，而日本在過去二十年間貿易增長七倍。

「然而，進入二十世紀後，東方的經濟將比十九世紀有更大的發展。單純農業生產模式將讓位給工業生產模式，遍佈全國的小手工業將轉變為國家大型工商業，封閉孤立主義將讓位給新式通訊革命，推動全體國民培育形成民族意識和國際意識。在大阪和加爾各答，大工廠的煙囪將會像英國伯明罕（Birmingham）一樣聳立如林。

「我們乘坐一艘日本蒸汽船環遊世界，船艙舒適，效率很高，船上載有充足的貨物足以保障支付航程費用。而當時航行在太平洋上的一些美國輪船幾乎無力支付它們的航運開支。當我們的蒸汽船在太平洋上穿行時，可以通過無線電從亞洲和美國接收新聞，每天出版一份報紙。

「中國的貿易將會像日本一樣快速發展，對西方世界意義重大。十多年前，華人還在倫敦的街頭收集廢舊的馬蹄鐵，用來製造三流的鐵犁賣給華中地區的農民。今天，中國人在華中地區發現了大煤礦。根據德國地質學家李希霍芬男爵測算，僅山西一省的煤礦就足夠供應世界一千年。人們還在華中地區發現了比美國匹茲堡（Pittsburgh）更易開採的鐵礦。

「漢口的繁華使它享有『中國的芝加哥』之稱。漢陽鐵廠規模巨大，這裡有四千名技術嫻熟的中國工人，他們每週只拿一．二五美元薪水，卻操控著一萬三千匹馬力的電機，為中國的新鐵路製造出優質鋼軌。中國的新鐵路將由東部的上海出發，直抵西邊的印度；從南方的廣州出發，直達北方的西伯利亞。

「有人建議一位美國鋼鐵大王在太平洋沿岸開設工廠。他拒絕了並說，美國永遠無法在太平洋沿岸與中國展開競爭。一九一二年，查爾斯．舒瓦伯（Charles M. Schwab）在美國參議院作證時表示，即使是美國鋼鐵公司（American Steel Corporation）也認識到，現在舊金山從中國買入生鐵的價格要比從匹茲堡買入更便宜。

「中國有豐富的自然資源。美國前國務卿福世德❸說，中國在二十世紀將修建比其他任何國家都長的鐵路。如果中國的鐵路利潤能達到與美國的鐵路利潤大體相當的水平，那麼它一年的利潤就將超過中國現在對外負債的總和（約為八億七千七百萬美元）。她有豐富的煤炭資源，相當於英國的二十倍，即使比不上美國的儲量，也相差不遠。如果中國各類礦井都被開發，當其產出水平與現在的美國大致相當時，每三個月從中國礦山資源開發獲得的收入就將超過中國現在對外負債總額。

「中國有世界上最大的勞動力資源和最廉價、最有技術潛力的勞工。如果中國製造業的利潤水平與現在的美國相等，那麼中國工業每三週的利潤就相當於中國現在對外負債總額。儘管在短期內，中國的發展會因為她所面臨的政治困境而滯後，但她必然會逐步開發各項資源。

「印度的貿易在半世紀內已從三億美元增加到十四億美元，目前居亞洲所有國家之冠。然而，她需要保護關稅來發展她的工業，使她的人民在一片乾旱而經常鬧饑荒的土地上不至於一味依賴農業。」

亞洲正在興起新的社會意識和爲社會服務的偉大運動

關於亞洲毫無疑問的社會覺醒，艾迪先生這樣寫道：

「過去七個月，在中國、印度和日本之行中所親眼目睹的最令人驚歎的現象，就是亞洲正在興起新的社會意識和為社會服務的偉大運動。在日本，民主的意識、階級鬥爭的意識正在穩步發展。今年，日本捍衛憲法、反對天皇專制和政客大老把持權力的運動取得了明顯的勝利。

「中國天生是民主國家，民眾顯示了對共和制的堅決要求。中國翻天覆地的社會改革，正是社會意識不斷覺醒的明證。中國的反鴉片運動獲得了巨大的成功，儘管每年因此減少了約四千萬美元稅收。相比而言，西方國家的禁酒令卻收效甚微，令人汗顏。

「廣東的賭博之風也被消滅，政府稅收每年為此損失超過一百萬美元。政府還下達了禁止裹足令，一些裹足的婦女只好穿大號鞋子，使得自己看上去有一雙正常的腳。司法程序得到改善，酷刑被廢除。

「在印度，西式教育和基督教傳教士同樣帶來了社會意識的覺醒和社會改革運動的興起。人們得知生命與個人價值的神聖，受到良好教育的印度領袖中產生了新的社會意識。解放賤民和流浪者、教育窮人的運動在印度興起。」

日本的發展仍存缺憾

據艾迪先生所言，有三個詞可以描述日本在各方面的進步——吸收（adopt）、適應（adapt）、熟練（adept）。他寫道：

「日本在模仿、適應和融會貫通方面非常成功。與此同時，也顯示了驚人的創造力，例如有阪步槍（Arisaka gun）、下瀨無煙火藥（Shimose smokeless powder）和織田機械水雷（Oda mechanical mine），都是證明。

「在新世紀，社會變革非常顯著。殺嬰和自殺行為受到譴責。婦女地位有所提升。現在，女性權利受到社會承認，婦女也可為一家之長，也有權繼承遺產。根據學校和軍隊的測量結果，日本人在新世紀裡的體格與身高增加了足足一英寸。罪犯待遇有所改善，刑事訴訟程序的保護法律得到通過。收容所向精神病人、痲風病人和盲人開放了。日本人的社會意識增強，社會服務範圍不斷擴大。」

然而，不要就此認為日本無論如何已達到一個接近完美的狀態，因為艾迪先生指出她的進步神速在某些方面對民眾造成不利影響。他寫道：

「日本的成功來得太快。儘管日本取得了令人眩目的發展成就，有出色的士兵和水手、有成功的製造業和商業，但這個國家的內心世界卻遠遠落後於物質文明的發展，可以說仍生活在中世紀。日本的道德觀、社會進步觀、真理觀和貞潔觀，並未像其他方面那樣迅速取得進步。即使在經濟領域，日本也還不能稱繁榮。日本工業發展由於鐵礦資源匱乏、技術工人不足、女勞工比重過大而呈現跛態。

「她的債務總額達十三億二千五百萬美元，比日俄戰爭前增長十億五千萬美元。日本向商人和有產者的徵稅目前是一億六千五百萬美元，自戰爭以來提高了兩倍，稅率約達三成。

「這國家現在還過於貧窮，只可勉力自保，而無力支撐一場戰爭。日本財富大約只相當於美國的十四分之一，她的債務卻是美國的十四倍。日本人平均年收入僅為三十美元，只相當於美國的五分之一。日本的水力資源和有限的一些礦山資源是其僅有的未開發資源。」

注釋

❶穆德（Dr. John Raleigh Mott, 1865-1955），美國人，生於紐約州普維斯（Purvis）。一八八八年畢業於康乃爾大學後，決心加入青年會工作。一八九五年任世界基督教學生同盟（World Student Christian Federation）主席。一八九六年起多次來華巡迴布道。一九一三年在上海推動成立基督教中華續行委員會。一九一五年出任美國青年會總幹事。一九二一年任國際基督教宣教協會會長。一九二二年在京滬分別主持世界基督教學生同盟第十一屆大會和全國基督教大會，並協助成立中華全國基督教協進會。一九二五～一九三七年先後三次來華主持全國基督教大會。一九二六年當選為基督教青年會世界聯盟的終身主席。一九四六年獲諾貝爾和平獎。一九四八年創立世界基督教協進會。次年再度來華活動。後病故於佛州奧蘭多（Orlando）。穆德生前被譽為近代普世合一運動之父，足跡和影響遍及全球許多地區的基督教會。

❷指乃木希典，一八四九年生於東京，長州藩士乃木希次第三子，自幼受武士道精神與儒學忠君思想教育。一八七七年在日本西南征討叛軍中，因軍旗被叛軍奪走向天皇乞以死罪，被明治天皇赦免，從此對天皇「純忠至誠」。一八九四年參加甲午戰爭，屠殺中國旅順無辜平民二萬人。戰後晉升陸軍中將，封男爵，歷任第二師團長、金州守備司令官、第十一師團長、臺灣總督等職，曾建議將臺灣賣給英國或法國。一九〇四年日俄戰爭爆發，為日軍陸戰主將。旅順戰役中，包括乃木二個兒子在內的五萬多名日本官兵陣亡，他願以死謝罪，再獲明治天皇赦免，並賜晉伯爵。一九一二年七月三十日，明治天皇病死，乃木希典一直為其守靈。同年九月十三日，天皇殯葬日，乃木與其妻靜子一道切腹自殺，死後被日本軍國主義者奉為「軍神」，成為武士道精神的象徵，並被許多日本作家寫進文學作品，如森鷗外的《興津·彌五右衛門的遺書》、夏目漱石的《心》、三島由

紀夫的《憂國》、司馬遼太郎的《殉死》、芥川龍之介的《將軍》、渡邊淳一的《靜寂之聲》等。

❸福世德（Hon. John Watson Foster, 1836-1917），或譯為科士達，美國人，生於印第安納州彼得斯堡。一八五五年畢業於印第安納州立大學，後任律師。南北戰爭時以戰功晉升至上校，一八七二年起任共和黨主席。歷任駐墨西哥、西班牙和俄國公使，一八九二～一八九三年曾任哈里遜（Benjamin Harrison）總統的國務卿。張蔭桓使美期間曾聘其為律師。中日甲午戰爭時，於一八九四年十二月由美國駐華公使田貝（Charles Denby）推薦，被清廷聘為赴日議和使節的法律與外交顧問。一八九八年任美、英、加拿大委員會委員。一九〇七年曾代表中國參加第二次海牙會議。美國國務卿藍辛是其女婿，杜勒斯（John Foster Dulles）是其外孫。

中國第一家百貨公司開業

一九一四年四月六日

中國第一家模仿美國風格的百貨商場近日在中國汕頭開業。據美國駐汕頭的副領事克里塞爾（A. Krisel）介紹，新的百貨商店開設在汕頭一條主要街道的中心地帶。剛剛建成的百貨大樓共有三層，中式裝飾精緻巧妙，到處燈火通明。百貨商場的老闆是個中國人，過去三年一直在汕頭從事批發生意，這是他第一次嘗試經營零售業。

商場的老闆說，他大約投資了五萬美元，如果經營得好的話，他還準備擴大營業規模，把他原來的批發店也包括進來，這個批發店跟商場只有三家之遙。據說商場門面非常引人注目。櫥窗也跟美國的同等商場差不多大，中國人似乎對這個非常感興趣，他們在這裡第一次看到這麼多外國商品。商場裡的商品來自香港、英國、日本、美國、德國和瑞士。在這裡可以買到男子服飾、帽子、雨傘、鞋子和靴子、鐘表、珠寶、留聲機、陶器、廚房用品、五金用品、日用百貨、雜物、香菸和雪茄、成藥、香水和各類價格便宜的外國服裝、雨衣和體育用品。

天津高爾夫球場建在墳場裡

一九一四年四月十七日

曾在華服務於美國第十五步兵團的皮爾斯少校（Major Palmer E. Pierce）說，中國天津有世界上最具特色、也最令人恐怖的高爾夫球場。皮爾斯少校在華結束兩年服役後回到美國，出任西點軍校體育部主任，並擔任過幾年全美大學生運動協會（National Collegiate Athletic Association）的名譽主席。

皮爾斯少校在中國服役時，在駐華美軍中積極倡導體育運動。他昨天說，中國天津的高爾夫球場與世界上其他地方的高爾夫球場沒什麼大的區別，但是，它建在公墓陵園裡面。中國人的遺體埋葬方式是將棺材安放在地面以下，並在上面建一個大墳包。而有了這些墳包，打球則無須再建其他沙坑了。實際上，沙坑到處都是。對於習慣在空曠平地上打高爾夫球的人來說，應付有如此之多沙坑和障礙地區的球場是要花些時間熟悉的。

皮爾斯少校說，天津高爾夫俱樂部的一條規則是，如果球被打進了一個敞開的墳墓中，那麼將球拿出來便是，不用受罰。墳堆之間是綠地，那裡的草地與美國球場的一樣平滑，留得住球。打完十八洞僅須支付五美分，因此吸引了不少年輕人投入此項運動，比賽相當激烈。高爾夫俱樂部的用房也建在墳堆旁邊。

皮爾斯少校說，在天津的其他國家士兵喜歡田徑運動，而美國士兵更喜歡打棒球。美軍在運動方面顯示出比其他國家更強的興趣。《天津時報》曾經評論道，美國士兵在運動場上最富激情，狀態最佳。

上海對汽車的興趣大增

一九一四年八月二日

據美國駐上海總領事沙蒙（Thomas Sammons）報告，無論是上海本地人還是常駐上海或中國其他地方的外國人，他們對汽車的興趣都越來越高，美國汽車的進口需求持續增長。一九一三年，美國汽車進口總額達到三十五萬九千八百六十二美元，比上一年增加了十八萬零六百七十六美元。

沙蒙又說，「總部設在上海的中國汽車俱樂部會員數量大增，並選舉產生了下一年度的主管：主席麥克勞德博士（Dr. N. Macleod），副主席利特爾（E. S. Little），以及財政委員會委員佩默澤爾（M. Permezel）、麥基（E. F. Mackey）、伯基爾（A. W. Burkill）。中國汽車俱樂部任命了一個二十人的委員會，其職責是為汽車及零配件購買者爭取特別折扣，培訓本地司機並為他們提供就業機會。另一項職責是拓寬上海及周邊地區的道路，今後再向中國內陸縱深發展。

「中國司機一旦接受培訓，將是世界上最好的司機。他們在實際的操作中毫不緊張。因此，他們中有人可推薦去參加國際汽車拉力賽。一名優秀司機的月工資為十五至二十美元。」

送給朱尼金牧師的摩托車

一九一五年四月十一日

朱尼金牧師（Rev. W. F. Junkin），一個最近從美國匆匆返華工作的傳教士，在他抵達目的地時肯定會受寵若驚的。這傳教士的幾位同學決定送給他一件具有紀念意義的禮物，使他在東方的傳教工作更加輕鬆。經過反覆思量，他們決定送給他一輛摩托車。此刻，一輛嶄新的、最新型號的摩托車正在運往上海的途中。朱尼金牧師的教區距離上海有四百英里，使用傳統旅行方法一天只能走二十英里，而如果使用兩輪摩托後，他每天活動半徑可以達到一五〇～二〇〇英里。

現代醫學在中國發展前景廣闊

一九一五年十一月七日

前美國海軍助理醫官R・C・戴維斯（R. C. Davis）

我們如果將美國九千萬人口所擁有的完善的醫療設施和豐富的醫療資源跟中國作一個對比，即可清晰地了解到在中國發展醫療事業的緊迫需要。那裡有四億人口，卻僅有少量的公立醫院。此前，中國某地百萬民眾呼籲建立醫院，並未獲得任何回應。直到受過醫學訓練的西方傳教士出現，才為那裡的人民帶來先進的醫療服務。

中國各階層人士都有吸食鴉片的習慣，這被認為是一大惡習。鴉片可以被當地的醫生隨意供給病人，當作包治百病的良藥，甚至為哄小孩入睡，也會使用鴉片煙霧，這是父母們常用的辦法。

眼疾非常普遍，很多時候由於未獲得及時的診治而惡化。治療這些眼疾已成為當前主要的手術病例，特別是眼瞼內翻、倒睫、角膜潰瘍、前葡萄腫和白內障。

努力根除女子裹足的陋習

中國正在努力根除的另一大陋習是婦女裹足。裹足一般在女孩三、四歲時進行，父母用厚厚的布條將她們的雙足緊緊裹住。大腳趾只是被壓迫，而其他四個腳趾則被強制彎曲到腳底，隨著行走不斷壓迫，最終萎縮，被深深嵌入腳板之中。特別是蹠骨面被生生地拉離腳跟骨關節，使得腳背成了一個極端扭曲的拱形。跗骨彎曲得幾乎不存在了，而腳跟骨被拉得和小腿的脛骨、腓骨排成一條直線。

如此一來，女子走路時只能依靠腳踵末端、掌骨遠端、大腳趾底面和其他四根彎曲到腳底板的腳趾面受力，由此造成小腿肌肉嚴重萎縮。持續不斷的壓迫力，通常會使足部變短，變成所謂的「三寸金蓮」，行走起來很不穩定，看起來像在踩高蹺。

開始裹足時，女孩子非常痛苦。中國有句諺語說，「裹小腳一雙，流眼淚一缸」；之後，裹腳布演變成為支撐性的功能，無法再輕易地拿掉。裹足造成的殘疾是不可補救的，由此還會帶來一系列問題，如無法運動、容易滋生疾病等。

最噁心的東西可能是好藥材

中國有很多藥店，裡面有很多藥材大概是因為某種想當然的想法而使用的。如用鹿角研磨的粉末被認為是一種非常值錢的滋補品；許多動物器官被用作治療相應疾病的藥材，如虎骨用於滋補虛弱的病人，因為老虎非常強壯。

治療咳嗽的常用藥方包括焦大麥、糖、豆沙、竹根、白堊、瓜子（新鮮的及發酵的）、石粉、野花、破蛤殼。一般藥店都有新鮮或死去的昆蟲、蜈蚣、蠍子等藥引，用作抗刺激劑。石膏也被用作抗刺激劑，還可用來封住傷口以止血膿。根據所用紙、布的品質優劣，石膏分為高檔和低檔兩種。

如果總結中醫的理論，那麼結論就是「自然界中那些最令人作嘔的東西便是最好的藥材」。外科手術十分有限，最常用的是針灸。通常會用冷針或熱針，插入人身體的各個部位，包括動脈瘤、眼眶和腹腔。使用的手術刀十分粗糙，更像是用來雕刻木頭的。醫生會嘗試做一些小手術，然而更綜合的手術卻大多難以進行。

中國人對於生理學和解剖學一知半解

中國人對於生理學和解剖學一知半解，他們能夠大致了解人體內各個器官的位置和它們之間的關係，但卻從未嘗試過解剖或屍檢。他們分不清動脈和靜脈，也不明白肌腱和神經的區別。他們對於解剖學的認識，可以用衛三畏❶所著《中國總論》（*The Middle Kingdom*）第二卷，頁一八〇～一八二的描述來形容：

「腦是中國人信奉的陰陽原則的『陰』之極致所在。在它的根部儲藏著許多脊髓，通過脊柱傳遞到全身。喉與心臟通過肺直接相連，咽喉通過肺連接到胃部。肺是白色的，位於胸腔處，由六片肺葉構成，懸掛在脊柱上，其中四片在一側，另外二片在另一側。聲音通過肺葉中的孔產生，並且肺掌管著全身的許多部位。

「胸腔中部是呼吸的場所，人的愉悅快樂都發源於此。在沒有危險的情況下，它一般不會輕易受傷。心臟位於肺的下面，是全身的主宰，思想產生於此。心臟被心包膜包圍著，心包膜一直延伸到腎。

「有三根血管分別從心臟連接到脾、肝、腎，但是人們並不清楚它們的確切位置。和咽喉相似，它們通過脊柱、肋骨和腸隔膜與身體的其他部位相連。

「肝在身體的右邊，有七個肝葉，人的靈魂寄居於此，陰謀詭計從這裡產生；膽囊在它的下面，會向它噴射膽汁。當一個人生氣的時候，膽囊會上升；而勇氣由膽囊產生。因此中國人千方百計想獲得動物的膽囊，比如老虎和熊的，甚至一些被處決的江洋大盜的膽囊，然後吞下其中的膽汁。他們認為這樣可以增加他們的勇氣。

「小腸與心臟相連，尿通過它進入膀胱，在盲腸會與食物、大便分開。盲腸是小腸和大腸的分界點。大腸與肺相連，位於腰部，有十六個迴旋。」

在中國這樣一個人口眾多的國度，人民忍受著病無可醫的窘困，他們對現代醫學茫然無知。受過現代醫學訓練的醫生們發展前景空前廣闊。

——摘自美國海軍病情公報（*United States Naval Medical Bulletin*）

注釋

❶衛三畏（Samuel Wells William, 1812-1884），或譯為衛廉士，美國人，傳教士出身。一八三三年來華，在

廣州為美國公理會創辦印刷所，閒暇研究漢語及日語，並協助裨治文（Elijah Coleman Bridgman）編《中國叢報》（*The Chinese Repository*，或稱《澳門月報》）。一八五六年辭教會職，任美國駐華公使館頭等參贊兼翻譯。一八六二年攜眷至北京居住。一八五六年至一八七六年期間，曾七次代理館務。一八七七年辭職回美，任耶魯大學漢文教授。他撰寫的《中國總論》（*The Middle Kingdom: a survey of the geography, government, literature, social life, arts, and history of the Chinese empire and its inhabitants*），以及編纂的《漢英拼音字典》（*A Syllabic Dictionary of the Chinese Language*），過去是外國人研究中國必備之書。

洛克菲勒基金會計劃在華創辦醫院

一九一六年一月十六日

題記：洛克菲勒基金會派出的醫學考察團結束訪華回國，計劃在中國創辦兩所最先進的醫學院。

洛克菲勒基金會（Rockefeller Foundation）下屬的中華醫學基金會❶考察團剛結束為期半年的亞洲之行，幾天前回到紐約。考察團由中華醫學基金會主席兼普通教育基金會❷祕書長布特里克牧師（Rev. Dr. Wallace Buttrick）、洛克菲勒研究院❸院長弗萊克士納博士（Dr. Simon Flexner）和約翰・霍普金斯大學著名病理學家威爾奇醫生（Dr. William H. Welch）三人組成。考察團透過此行認識到將西方醫療系統、醫藥與現代手術方法介紹給東方人民的重要性。他們回國後，將於一月二十四日在紐約舉行第一次報告會。中華醫學基金會將提出一項宏大計劃，其中包括在華創辦兩所醫學院，購地、築屋和採購醫療器械等約花費一百五十萬美元，每年營運費至少三十萬美元。醫學院將分別設在北京和上海。基金會認為，應立即著手推行該計劃。

中國青年成長爲本國醫學權威非常重要

幾天前，布特里克博士在位於百老匯大街六十一號的辦公室接受了本報記者採訪。他說，「中國基督教會在創建醫院向中國人民提供現代醫療服務方面做了大量出色工作。教會在工作過程中認識到，有必要在華創辦小型醫學院來培養醫護人員。他們更大的願望和目標是為中國培養專業醫生。中華醫學基金會訪華目的就是為了與教會合作展開這項工作。基金會將在中國創建醫學院，為教會的事業做出貢獻。

「西方無法大量地為中國培養醫護人員。我們認為優秀的中國醫生必須由中國自己來培養。我們希望通過在華創辦兩所最高規格的醫學院，幫助中國培養傑出青年成為醫學領域的研究者和教師，以開創中國自己的醫學教育事業。

「中國有許多在世界其他地方未見過的疑難疾病，還存在大量特有的醫學難題。因此，中國青年在華接受醫學教育，逐步成長為本國醫學事業的領袖人物，是非常重要的。毫無疑問，中華醫學基金會在華工作將持續數年，甚至更長時間。基金會的目標就是培養能夠接手這項事業的中國人，而且，他們應該能比西方人做得更好。

「我們估計，這兩所醫學院在土地、屋舍和醫療器械方面的花費約為一百五十萬美元，每個醫學院的營運費每年至少需要十五萬美元。

「除創辦醫學院外，中華醫學基金會還計劃資助少數幾個建立在人口稠密地區的教會醫院。如此一來，接受完四年醫學院教育後的學生可在第五年到教會醫院實習。學生必須完成醫學院四年學習和臨床培訓並在醫院實習一年後，才能拿到畢業證書。

「這是中華醫學基金會大體的項目設想。這一項目短期內肯定難以實現。但是，我們希望經過五年或更長時間，這兩所醫學院可與世界上任何頂尖的醫學院比肩而立。

袁世凱總統寄來一千五百美元的支票

「我們已買下了北京協和醫學堂[4]的產業，儘管用『買下』一詞可能不太合適。在我們準備購買協和醫學堂時了解到，這處產業屬於倫敦傳道會（London Missionary Society）所有。倫敦傳道會支付了約二十萬美元購買醫學堂。我們認為應向它償還這筆費用。去年春天，我去中國與倫敦傳道會協商，以我們認為公平的價格付款。如果還有其他教會團體願意與我們合作經營醫學院，那麼它們不必獨力提供全部產業。

「我們目前還沒拿到地契，這在中國需要時間。今天我向中方發去數份電報，也得到回覆，看來很快就會有結果。

「協和醫學院將設立董事局，由六個傳道會代表組成，分別是美國公理會差會[5]、美國長老會北方教會（American Presbyterian Board, North）、衛理公會（Methodist Board）、倫敦傳道會、英國聖公會差會（Society for the Propagation of the Gospel in Foreign Parts）和倫敦醫療宣教會（London Medical Missionary Association）。這意味著董事局除七名洛克菲勒基金會中華醫學基金會的成員外，還有另外三名英國代表和三名美國代表。

「我們決定第二所醫學院設在上海。這裡離南京很近。南京大學設有醫學院。上海現在有兩所醫學院，分別是中國哈佛醫學院和聖約翰大學醫學院（Medical School of St. John's University），後者與賓州大學的基督教會合辦。去年十一月四日，我們訪華考察期間，這三所醫學院代表聚集開會，決定向中華醫學基金會發出在上海創辦醫學院的邀請。

「經民國外交總長和美國駐華公使安排，袁世凱總統會見了考察團成員。總統非常熱情，並對我們的工作表示強烈興趣。他隨後還專門致信我們，詢問他能提供什麼幫助。他說，『我將指示中國的年輕人去你們的醫學院學習。』他還給我們寄來一張一千五百美元的支票。

中國目前的醫療狀況

「我們的醫生朋友們發現，傳統中醫沒有任何法律概念。某人只要願意，即可宣佈自己是醫生，並開始給人開處方治病。在舊中國，很多人家世代行醫，許多祕方其實是從祖上世世代代傳下來的。

「一些祖傳醫學知識對行醫大有幫助。中醫們也有家傳醫書，得到大家公認。因此，中國醫生面對疾病時有大量醫方可循，中藥鋪裡面也有充足的中草藥出售。無須懷疑，中草藥在某些時候是有一定醫療效果的。中醫的診斷和用藥也極其特別。診斷關鍵在於把脈，左右兩手的脈都要查。中醫書裡記載了九十八種不同的脈象。

「針灸是一種普遍使用的治療方式。人體圖顯示，人身上有七百多處穴位是可以安全扎針的，這不會損害任何重要的人體器官。現在，中醫們也用西藥，比如中醫們知道奎寧

（Quinine），並經常用它。

「在中國開展疫苗接種預防天花已有很長時間。現在，疫苗注射在中國非常普遍。具有現代專利的藥品在中國銷量很好。而且，就像有人指出的那樣，廣告做得越花稍，購買的人越多。

「簡言之，中醫大夫說他們懂醫藥，了解藥性，但也承認他們對如何做手術一無所知。解剖人體違背中國人對於今生來世的認知，對此懷有極度恐懼的情緒。因此，中國人的解剖學知識異常獨特。比如有一幅人體圖上顯示，人的食道是穿過心臟到達肝臟，最後通向胃部的。」

有一些受過西方醫學教育的醫生正在中國行醫，考察團發現，這類醫生幾乎都集中在通商口岸。其中最多的是日本人，歐洲人和美國人很少。也有一些外國醫生散佈在內陸城市，但我們無法知道具體的數字。據觀察，這部分人的數量不會太多，而且，他們通常在日本初級醫學校接受醫學教育。

赴華進行醫學考察的緣由

布特里克博士很謙虛地講述了他如何碰巧被派往中國，執行這樣一項任務。

布特里克博士說，「中華醫學基金會的這個決定並非突發奇想。大約七年前，洛克菲勒先生❻通過芝加哥大學派出一個小組到東方考察其教育狀況與需求。考察團主席伯頓博士（Dr. Ernest Burdon）是我的校友兼多年好友，其他成員包括芝加哥大學張伯倫博士（Dr. T. C. Chamberlin）和他的兒子張伯倫教授（Prof. R. T. Chamberlin）。

「他們完成了一份長篇機密報告。這是一份非常有價值的第一手資料，我去年有幸讀到。後來，小洛克菲勒先生邀請了包括我在內的二三十人召開一個為期三天的會議，討論我們能為中國教育提供什麼幫助。通過這次會議及以後一些小型會議，我們達成共識，即現在可能是促進中國醫學教育發展的好機會。

「於是，賈德遜校長❼擔任了考察團團長，其他成員包括波斯頓哈佛醫學院的彼伯蒂博士（Dr. Francis W. Peabody）、美國駐漢口總領事顧臨❽和他的兒子格林醫生。格林醫生在日本京都和東京工作，在傳教士中享有盛譽。

「洛克菲勒基金會接受了考察團的主要建議，並授權洛克菲勒基金會一個新機構對建議書的各個細節進行修訂。他們選舉我為新機構主席，當時我還在美國南方。當我返回紐約時，發現自己獲得一份新工作，所有任務都有了詳細的規劃。

「很多年來，我一直與傳教事業保持著密切的關係。我長期擔任浸禮會教區長，並在自己家裡款待傳教士。我是浸禮會許多傳教組織的成員，也是北美浸禮會財政委員會（Finance Committee of the Northern Baptist Convention）主席。因此，我並不像外行人那樣對於傳教事業一無所知。

「但是，需要準確詳盡地了解赴華考察任務的各個方面，我對此感覺自己還像一個無知幼童。我坐在紐約的辦公室裡，周圍是一群經驗和智識跟我差不多的同事。我們面對遙遠的中國，如何制訂計劃並付諸行動呢？

「接下來的運氣真不錯。十二月，住在緬因州波特蘭的朋友艾伯特博士（Dr. Abbott）讓我邀請威爾奇醫生和弗萊克士納博士到緬因州的森林遊玩一週或十天。他們愉快地接受了邀請。於是，我們來到緬因州。當時的氣溫已降到零度以下。這讓我想起了自己在紐約北部的老家。

「我當然沒錯過這個良機。那一週時間裡，我與幾位醫生朋友們耐心交談，對他們說，如果不一起去中國，我自己無法完成這個任務。

「我想說的是，弗萊克士納博士是洛克菲勒研究院院長，威爾奇醫生來自約翰・霍普金斯醫學院（Johns Hopkins Medical School），兩位都是美國醫學界公認的學術權威。我想，他們對我的冒昧提議只是付之一笑。其實，當我把自己的想法告訴洛克菲勒時，他也只是微笑。我猜他肯定奇怪，我為什麼不邀請美國總統或國務卿跟我一起去中國呢？

「接著，中華醫學基金會舉行會議，我提議邀請這兩位醫生同去中國。兩位醫生當時也在場。弗萊克士納博士說，如果威爾奇醫生願意去，他就去。而威爾奇醫生則說，如果古德諾校長❾同意，他就去。古德諾博士當時也在場，他同意了。我的動議獲得通過，於是我們出發去中國。

「你知道這意味著什麼嗎？我們在美國醫學界立即贏得了聲望。美國醫學人士再也不會問，這些要去中國創辦醫學院的人是誰啊？我們還發佈消息稱，威爾奇醫生和弗萊克士納博士都認為訪華具有重要意義。因此，美國醫學界，包括我本人在內，都立刻覺得這事真是挺重要。

「當然我用了一點小伎倆，但我在這件事上真有些運氣。現居美國的耶魯傳道會（Yale

Mission）的休默博士（Dr. Hume）到一些美國大學去徵召同赴中國的大學生時，這些大學都嘲笑他，把他請出校門。但是，當我們宣佈威爾奇和弗萊克士納二人將前往中國時，這些大學紛紛給休默博士寫信，邀請他再次訪問學校。」

醫學院選址應首先考慮北京

考察團去年夏天從紐約出發，訪問日本、韓國、滿洲後在北京停留三週。隨後前往天津、長沙、濟南、上海、廣州、香港，最後於一月六日經舊金山返回紐約。

布特里克博士說，「我到了中國後才突然意識到自己原來是鬼子，中國人都用憐憫的目光看我。我生平第一次理解李文斯頓博士（Dr. Livingstone，譯注：十九世紀著名的英國傳教士和非洲探險家）所說的故事。他說，當非洲人第一次見到白種人時，噁心得吐了出來。

「我有些朋友對中國進行過研究。他們告訴我，中國人自己說要學會接受中國的現狀。死亡率高並非完全可惡。中國人口太多，而且增長太快，人們的生存壓力大得異乎尋常。因此，綜合起來看，由於瘟疫蔓延或其他原因導致人口數量減少，有時反而是一件好事。

「這種態度毫無人道主義精神可言。除此之外，以前的中國醫學考察團還注意到，中國人對於瘟疫肆虐造成的嚴重經濟影響毫不在意。」

據發現，在中國傳播最廣也最具破壞力的疾病主要是肺結核、鉤蟲病和梅毒，麻風病也盛行。中國人只在極惡劣的情形下才會試圖根除這些疾病。

在北京創辦一所醫學院的決定與賈德遜博士的考察團發表的意見不謀而合。賈德遜博士認為在中國創建一所有影響力的一流醫學院，最好選址是北京。這項計劃諮詢的所有醫學人士幾乎都持這個觀點。

首先，北京從元、明、清三代直到民國幾乎一直都是中國的首都。即使中國在政治上發生劇變，也不太可能遷都。北京人口有各種估算，最保守的數字是五十萬。

布特里克博士指出，「學生們將會從中國的四面八方湧向這裡，因為他們會認為如果在首都的醫學院拿到學位將是一件非常榮耀的事。從滿洲及直隸、山東、山西、河南等華北省分的大多數重要城市，甚至從湖北，都可以很方便地通過鐵路或海路到達北京。

「北京協和醫學堂看上去比中國其他地方由傳道會創辦的醫校基礎更扎實，資金更雄厚。其師資力量最強，學生和研究生也最多。從教學記錄看，這裡的一些教授對醫學教育非常勝任，而協和醫院也應能為在中國開展高水準的醫療服務做出巨大貢獻。儘管這個醫學堂在醫療器械方面稍顯不足，但它位於北京最主要的一條街道，地理位置極佳，幾幢屋舍也可長期使用。

上海有很好的醫療基礎

「北京控制著中國的政治局勢，上海則在華中和華北各省的貿易和工業發展方面佔上風。中國其他商埠的直接貿易額近年來都在增長，但除去那些必須以最直接方式銷售給消費者的大宗廉價商品外，你會發現，絕大多數外國商品交易都是在上海這個巨大的商業城市完成的。

「上海目前尚無真正意義上的醫學院。當然，中國哈佛醫學院的教育成效卓越，第一批學生是與聖約翰大學醫學院合作，去年畢業了，他們甚獲好評。

「上海的外國租界約有七十萬人口，其中一萬六千人是洋人。租界內有現代化的醫院，也有醫療檢驗室、相關生產工廠和市場等，還有傳染病隔離區、進行例行化學與細菌檢驗的專門設備和病理學研究標本。

「上海受西洋影響很明顯，此地的街道修建和市政維護都獲得很大改善。上海還建起了非常令人稱道的霍亂隔離醫院。」

耶魯大學與湖南的醫學合作

耶魯大學校友在長沙解決了一個非常有趣的醫療教育問題。一九一四年，北京政府批准了中美第一個醫療協定。協定規定一個湖南的學會[10]與耶魯大學共同管理湖南醫護學校，並通過湖南省政府向學校提供資助。

簡言之，耶魯大學將提供醫療設備和教職員工，而湖南的學會提供醫護學校和醫院[11]所需校舍和營運費。湖南都督與耶魯大學校務委員會在紐黑文（New Haven）簽署了這一協定。

蓋葆耐[12]說，「這項協定使中國有可能建立一所由雅禮大學（College of Yale in China）領導的優秀醫學院，但耶魯必須提供足夠的師資。為此，耶魯必須與其他機構合作。經中國醫學考察團審批，洛克菲勒基金會將提供協助。」

有意思的是，現在還能想起艾略特博士⓭的演說，兩年前，他代表卡內基國際和平基金會（Carnegie Endowment for International Peace）前往中國。他說，「任何西方機構如果想促進與東方人民之間的友誼，最好的方式莫過於將西方醫藥、手術和醫療系統介紹給他們。

「這項慈善事業大有可為。我們面臨重重障礙，但它們都將被克服。這一事業未來必將造福中國人。中國人非常聰明，他們一定會在追隨上帝的道路上，同時獲得慈愛與實惠。他們將做出公正的判斷。」

注釋

❶中華醫學基金會（China Medical Board），創立於一九一四年，是洛克菲勒基金會下一個分支。

❷普通教育基金會（General Education Board），一九〇三年由約翰·洛克菲勒創辦於紐約，目標為提升美國教育，掃除文盲。

❸洛克菲勒研究院（Rockefeller Institute），又名洛克菲勒醫學研究所（Rockefeller Institute for Medical Research），一九〇一年由約翰·洛克菲勒創辦於紐約，專門從事醫學研究，即今洛克菲勒大學（Rockefeller University）的前身。

❹協和醫學堂（Union Medical College），或稱協和醫學校，一九〇六年由英美六個教會團體合辦。一九一五年，美國洛克菲勒基金會出資購買該校全部產業，改建為北京協和醫學院（Peking Union Medical College），由中華醫學基金會主辦。新建校舍於一九二一年落成。該院由醫學院、教學醫院、護士學校組

成，教員多聘之國外。一九三〇年經國民政府教育部核准立案。太平洋戰爭爆發後停辦。一九四七年復校。一九四九年後改名「中國協和醫學院」。

❺美國公理會差會（American Board of Commissioners for Foreign Missions，譯注：簡寫ABCFM），全名為「美國公理宗海外傳道部」，簡稱「美部會」，是美國第一個基督教海外傳教機構。

❻洛克菲勒（John Davison Rockefeller, 1839-1937），美國實業家和慈善家。生於紐約州里奇福德鎮（Richford），家境清寒，高中畢業前夕被迫輟學。一八五五年開始進入商界，表現出高度的組織才能。一八七〇年創建標準石油公司（又名美孚石油公司），牢牢地控制了美國石油貿易，壟斷全球市場。一八九七年退出商務活動，以餘生投入慈善事業，共捐出五億多美元，用於醫學研究、大學和教會。一九一三年建立洛克菲勒基金會，「以增進人類福祉」為宗旨。後病逝於佛州奧蒙德（Ormond），其下企業及慈善事業由獨子小洛克菲勒（John Davison Rockefeller, Jr., 1874-1960）繼承。

❼賈德遜（Harry Pratt Judson, 1849–1927），美國教育家。生於紐約州詹姆斯鎮（Jamestown），一八八三年獲威廉斯學院（Williams College）碩士學位。最初在特洛伊高中（Troy High School）執教十五年，後歷任明尼蘇達大學歷史學教授、教育學講師，芝加哥大學政治學教授、政治系主任等職。一九〇六～一九二三年任芝加哥大學校長。另外，賈德遜於一九〇六年獲邀成為普通教育基金會成員，一九一三年成為洛克菲勒基金會成員。

❽顧臨（Roger Sherman Greene, 1881-1947），美國人，生於日本。一九〇一年自哈佛大學畢業後，入美國駐華領事界。一九〇七～一九〇九年任駐哈爾濱總領事。一九一一年辛亥革命時，任駐漢口總領事。一九二八年

任北京協和醫學院校長。一九三五年，因與美國石油大王洛克菲勒之子意見不合，辭職返美。

❾即後來被袁世凱政府聘為法律顧問的古德諾，一九一四年至一九二九年間，他是約翰·霍普金斯大學校長。

❿指湖南育群學會。一九一〇年，顏福慶歸國來到長沙雅禮醫院（Hospital of Yale in China）行醫，為提高湖南醫學水準，與該院美籍醫師胡美（Edward Hicks Hume）一起籌劃創建新式醫科大學。在他們勸說下，一九一三年，湖南都督譚延闓決定以湖南省政府的名義與美國雅禮會（Yale Foreign Missionary Society）在長沙創辦高等醫科大學。是年七月，雙方草簽了合作創辦湘雅醫學專門學校的契約，並成立了由雙方人士組成的學校管理機構，即湘雅醫學會董事部。「湘雅」的校名根據董事部董事聶其焜提議而定。「湘」是湖南的簡稱，「雅」是雅禮會英語名稱第一個音節的漢語諧音。兩字合在一起，反映了中美合作辦學的意願。然而，當這個聯合辦學的契約草案上報北洋政府備案時，北洋政府國務院以「地方政府與外僑團體訂約案無先例」為由，不予批准。湘雅醫學會董事部派顏福慶等進京陳訴開辦「湘雅」的理由，並在一九一四年春聯絡在京任職的三十五名湘籍軍政要員和社會知名人士，發起組成了名為「湖南育群學會」的民間團體，敦請總統府顧問、中將章遹駿為首任會長，顏福慶、聶其焜為副會長、書記。一九一四年七月二十一日，由湖南育群學會出面代表湖南省政府與美國雅禮會正式簽訂了合作辦學的「十年協定」。根據這一協定，除聯合創辦一所醫學專門學校外，還維持一所醫院和護士學校，醫學校、醫院、護士學校統一冠以「湘雅」名稱，都由湘雅醫學會管理。

⓫即後來的湘雅醫學院及湘雅醫院。「湘雅醫學院」是湖南育群會與美國雅禮會合辦的高等醫科大學。原名湘雅醫產學院。一九一四年在長沙創辦。由中美雙方合組校董會，雅禮會負責選派美國教授來華執教，育群學會則負責學校日常管理。一九二四年改由中國自辦，附屬醫院仍由中美合辦，一九二七年一度停辦。一九二九年復

辦，改名湘雅醫學院。一九三一年經國民政府教育部核准立案。一九三八年十月遷貴陽。一九四〇年改為國立。一九四四年十一月日軍進攻貴陽，再遷重慶。一九四六年遷回長沙復校。一九五三年改稱湖南醫學院。一九八七年更名湖南醫科大學。二〇〇〇年與中南大學合併，稱中南大學湘雅醫學院。

「湘雅醫院」原名雅禮醫院，一九〇六年由美國雅禮會醫生胡美在湖南長沙開辦。辛亥革命後，因治癒湖南都督譚延闓母親之病而聲譽大振。一九一四年由湖南省政府與雅禮會訂約，在該醫院基礎上合辦湘雅醫學堂及湘雅醫院。一九一九年建成新院，有病床一百五十張。一九二四年，醫學堂改由中國自辦，醫院仍為中美合辦。一九二七年外籍醫師撤離湖南，醫院由中方人員維持。一九三八年日軍進攻湖南，該院遷往沅陵，設湘雅分院。一九四五年十月返回長沙復院。

⓬蓋葆耐（Brownell Gage, 1874-?），美國人，耶魯大學一八九八級畢業生。立志從事海外傳教事業，熱中到中國創辦教育科技事業，一九〇四年奉雅禮協會（Yale-in-China Association）派遣至長沙。一九〇六年十一月在長沙西牌樓創辦了「雅禮大學堂」，自任校長。

⓭指哈佛大學名譽校長艾略特。

中國路況太差限制汽車進口

一九一六年二月二十七日

據美國領事去年的報告，一九一四年中國進口汽車❶的總額達到三十八萬二千美元，比上年有少量增長。進口量不大的主要原因是路況太差。

中國目前甚至沒有專為戰爭準備的軍用道路，而這種道路在中國古代兵法中是必須具備的。有一些供信差使用的郵路和驛站分佈在中國國內，但這些道路僅可供肩挑背扛的苦力和騾子通過，除獨輪手推車外，其他任何雙輪車都難以通過。

除上海、漢口、天津、北京和山東部分地區外，很難在其他中國城鎮發現在現代交通上真正具有意義的道路。即使是上海，許多道路也僅可允許摩托車通行。

注釋

❶最早出現在中國的汽車，是一九〇一年由匈牙利人黎恩斯（Leinz）輸入並於次年在上海租界行駛的兩輛轎車。一九〇三年，上海的汽車已有五輛，兩年後則增至三十一輛。這些汽車多為外國官員、商人和中國豪紳所有。此後不久，汽車在中國也開始成為客貨運輸的工具，汽車運輸行業應運而生。一九〇七年，德商經營的費

理查號商行在山東青島開辦了由市區到勞山柳村臺的短途汽車客運；次年，美商環球供應公司則在上海市內開始了汽車出租業務。天津、上海還在一九〇七年和一九〇九年相繼開通了電車。一九一一年，新疆羊毛公司商人沙懿德（木夫提阿洪）從波蘭購進兩輛客車，在惠遠和寧遠（伊寧）間經營起短途汽車客運業務。民國以後，隨著工商業的發展，各地相繼開發公路客貨運輸，汽車進口的數量增加很快。參見白壽彝主編的《中國通史·近代後編（一九一九～一九四九）》，丙編，第三章，「交通」。

美國汽車出口遠東

一九一八年一月二十七日

題記：美國汽車商會準備增加對遠東的出口貿易。

美國汽車商會出口委員會（Export Committee of the National Automobile Chamber of Commerce）最近召開會議，討論目前汽車出口狀況並著力擴大美國對外汽車貿易。該委員會指出，美國目前是世界汽車和卡車的市場，為穩固該地位，須採取措施儘快擴大美國對外汽車出口。去年美國向海外航運超過六萬輛轎車，價值超過四千八百萬美元，一萬四千輛卡車，價值三千萬美元以上，但這不包括美國政府購買和運往法國的美軍車輛。

該委員會主席德雷克（J. Walter Drake）建議，請華盛頓的對外對內商務局（Bureau of Foreign and Domestic Commerce，譯注：隸屬於美國商務部）加大海外汽車市場調查，並就海外各國的汽車貿易定期發表報告。

商務局委派在遠東調查汽車市場的特別代理瓊斯（Tom O. Jones），談及他在日本、中國、菲律賓、夏威夷觀察到的現狀。他結束了為期八個月的旅程，剛剛返國。

他說，日本市場比較繁榮，所買汽車超過以往，大車銷售甚好。日本約有汽車二千四百輛，去年頭九個月就進口了六百輛，而一九一六年才進口二百一十八輛。日本道路狹窄，橋梁也差，軍隊使用一些卡車。日本政府耗資二百萬美元修建從東京至橫濱的道路，並指令各省改善他們的道路、橋梁。日軍工程師從中國天津購買了一輛美國卡車，在政府兵工廠複製了一輛，但發動機老出問題，使日本要製造卡車的想法流產，日本政府現在仍向美國購買卡車。

瓊斯先生說，由於中國政局不穩，中國人目前對購買汽車比較猶豫，他們害怕車子被沒收了。實際上中國在城市和租界外並無道路。各省的督軍們也意識到這是他們區域發展的局限，他們都倡議修建道路並以鐵路將各城鎮連接起來。在北京城內外約有一百五十英里的路可供汽車行駛。從華北到滿洲有一千英里的路可供兩輛美國輕型轎車行駛。

中國去年開始銷售汽油，價格在每加侖八十四至九十金美分，而日本去年、前年的售價為每加侖四十五至五十金美分。

京津兩地出現汽車俱樂部

一九一八年四月七日

華北汽車俱樂部近日在天津成立，會員超過七十個，北京也將建立分部。汽車俱樂部不僅對歐洲人開放，也對中國汽車愛好者開放。在北京城內外有汽車三百至四百輛。

美國銀行將在上海開設分行❶

一九一九年一月三十一日

昨天有消息稱，美國友華銀行（Asia Banking Corporation）將於二月七日，即中國春節後在上海開設分行。預期漢口分行將於三月十五日左右開張營業，天津分行和北京分行將於五月一日左右開設。美國紐約擔保信託投資公司（Guaranty Trust Company）和美國友華銀行的兩位副總裁萊恩（W. C. Lane）、道森（Ralph Dawson）將負責各分行的組織與協調。

注釋

❶清末民初，英國匯豐銀行、德國德華銀行、日本橫濱正金銀行、俄國華俄道勝銀行、法國東方匯理銀行、美國花旗銀行在華形成六強競爭的格局，先後組成四國銀行團、六國銀行團和五國銀行團，對清廷和北京政府辦理四次大借款，借款以中國關稅和鹽稅作擔保，在按期償還前，分存於匯豐、德華、東方匯理、華俄道勝、橫濱正金銀行，中國關、鹽兩大稅收的存儲保管由外資銀行經辦。外資銀行經理組成國際銀行家委員會，監督海關歲入的保管和分配。據統計，一八九〇～一九二六年，外資銀行在上海共有三十八家，其中，日資銀行九家，美資八家，法資六家，英資四家，義資三家，俄、比、荷各二家，德、挪各一家。英國匯豐銀行於一八六五年

在上海設立分行，為匯豐在中國大陸各分支機構的管轄行，在滬外資銀行中佔據優勢地位，外匯市場價以其掛牌為準。美國花旗銀行於一九〇一年在上海設立分行，為花旗銀行廣州、北京、漢口、天津、哈爾濱、大連分行的管轄行。美國政府指定的在華國庫代理人，賦予庚子賠款利息支付的管理權。一九一二年，英、美、法、德、日、俄六國銀行團成立，為美國銀行團代表。一九一三年，退出銀行團，其存放款業務量僅次於匯豐銀行和渣打銀行，在滬外資銀行中位居第三。友華銀行總行在紐約。於一九一九年二月在上海設立分行，因買賣生金銀受損，一九二四年二月十九日併入花旗銀行上海分行。

在中國發展救世軍

一九一九年六月二十二日

題記：一尊被拋棄的佛像成了救世軍北京總部的勝利標誌。

中國救世軍的「葉司令」近日來紐約。

他不是一個中國政要，也不是外國君主。他的真實姓名叫查爾斯・亨利・傑菲瑞斯（Charles Henry Jeffries），“Yeh Szu Ling”這個怪詞是傑菲瑞斯在救世軍中擔任職務的中文發音。“Chiou Shih Chun”意思是「拯救世界的軍隊」，因為漢語裡沒有英文“salvation”（救贖）這個詞。“Yeh”（葉）的中文意思是「樹葉」，傑菲瑞斯先生也不明白中國人為什麼這樣稱呼他。“Szu Ling”（司令）是中文裡“Commissioner”的意思。

葉司令的軍帽上繡有中文「救世軍」字樣

傑菲瑞斯在中國生活了兩年，剛回紐約。他建立的救世軍這兩年吸收了二千名成員，他本人對此非常滿意。這些參加救世軍的中國人幾乎全是窮人。傑菲瑞斯對於救世軍和其他基督教傳教士在華發展前景相當樂觀。

他說，「我認為，在未來的一個世紀，基督教在中國的傳播速度將比印度快。」

傑菲瑞斯準備在美國和他的祖國英國短暫休假。除非他改變主意，否則，他將徹底獻身於基督教在中國的傳教事業上。假期一結束他就將返回中國，至少在那裡再工作七年。

傑菲瑞斯在救世軍的紐約總部接受本報採訪。他的帽子上綴有救世軍著名的藍紅色徽章，帽沿絲帶上繡有中文「救世軍」字樣，非常奇特和醒目。

葉司令學會了四百個漢字

他說，「僅僅在兩年半前，救世軍派出一支由四十人組成的先遣隊到中國。他們對中國一無所知，但具備強烈的奉獻精神。對於救世軍成員來說，這意味著他們必須披荊斬棘，勇敢地面對挫折和冷漠，有時甚至是完全的抵抗。他們以堅定的信念平靜待之，堅信終有一天所有人都會改變觀念，尊重他們。

「救世軍面對的第一個問題是建立一個語言學校。中國有五萬五千個漢字，每個漢字都有四個聲調，每個聲調都有不同含義。四十名救世軍成員立即著手做這件事，他們全心全意地投入到漢語學習中。我在十五個月前到達北京，因為當時有許多工作要做，沒辦法將所有時間都用來學漢語，但我仍然每天堅持練習幾個小時。五萬五千個漢字乘以四個聲調，共是二十二萬字，我已經學會了大約四百個！

「後來又有五名救世軍成員參加我們的隊伍，我們的三十五位中國助手也成為基督徒。正是我們這支小小的隊伍在幾億中國人中發展了二千名基督徒，他們經歷了救世軍為世界各地的基督教信仰者設立的三個感化期。這二千名『戰士』就是救世軍目前在中國各地發展的成員。

集中精力向中國的窮人傳教

「中國的基督徒從一開始就非常熱中於到公開場合去布道。白人牧師們希望先給他們一些基礎知識的教育，但他們反對這樣做，而是說，『讓我們到大街上去，感召其他人吧。』

「雖然救世軍的理念並不忽視上層社會人士，但我們最終下定決心，要在中國集中精力勸說窮人入教。中國可劃分為四大區域，我們首先從北方開始。我們在華北建立了二十二個救世軍支部，五個在北京，二個在天津，另外還有十四個分散在北方，最遠達到中蒙邊境。各支部都已開始工作。估計十年後，將會有五百名來自國外的救世軍成員到北京工作。

「當一個中國人剛剛入教時，他的社會地位可能暫時下降，但這不會持續太久。當周圍同伴接受他改變宗教信仰的現實後，他很快就會感召那些渴望改信基督教的人。

迷信的高牆已在中國存在了無數個世紀

「當然，其中存在著許多困難。中國的牆並不都是由石頭砌成。有一堵牆已在中國存在了無數個世紀，現在依然屹立不倒，它比任何石頭砌成的牆更高、更厚，這就是『迷信』之牆。

「救世軍最初吸引中國人的是制服，他們對此懷有極大好奇。中國人盯著軍服看，而後聽到一個新鮮奇異的聲音叫"Shang Ti"（上帝）。第一個改信基督教的中國人被他的親人和鄰居們嘲笑不已，他們對他說，『如果你樂意，就當這些洋人的跟屁蟲吧。』但是，很快有更多的人信仰了基督教。

「有一位基督徒是漁民，住在距離天津很遠的一個村子裡，他搭乘中國人稱為『火輪』的蒸汽船到天津需要兩天半時間。他在村裡發展了八名基督徒。他們到北京來看我，要求在他們的村莊建立一個救世軍支部。我有些猶豫，那個村子路途遙遠，而且我擔心派一位叫黛爾隊長（Captain Dare）的女士去那裡負責是否合適。但是，我還是答應了他們。黛爾女士在那裡第一次布道時，八名基督徒全都出席了。她在那裡剛剛工作幾個月，而現在全村已經有三百多名基督徒了。

「我們在窮人中傳教極為成功。我本人也並不太明白這是怎麼做到的。在北京和天津的一些傳教士朋友經常問我這個問題，我所能給出的唯一答案就是『信仰上帝』。

爲什麼總向同一個神祈禱呢？

「我們發現，中國人很愛聽我們布道。在我個人看來，他們也許已經對過去的信仰感到麻木了。我剛來中國時，常為那些華麗高大的佛教寺廟驚歎不已。但是，有一些寺廟已經完全頹敗了。一些佛像的頭掉落下來，被隨意掃到牆角，而佛教徒們似乎並不在意向這些殘缺不全的佛像跪拜禱告。我還看到，寺廟屋頂上有巨大的窟窿，這些寺廟幾乎已成廢墟，只因為廟裡的和尚和信徒們都對它漠不關心了。

「但是，有一些中國人仍然對佛祖非常虔誠。如果我向他們講述《聖經》中參孫摧毀神廟的故事，他們會溫和地笑笑說，『真有意思，但是我們已經有自己的神，祂可以舉起一座山，扔到海裡去。』

「他們還會問，『你們為什麼總向同一個神祈求健康呢？那麼祂得多忙啊。我們每種疾病都有一個神負責照管。』」

信仰基督的故事

傑菲瑞斯先生還說起另外一個事例：

「有一位十二歲的小姑娘聽過我們一次布道後，被吸引進來，最終成為一名基督徒。但是，她不敢告訴自己的家人。

「中國所有家庭早上起來都會向供奉在家裡的佛像禱告。這個小姑娘成為基督徒後，認為自己不能再向佛祖下跪，但她也沒有勇氣向父母承認。於是，她機靈地想出一個辦法解決這個難題。每天早上，她一直要睡到家裡晨禱結束後才起床，那時她的父母已離家開始日常工作去了。

「幾天後，小姑娘的媽媽要帶她一起禱告時，小姑娘知道無法繼續逃避，就告訴媽媽她已改信基督教，並說她再也不會拜家裡的佛祖了。這位母親是一位很有見識的人。母親說，『你過去這些日子很乖，是一位好姑娘。如果這個新教能夠讓你如此順從，那麼它一定是個好教。』於是，母親決定做此調查。她也參加了救世軍的布道會，後來也信仰了基督教。在信教前，她素有潑婦的惡名。但聽過布道會後，她的脾氣沒過去那麼急了，言語間也少了一些尖酸刻薄。

「當她告訴丈夫，她和女兒都信仰基督後，丈夫說，『你聽信這些洋人的話後，脾氣變好了，而我這麼多年一直在家向佛祖禱告都不見效果，那麼這個洋教肯定比我們自己的好。帶我去聽你們的布道會吧。』很快，他也成了基督徒。

「接下來的問題是該如何處理供在家裡的佛像。這家人最後決定，把它送給鄰居，那家人窮得連一個佛像也買不起。

「一個月後，鄰居胳膊裡夾著那尊佛像衝進他家，眼裡快要噴出火來。他大聲喊叫，『這個佛像是中了邪的魔鬼，打它進我家後，我就一直不停地倒楣。』

「那個中國基督徒說，『而我自從把它扔出去後，一直走好運。跟我一起去聽洋人布道吧。』

「唯一的結果，就是另外那家中國人也信基督了。現在這尊被免職的佛像就擺放在救世軍北京總部，成了我們勝利的一個明證。

「中國救世軍的組織結構和行為規則跟其他六十二個國家的救世軍完全一樣。如果某位未婚的救世軍成員想結婚，那麼，他必須從救世軍成員中挑選一位妻子。他必須是基督徒，只需維持簡單樸素的日常生活物品。他必須無條件地服從上級的指揮，他的人生在世必須與基督徒之名完全相配。

「中國基督徒通常在北京和天津的街頭公開布道，這一情景令人非常感動。無數個夜晚，他們被好奇的人們圍在當中，像倫敦東區的救世軍成員一樣充滿激情地傳播福音。許多尚未信仰基督的中國人也定期參加這些布道會。」

范巴瀾的中國遊記重現費城

一九一九年九月二十一日

格蕾絲・摩爾哈德（Grace V. Moorhead）

題記：范巴瀾，荷蘭使節，第一個覲見乾隆皇帝的美國人。其覲見中國皇帝和旅遊山東日記近日在費城圖書館發現。

這些日子以來，僅僅是提到「山東」這個詞，一些美國人的嘴角就會立即皺起來，尤其是那些參議員們，簡直像吃到聞名遐邇的山東澀柿子一樣，表情十分糾結。然而，這並未降低人們對中國的興趣，尤其是對山東這個向東延伸至黃海的遠東省分的濃厚興趣。

使華遊記獻給華盛頓總統

今天，第一個踏上山東土地的西方人的遊記被發現了，它就放在費城圖書館一個幾乎被人遺忘的角落。這正是大家說的「振奮人心的時刻」。特別值得一提的是，這位第一個被中國皇帝接見的「外國人」❶，他還是個美國人！

這位旅行家名叫范巴瀾❷，當時任職於荷蘭東印度公司（Dutch East India Company），也是一名荷蘭使節。但是，他後來宣誓成為美國公民，居美多年。這本遊記是在華盛頓總統（George Washington）建議下編撰的，並獻給華盛頓。遊記以日記體的形式寫成，描述了中國給予美國的「黃金機遇」。范巴瀾認為，廣州人的精明狡詐是開展對華貿易的最大障礙，但他仍然堅信，英美應將中國推到時代潮流的前沿，使其成為一個巨大的商業國。

這本遊記由倫敦菲力普出版公司（Phillips of London）出版，德布列特公司（Debrett）承銷發行。按理說，這本一百二十多年前編撰而成的珍奇日記還應有其他印本，但作者後人再也找不出第二本來。因此，這個孤本對於藏書愛好者和研究《二十一條》中有關山東條款的學者而言，別具意義。

范巴瀾在賓州修建「退思園」

一七九四年至一七九五年，范巴瀾在中國的遊歷，儘管年代久遠，但他對天朝大國的大部分描述至今讀來仍然真實可信，因為這個國家多年以來改變不大。范巴瀾以他獨特的視角來觀察中國，這是許多美國人，甚至是傳教士們都無法做到的。

范巴瀾全名為安德烈亞斯・埃弗拉德・范・布拉姆・豪克蓋斯特（Andreas Everard Van Braam Houckgeest），有人告訴我，他姓名中最後一個詞實際上是他的頭銜。一七三九年，范巴瀾出生於荷蘭烏得勒支省（Utrecht），距德國末代皇帝威廉二世夢想度過餘生的那個小鎮不遠。范巴瀾家族是荷蘭海軍世家，他本人也曾在荷蘭海軍服役，其兩個兄弟都官至海軍上將。但是，范巴瀾本人更熱中於經商。一七五八年，他作為荷蘭東印度公司的一名經理前往中國，一直居住在澳門和廣州。一七七三年，范巴瀾返回荷蘭，居住在吉德蘭省（Guelderland）。

然而，范巴瀾是以美國人身分完成本書構思和寫作的。因為他於一七九六年四月二十四日來到費城，此書於一七九八年出版問世。范巴瀾定居在距離賓州布里斯托市（Bristol）不遠的一個地方，他將自己的住所取名為「退思園」（China Retreat）。這個住所現仍保存著。范巴瀾將他收藏的中國珍寶放置於此，但其中許多最珍貴的文物都捐給了法國。

進京之旅豪華隆重，但倍嘗艱辛

范巴瀾寫道，「有三位清朝官員做我們的嚮導。第一位是范大人，他身著大褂，上面綴有深藍色的扣子，這個人熟知政務；第二位是敏大人，他的官服上綴有藍色透明的扣子，是位軍官；第三位是善大人，官服上綴的扣子白色透明，是一位飽學之士。他們三人手下都有好幾個手持金杖的部屬。敏大人是旗人，其他兩位是漢人。」

如此完備盡心的陪同，使得這次中國之行頗為豪華壯觀。但是，由於天氣寒冷、住宿條件惡劣、苦力們也敷衍了事，荷蘭人仍然頗感不適，旅途倍嘗艱辛。荷蘭紳士們不得不忍受轎子和中式馬車的顛簸。范巴瀾毫不客氣地指出，許多時候後勤供應都不及時，經常連續好幾週，他們除了白開水外，什麼也喝不到。

荷蘭使節團橫越中國大地，前往北京覲見皇帝，途經從未有洋人造訪過的山東省，返程時更深入到歐洲人一無所知的陌生地域。

范巴瀾是副使，但他享受到了全部禮遇。因為正使在旅途中病倒了，所以范巴瀾首先被年邁的乾隆皇帝接見。范巴瀾還見到了乾隆的第十七個兒子，也就是於一七九六年繼位的嘉慶皇帝❸。

覲見皇帝必須凌晨四點起床

讓這位荷蘭人非常反感的是，覲見皇帝的時間安排得非常早，他必須凌晨四點起床，在凌晨的寒風中苦等一個多小時，因為皇帝要向先祖禱告完畢後才能接見他。

皇宮外牆用灰泥砌成，塗成朱紅色，貼有珍貴的金箔，讓范巴瀾覺得十分賞心悅目。皇宮裡舉行的滑冰儀式令人震撼。有人告訴他，這是一年一度的慶典❹，其他任何時候，中國人都不可能穿著這種荷蘭式「冰鞋」狂歡了。

在范巴瀾看來，皇宮內部的佈局和裝飾並不那麼美妙。護城河蜿蜒城外，冰冷漫長的走廊，像是黑暗的街巷；房間顯得狹窄局促。他不太喜歡這種佈置。當然，皇帝的寢宮十分寬敞，窗戶由一整面巨大玻璃做成，皇帝可以透過它審視整個宮殿。

范巴瀾寫道，「在蒙古和朝鮮使臣覲見後，我來到年邁的乾隆皇帝面前行跪拜禮。乾隆端坐在暖榻上，按照中國的傳統習俗蜷著雙腿。和中堂（譯注：指和珅）與福康安大人雙膝跪地，侍於皇帝兩側，回答著皇帝的問話。而後，和中堂站起身來，讓禮賓官轉告我，皇帝說自己今年已經八十五歲了，我是他第一個如此近身接見的荷蘭人。我以最尊敬的方式向乾隆表達了自己對獲此殊榮的感謝，並再次向他行禮，然後站起身來。」

「我和剛才覲見的蒙古和朝鮮使臣被帶到大殿左側，分為前後兩排坐在提前鋪好的地毯上。我不太習慣這種坐姿，像在苦行懺悔一般。」

談到山東時，范巴瀾語帶輕蔑，稱它僅僅是孔子的故鄉，一個無關緊要的省分，既不盛產稻米與絲綢，也不盛產那種受人歡迎的本色棉布（nankeen）。在荷蘭使節團的心目中，山東蘊藏著豐富的煤、金、銀、麥稈等等，但尚未開發，只因為山東巡撫為使節團所有成員準備了上好的紅色毛皮大衣和較小的皮上衣，才不枉一行。

熱氣可通過管道傳到皇宮各處

根據范巴瀾的描述，讀者可以發揮無盡的想像力去勾勒自己心目中的中國。范巴瀾受到乾隆皇帝長時間的接見，觀看了中國人祭祀日月的儀式和中國舞蹈，品嘗了豐盛的美食大餐，欣賞了盛大的燄火表演，這些都引起范巴瀾無比的興趣和激情。

范巴瀾記錄了中國莊嚴宏偉的寺廟。他認為中國人為死者舉行火葬的儀式可能是從古希臘羅馬風俗中偷來的。范巴瀾在日記裡提到無垠的蕎麥地，載滿稻米的貨船，還有在皇宮魚池裡飼養的金魚足有十五英寸長，顏色非常奇特。他詳細描述了中國皇宮的美景和皇帝的寢宮，特別強調以前從沒有歐美人士到這裡參觀過。所有這一切構成了昔日中國帝京盛景。

然而，范巴瀾對中國的描述充滿矛盾。前一頁中，范巴瀾還在形容中國破舊的馬車像「荷蘭人裝肥料用的車」，說這就是他們旅行的主要交通工具，抱怨馬匹數量很少，僕人們又疏於照料。但下一頁，他又開始介紹中國人家裡的取暖設施，說各家各戶都裝有火爐，爐子裡的熱氣可以通過管道傳送到家裡的各個房間。范巴瀾說，這種火爐並未安裝在室內，而是藏在屋外的地窖裡。

「火爐連接的管道通向房內各處，」他寫道，「有的在地板磚下，有的在窗臺下，有的在睡覺的炕下，有的甚至連接到隔牆裡面。這樣，火爐裡的熱氣能夠傳送到屋內各處，房內溫度令人感到非常舒適。」

僕人們晝夜燒火，即使在寒風凜冽時，屋內仍然溫暖而舒適。中國人的巧思（這一點在山東尤然，當地的大川與眾多港汊使每個人生來就是漁民）發明了竹繩、竹桅杆、竹具、竹屋以及竹飾品。范巴瀾對此非常驚奇，讚賞不已。他還專門描寫了中國人不用魚鉤和魚線釣魚的方法，讓受過訓練的鳥（譯注：指鸕鷀，俗稱魚鷹）扎進水裡，叼出魚來，然後將魚交給牠們的主人。

范巴瀾對山東梨讚不絕口，他稱山東出產的梨直徑大約有十四英寸，多汁，入口即化。然而，貫穿全書的主題仍是中國將給世界帶來的巨大機遇。中國壯美的景象和充滿神祕的東方氣息，中國藝術和友好的人民都深深吸引著他，而他始終以商人的眼光來審視這個國度。

范巴瀾饒有興趣地描寫了那些聚集在他身邊，好奇打量他的人們。無論男女都對這些過路的洋人感到新奇。他興奮地提到，中國官吏和軍士給予西方人崇高的禮遇，無論他們是美國人、法國人還是荷蘭人。

注釋

❶此說不確，第一個被乾隆皇帝接見的西方使節應為英國的馬戛爾尼（George Macartney, 1st Earl Macartney, 1737-1806）。一七九二年九月二十六日，英國政府任命馬戛爾尼為正使，斯當東（George Thomas Staunton）為副使，以祝賀乾隆八十大壽為名出使中國，這是西歐各國政府首次向中國派出正式使節。一七九三年八月五日（乾隆五十八年六月二十三日），英國使節團乘坐「獅子號」（HMS Lion）砲艦和兩艘東印度公司提供的隨行船隻抵達天津白河口，之後換小船入大沽，受到直隸總督梁肯堂的歡迎。八月九日，使節團離大沽赴北京，途中在通州停留，與中方發生禮儀爭執。九月十三日，使節團抵達熱河，向和珅遞交國書，再次就禮儀問題發生爭執。最終雙方達成協定，英國作為獨立國家，其使節行單膝下跪禮，不必叩頭。乾隆皇帝於九月十四日（八月初十日）正式接見使節團。馬戛爾尼爵士離華後不到兩年，即一七九五年，荷蘭使節團在德勝和范巴瀾二人帶領下始來華。

❷范巴瀾（Andreas Everardus van Braam Houckgeest, 1739-1801），或譯為范罷覽、范百蘭。他從一七九〇年開始就在廣州管理一家荷蘭工廠，對中國有強烈興趣。一七九五年至一七九六年之間是乾隆登基六十年大典，他向荷蘭駐巴達維亞（今印尼首都雅加達）總督建議藉機出使北京被採納，於是，曾在日本長崎掌管一家荷蘭工廠的德勝（Isaac Titsingh, 1745-1811）被任命為正使，范巴瀾為副使。

荷蘭使節團在嚴冬季節從廣州出發前往北京，一路上飽受惡劣的居住環境和食物困乏之苦，他們的窘境引起了清廷注意，乾隆皇帝於一七九四年十二月二十二日敕諭，在荷蘭使節團回程時，要給予他們跟英國人同等禮遇。一七九五年一月九日，荷蘭使節團抵達北京。一月十二日，第一次覲見乾隆皇帝，全都行了跪拜禮。也許因為他們十分順從中國禮儀，因此比英國人更受善待。一月二十七日，跟乾隆一起參觀天壇；一月三十日，跟隨乾隆來到圓明園，並留宿海淀。次日清早，乾隆同時接見荷蘭與朝鮮使臣。荷蘭人跟英國人不同，他們沒有挑戰中國體制，並正巧跟朝鮮使臣一起恭賀乾隆登基六十周年，給中方留下很好印象。二月十日，乾隆在紫禁城再次召見荷蘭使節團，除贈予禮物外，還寫了一封信給荷蘭國王。

❸此說不確，嘉慶應為乾隆第十五子。

❹清宮冬季盛行滑冰，宮廷的溜冰活動稱為冰嬉。清代每年從冬至到三九，要從各旗挑選共一千六百人，在冰上培訓。通常在臘月初八，由皇帝檢閱。

美國商會呼籲改革領事制度

一九一九年十月十二日

美國製造商出口協會（American Manufacturers' Export Association）發出呼籲，要求全體商界人士支持美國國會推動海外領事制度改革。他們抱怨道，甚至普通旅行者都意識到領事服務品質和效率都差得很遠。領事通常都是政治任命，工資也遠沒有其他公務員那麼有吸引力。有時，當一些愛國、有能力的人士獲得任命後，會發現他們一年二千五百美元的薪水很難或者不可能保持美國領事對外應有的尊嚴，更不用說進行一些研究或擴大私人交往。

當今時代需要敏捷、果斷的行動，這在過去是難以想像的。縱觀今日世界，當商業往來尚處於議而未決之時，最後的勝利者已從那些擁有最好資源和人才的國家中脫穎而出了。如果我們對瞬息萬變的市場表現遲鈍，正如以往一樣，大好機會就將從我們身旁白白流失，以至於我們以後幾代人都很難翻身。因此，目前國家亟需招募年富力強的青年，經過全面特殊的職業培訓，並向他們提供優厚工資待遇以維持體面和尊嚴，只有這樣才能維護一個超級商業大國的利益。

美國駐華使館商務參贊安立德❶先生最近撰文，提出了一項很有見地的倡議。他說，通過傳教士，我們每年花費了上千萬資金使中國人和日本人了解西方的文明，但我們自己卻在學習東方語言和文化習俗方面做得太少，甚至無所作為。安立德先生呼籲國會在北京和東京建立學校，幫助美國人學習中文和日文，同時通過個人的學習經歷來熟悉東方人的個性、行為舉止習慣和他們的需求。當環境允許的時候，也應該在彼得格勒（Petrograd，譯注：聖彼得堡）建同樣的學校。

有意願進入領事和外交領域服務的青年應該通過有效的考試，在每年一千二百美元獎學金的資助下，進行為期兩年的專業培訓，進修所有相關課程。他們一經任命，如果表現良好，應保證其終身供職並獲得足夠的薪水。

儘管這項建議與先前的做法比起來顯得有些離經叛道，可是它卻與我們最強的競爭對手如出一轍。英國長期以來都開設有固定的領事外交業務課程，最先在牛津大學設立獎學金，並向全世界派遣一些初級職位的外交和領事官員。作為這個制度的副產品，牛津大學成為一個小亞細亞、埃及、印度以及遠東相關知識的大寶庫。主要產品則是外交領事服務，性格穩重且訓練有素，它在未來將成為可怕的敵手。

注釋

❶安立德（Julean Herbert Arnold, 1875-1946），加州大學畢業，一九〇二年來華任美國使館翻譯學生。一九〇四年任駐上海副領事兼會審公廨陪審官。一九一四年任駐漢口總領事。一九一四～一九一七年為駐日、華兩國的商務參贊，一九二〇～一九四一年專任駐華使館商務參贊。他曾代表美國出席一九一八、一九二二、一九二六～一九二七年的三次中國關稅會議。

卡車將取代駱駝

一九一九年十二月七日

那種由四千峰駱駝和一千名趕駝人組成的駝隊行進在絲綢之路上的壯觀景象，恐怕將永遠成為逝去的記憶了。取而代之的將是由三十輛美國商用卡車組成的車隊，他們將從天津將貨物運送到新疆的伊犁（Kulja），整個行程大約二千英里。目前，每峰駱駝可馱運的重量為二百磅貨物，使用卡車後，每輛卡車加上拖車，可載運六噸貨物。駝隊按日行二十英里的速度計算，來回需要六個月時間，而使用卡車後，同樣的路程只需要三十天。

——轉載自《大眾機械雜誌》（*Popular Mechanics Magazine*）

美國打字機在中國

一九二〇年十一月七日

美國駐漢口總領事赫茲勒曼❶寫來的報告稱，美製打字機在這裡十分流行，需求旺盛。自德製打字機缺貨後，美製打字機幾乎已經壟斷中國市場。特別是漢口打字學校的建立與現代商務課程的開設，更大大增加了對打字機的需求。在海關統計表中，一九一九年進口到漢口的打字機和相關零配件據估達一萬九千七百八十六美元。

注釋

❶赫茲勒曼（Percival Stewart Heintzleman, 1880-1942），美國人，生於賓州費耶特維爾（Fayetteville）。曾先後在華擔任美國駐廣州副總領事兼代理總領事（一九〇四～一九〇六）、駐上海副總領事（一九〇八～一九〇九）、駐奉天總領事（一九一四～一九一六）、駐廣州總領事（一九一六～一九一八）、駐天津總領事（一九一八～一九一九）、駐漢口總領事（一九二〇～一九二四）。一九二五～一九三七年任美國駐加拿大溫尼伯（Winnipeg）總領事。後逝世於賓州錢伯斯堡（Chambersburg）。

中國獲邀參加波特蘭博覽會

一九二一年十二月二十一日

題記：「亞太高速公路和電子產品博覽會」（Atlantic-Pacific Highways and Electrical Exposition）將於一九二五年在俄勒岡州的波特蘭市（Portland Ore.）舉行。

據博覽會理事、波特蘭伐木工信託投資公司（Lumberman Trust Company）總裁史密斯（Robert E. Smith）介紹，俄勒岡波特蘭將於一九二五年舉辦世界博覽會及「和平狂歡節」，美國已有二十八個州確認參加，日本、中國和一些歐洲國家也允諾出席。史密斯先生抵達富麗酒店（Hotel Majestic）後說，他此行目的是應波特蘭一些金融機構要求，將對全美工商業狀況進行一次調查。

史密斯先生說，「起初，波士頓、費城和洛杉磯也有意競爭，但得知波特蘭有此意向後，都紛紛撤出。法國也曾經考慮舉辦，但基於經濟條件的限制，最後也放棄申辦。太平洋沿岸其他城市堅決支持波特蘭的計劃，並將在物資上提供支持，以使博覽會取得成功。

「辦展費用將超過五千萬美元，其中大部分經費將通過稅收解決。大家幾乎一致同意以這種形式籌集資金。俄勒岡州的其他城鎮也將響應波特蘭的號召。博覽會將持續十個月左右，主題為

『亞太高速公路和電子產品博覽會』。確定這個主題的兩個原因，一是美國有四條州際高速公路在一九二五年紛紛竣工，二是這一年也是電磁發現一百周年，而俄勒岡州在水電領域的發展具有領先地位。

「據估計，汽車對展覽成功舉辦具有重要作用。在歷史上，恐怕這是火車首次在交通領域屈居第二。我們將推廣強調，州際旅遊的最好方式莫過於自駕車，而且有四條高速道路可供選擇，一九二五年對於開汽車的人來說，波特蘭的邀請不可抗拒。」

第五篇

文化覺醒

中國人深受千年宗法制度禁錮，不存在獨立人格和純粹個人價值。民國的建立給國人帶來幻象，似乎迎來了個性解放與國民覺醒的新時代。然而，新民國必須以新國民為依託。否則，民權不能保障，國會難以維持，共和制度只是水中撈月。中國新文化運動就是新民運動，核心是教育，實質是改造與重構國民的精神，力圖從頑固保守的舊傳統的硬殼中催生出革命的新芽，在神州大地真正確立平等、公平、正義的法則，為新生的共和制度樹立牢固而堅實的支柱。

知識分子在中國革命中的作用

一九一一年十一月六日

西方人難以理解青年知識分子在中國社會進步中所扮演的重要角色，也不清楚他們在這個遼闊帝國正在進行的轉型中將發揮的作用和影響。西方的學生只是一個很小的群體，是一群正在消磨青春、即將步入成年的年輕人，他們接受固定的培訓和學習，以便畢業後可以從千百個職業中找到一個合適的位子。他們通常是一群陽光燦爛的孩子，容易吸引大家的目光；他們將主要精力和時間都用於接受教育，對於國家的公共事務、商業、工業或者財政而言，他們是無足輕重的。如果有人說，一個學生可以在這個國家成就一番事業，將被視為荒謬的觀念。

中國的情況卻恰恰相反，上述荒謬的觀念已流傳好幾個世紀了。一個人學業成功與否被視為任何事業成功的先決條件。所有官員的任免，無論職位高低，不分文武，都取決於你學業的好壞；而仕途是決定個人社會地位和權利的唯一因素，並且決定了你的財富。知識分子是被中國民眾接受的統治階級。唯一例外的情況，只有滿清八旗子弟可以享受特權。

貴族不是命中注定，它的大門向所有人敞開，而打開這扇大門的唯一鑰匙是讀書，是通過競爭激烈的科舉考試。科舉考試是中國普遍的、持之以恆的制度。遍佈全國各地每個角落的知識青年，不管地位是如何卑微，都可以參加科舉考試。儘管有人控訴科舉存在許多弊端，然而從理論上說，以及從實際情況看，科舉制度都是向所有人敞開大門的。

毫無疑問，那些未嘗通過一長串嚴苛、瑣細的科舉考試，未嘗做過寒窗苦讀的學生的保皇派、改革派、革命派，他們是被排斥在王朝統治核心之外的，對中華帝國沒有絲毫的分量和影響。中國人民的未來始終維繫在知識分子手中。因為在中國，從來沒有哪個有影響力的階層不是由知識分子組成的。

近代中國社會發生的最翻天覆地的變化，莫過於知識分子的生活發生了巨變。中國的統治者從中日甲午戰爭學到了苦澀的一課，明白了一個古老守舊的東方國家與一個積極學習西方先進思想觀念的東方國家之間存在著懸殊的差距。隨後的日俄戰爭又給中國人上了另外一課，讓他們看到一個積極學習西方先進思想觀念的東方國家可以戰勝一個西方強國。

這樣的結果帶來巨大的文化衝擊，把中國知識分子漸漸引導到向西方學習的道路。儘管這種轉變一開始是聲勢微弱的，是混亂的，然而日積月累，不斷壯大。大批中國知識青年成群結隊地湧向日本、歐洲和美國，他們有些是國家或者地方政府公派的，有些是父母送去的，更多的人是出於自身意願。

另一方面，本土教育也開始受到強大的壓力，要求進行教育改革，要求引進西方課程和知識，要求不再死讀儒家經典。這些壓力逐漸發揮作用。滿清政府無論是否出於本心，至少在形式上應和了這些要求。教育的變革，是潛藏和醞釀推動社會革命的巨大能量。

最近，我們曾發表哥倫比亞大學一位中國留學生的很有趣的來信。天真單純的內容，古怪的表達方式，以及作者深信不疑的理想主義，讀來有一點悲愴感。不過請記住，我們聽到的是同盟會（Young China）的心聲，而那份追求美好的熱忱，遠比犬儒主義或愚昧無知更加前途有望。

我們中的大多數人都知道，這位中國年輕朋友和他的同伴，在未來實踐他們的熱忱理想時，一定會遭遇到數不清的打擊、挫折和失敗，但是，我們堅信，中國人民中的絕大多數必將會慢慢意識到，這些崇高、偉大的理想，儘管將歷經曲折，但終將贏得國家與民族的未來。

奧柏林學院在山西興辦教育

一九一二年四月七日

俄亥俄州奧柏林一九一二年四月六日電：奧柏林學院❶最近剛剛完成了遠東教育項目年度評估。

一八八〇年，一批奧柏林學院畢業生結伴前往中國，試圖建立一所現代化的教育機構。他們的成果是在山西教區建立了奧柏林學堂。發展到一九〇〇年，山西教區已有十六名行政人員、兩所教堂、一個分不同年級的新式學校和一個小學堂。然而，一九〇〇年義和團運動爆發，終結了奧柏林學院在山西的教育活動，他們在山西省太谷縣工作的所有教職員工均在該年七月慘遭殺害。

一九〇三年，來自芝加哥的韓明衛醫生❷和夫人重新接手了這項工作，捐助重新入學的學生，同時奧柏林學院還派出康保羅❸夫婦作為特別代表。他們在山西省發展現代教育的事業重新起步，「銘賢學校」❹得以成立。

該校自一九〇七年秋季開學，由孔祥熙先生主持校務。孔先生畢業於奧柏林學院，是土生土長的山西人，是中國聖賢孔子第七十五代孫。身為本地豪紳，又出身於名門望族，孔先生在當地具有不同尋常的影響力和極高的社會地位。

一九〇九年元月，第一屆學生期滿畢業；一九一〇年元月，又有五名青年才俊完成了他們的學業。根據奧柏林學院剛剛公佈的年度報告，在太谷縣現有十三名教師和一百三十二名學生，其中七十二名在銘賢學校就讀，六十名在小學堂就讀；同時，在汾州的學校還有十九名教師和二百六十七名學生；除此之外，另有十四名學生在太谷、通州和北京的高等學堂就讀。

從制定這項教育計劃的初期，奧柏林學院就設法保證在太谷建成可心舒適的校址和花草蔥郁的環境。校園面積充足，共建有三十一幢校舍，可以在未來很長時間滿足使用需求。這一份價值不菲的資產是由在美國的董事會最近購買的。通過紐約市詹姆斯夫人（Mrs. D. Willis James）的捐贈，學校又新獲得了大片土地。在汾州，通過同樣方式也將購買土地，並修建一所新校舍。

這項辦學行為完全由奧柏林學院師生和一些感興趣的新朋友義務捐贈來支持。最近一次在芬尼義教堂（Finney Memorial Chapel）集會上，來自師生的捐款達到二千美元，加上之後追加的捐款，總額接近二千五百美元。這是奧柏林學院援助東方教育在歷史上籌得的最大一筆捐款。

注釋

❶奧柏林學院（Oberlin Academy）位於美國俄亥俄州，成立於一八三三年。本文背景是著名的《奧柏林山西計劃》（*Oberlin Shansi Program*），據此建立的銘賢學校是今山西農業大學的前身。一九八三年，當奧柏林學院一百五十年校慶時，《紐約時報》發表文章說：「在過去的一百五十年間，哈佛為古典課程而焦慮，耶魯為

上帝而不安，奧柏林則為美國和世界操勞。」

❷韓明衛（Willoughby Anson Hemingway, 1874-1932），美國公理會傳教醫師。美國著名作家海明威（Ernest Miller Hemingway）的叔叔。一九〇三年攜妻子威廉姆斯（Mary E. Williams）來華，先在河北通州學漢語，旋調山西太谷公理會所辦診療所（太谷仁術醫院前身）任醫師。後病逝於當地。

❸康保羅（Paul Leaton Corbin, 1875-1936），美國公理會教士。一九〇四年八月攜妻子洛克（Miriam Hannah Locke, 1878-1928）來華，在山西太谷傳教，後病逝於當地。

❹「銘賢學校」（Oberlin Shansi Memorial Academy）舊址在太谷縣城東的楊家莊村西方，原是該縣望族孟氏的別墅，為清代中葉所建，又稱孟家花園。光緒二十六年（一九〇〇）後，因「教案」賠款，太谷士紳孟儒珍被迫無償出讓北園，由當時太谷基督教公理會佔用，作為安葬被義和團殺死的中外教徒之墓地。一九〇九年秋，銘賢學校擴大辦學規模，從太谷明道院遷來北園，並不斷發展擴建。一九三七年西遷四川。一九五〇年重返太谷，改稱銘賢農學院。次年更名為山西農學院，一九七九年又更名為山西農業大學。

中國人以戲劇宣傳華夏歷史

一九一二年五月十六日

題記：哥倫比亞大學學生們的賑災義演演繹了中華帝國四千年歷史。袁世凱掌權顯示著新生共和國的美好未來。美麗的中國小姑娘、東方音樂和英文臺詞都在學生們的最後一次彩排中競相亮相。

在哥倫比亞大學留學的中國學生共有四十四名。昨晚，他們中有二十幾位勇士在一群長著丹鳳眼的中國女子含情脈脈地激勵下，克服巨大困難，排練了一齣演繹中國四千年歷史的百老匯歌劇。他們在鄰近百老匯的華爾道夫飯店大舞廳裡進行了彩排。劇中敍述一個沉睡了四千年的帝國是如何覺醒，如何在亞洲建立起一個全新、自由的共和國。演出大獲成功。

昨晚的六幕歌劇由中國學生們帶妝彩排，為今晚的正式演出做最後準備。劇名是《從君主制走向共和》，又名《袁世凱的崛起》。該劇完全由學生們自編自演，門票收入將全部捐給「中國饑荒救濟基金會」（Chinese Famine Relief Fund），救助這個新生的共和國中遭受洪水、戰爭和饑荒災害的人民。

該劇的英文臺詞由三位哥大學生小蔡（Y. T. Tsai）、小王（Y. T. Wang）和小唐（Y. L.

Tang）❶合作編寫，十分文雅，無懈可擊。他們除了創作劇本外，還參與了人物造型和舞臺場景的設計，並參加演出。戲臺在舞廳南側臨時搭建而成。在負責舞臺美術和道具的工人們到來之前，這些架著眼鏡、穿著襯衣的中國學生們就自己先忙乎開了。

帶著白人優越感的專業舞臺工人們走進場來，當他們抬頭看見他們的學生老闆們在臺上瞎忙乎，不由得把手中的錘子和其他工具扔到地毯上，爆發出一陣陣粗魯的笑聲。

演員和觀眾都被逗樂了

儘管中國年輕的戲劇先鋒們努力保持一本正經的樣子，但他們最後還是自己被自己逗樂了。那些三三兩兩結伴而來的中國小姑娘們穿著二十世紀最時髦的美式襯衣、旗袍裙（Hobble skirts），戴著各種新潮的漂亮裝飾，講一口地道的美式俚語。她們也被現場的滑稽場面逗笑了。

「嘿，張先生！」有一個十歲的小姑娘踏著輕快的步子，咯咯笑著走進燈光昏暗的舞廳，眼中閃爍著天真無邪的光芒。她的帽子上別著幾枝芳香的雛菊，胳肢窩下夾著一件中國樂器。

這齣六幕劇追溯了推翻滿清王朝建立中華民國的一段歷史。第一幕是攝政王（這位演員昨天下午剛在他的拉丁文期終考試中獲得B）在宮中舉行的祭祖大典。攝政王身穿藍色鑲金的朝服，華麗的下襬直拖到地。他在祭壇上向先祖感恩祭拜，身穿藍色和金色絲袍的朝臣們肅立兩旁，他們戴著紅頂的扁平圓帽，上面還掛著一顆金色的絲球。鼓手（這是編劇小蔡的第二職業）用金槌在一面紅皮大鼓上「咚咚」地敲擊著精準的節奏。那只鼓看上去好像是日爾曼人（Deutsche Verein）以前在啤酒狂歡節時用過的酒桶，哥倫比亞百科全書（Columbia Commons）中對此曾有記錄。小唐則像一個昏昏欲睡的送奶工，他把手中的高音鈴鐺搖得叮叮噹噹響。「咚咚」的鼓聲是在召喚先祖顯靈，而「叮叮」的鈴聲則提示先祖神靈正在走來。在樂鼓聲中，有一位身披黑袍、體形高大的祭司如同痙攣發作一般，口中念念有詞，向先祖虔誠禱告。

大家都留意到，這場描述中華傳統宗教儀式繁文縟節的表演讓年輕的觀眾們和年輕的表演者們自己也覺得荒唐可笑，他們中許多人忍不住咧開嘴，哈哈笑出聲來。

走向現代化的中國

情節發展很快進入現代。第二幕多了些對中國宮廷生活的描述，演的是幾位滿清格格的飲茶比賽（臺上的「格格們」白天在紐約哈林區的高中念書）。秦傑西小姐（Jessie Chin，音譯）扮演的慈禧太后一上場，飲茶比賽嘎然而止，格格們紛紛起立向太后行禮。直到幕布拉下時，格格們的禮還沒行完呢。

第三幕講的是舊中國農民的悲慘生活，揭露了官府的苛捐雜稅和稅官們欺壓民眾的暴行。農民交稅時要被稅官打，交不出稅時則被大棒毒打。戲劇說明，在新的共和制政府建立後，類似事件將不再發生。

第四幕講的是袁世凱上臺後，人民的好日子開始了。袁世凱被逐出清廷後，轉而虛心向學。

一位曾在美國學習過的年輕中國人向袁講授現代政治和西方衣著知識，這個中國人穿的是西褲，褲線熨得像刀鋒一樣平整。突然進來了一位清廷使者，召喚袁世凱回朝議事。在哥大教育學院讀書的小陳扮演袁世凱，他舉起右手莊嚴宣誓：「決不再重回清廷效力」。但是，不一會兒，郵差上場帶來一份報紙。袁世凱讀到起義軍隊已經佔領漢口的消息，意識到他必須像羅斯福總統一樣肩負起拯救國家的重任，就和其他愛國志士一起英勇戰鬥，並且在漢口受到酷刑的折磨。

第五幕講清帝宣佈退位。同時，民國國會在南京舉行就職典禮。接下來，孫中山先生辭職，在他推薦下，袁世凱成為中華民國首位大總統。

最後一幕講的就是袁世凱就職，人民政權即將建立。理髮師們同樣有活兒做了。在劇中，要剪去長辮子的人排成了長隊，但這個隊伍的長度顯然被大大壓縮了。而且，新型的美式服裝銷量驚人。全劇的最後，以一面展開的中國新國旗向觀眾謝幕。

中國音樂在這齣小型舞臺劇中貫穿始終，鑼鼓鈴鐺聲響個不停。戲劇難以譯成英文，但臺下的華人小姑娘們用地道的美國俚語喊道，「太棒了！」

注釋

❶以上三人姓氏皆音譯。

民國將軍就讀哥倫比亞大學

一九一三年三月十六日

深孚名望的哥倫比亞大學最近招錄民國准將王某❶就讀。王將軍是革命軍光復南京的英雄，近日抵達紐約。他被哥倫比亞大學政治學系錄取，將攻讀哲學博士學位。

黎元洪將軍在漢陽和武昌舉事後，革命黨人也向中國的六朝古都南京發起進攻。王將軍是義軍首領之一，他在先期作戰中率領萬名起義士兵進攻紫金山，並成功攻佔山頂砲臺，奠定了南京之戰的勝利基礎，之後的攻城便如探囊取物一般。

當時還是上校的王某坐騎身中兩彈，軍帽被流彈三次打落，最終，他右腿被加農砲彈碎片擊中，打落下馬，被迫在醫院休養了兩個月，直到現在，他走起路來仍然一瘸一拐。由於英勇無畏的戰鬥表現，王上校被擢升為准將，並在攻克南京後，被總司令徐紹楨❷邀請並肩進城，一同享受勝利的榮耀。這是辛亥革命的最後一戰，也是決定性的一戰。後來，他負責指揮一支部隊，計劃向北京進發，但和平談判使得他們的軍事行動戛然而止。

為更好地了解西方民主政治思想（此前，他僅在日本學習過一些二手的政治知識），他來到美國，因為他認為既然民國憲法是根據美國憲法制度的框架來設計的，那麼全面系統地學習美國政治思想將非常有益。之所以選擇哥倫比亞大學，是因為該校的政治學系在全中國都享有盛名。他將師從古德諾教授研究美國憲法和行政法，而古德諾教授即將被民國政府任命為憲政顧問。

注釋

❶報導原文為“Chinfu Wang-Shia”，題詞部分作“Chinfu Wang Shia”。這是一個值得考證的人物，Wang可以音譯為王、黃、汪、翁等姓氏，舊時各省口音不一，中文英譯經常出現歧異；Chinfu具體所指不詳，可能是地望，也可能是字號。此人與徐紹楨關係密切，應屬新軍第九鎮將領，但在革命文獻上尚未找到事跡相近者。此處姑且以王某稱之。查哥倫比亞大學學生註冊簿上，他的登記資料是：

A. B., Nanking, 1907. Philosophy
Wang Shia, Chinfu S Peking, China

前為學歷，第二行則為姓名、籍貫等。

❷徐紹楨，字固卿，祖籍浙江錢塘，一八六一年生於廣東番禺。舉人出身，曾任統領、總兵、江北提督等職，一九〇五年任新軍第九鎮統制。一九一一年響應武昌起義，被推為江浙聯軍總司令。次年中華民國南京臨時政府成立，徐任南京衛戍總督。此後長年追隨孫中山，深受信賴，歷任參政院參政、廣州衛戍總司令、孫中山總統府祕書長、大本營參謀長、廣東省省長、大本營內政部長、臨時參政院參政等職。一九三六年在上海病逝。

美國富商資助兩所中國大學

一九一三年十二月二十二日

芝加哥十二月二十一日電：昨日，珀金斯建築事務所❶設計師費洛斯（William K. Fellows）動身前往中國，表明國際聯合收割機公司創立者麥科密克❷的遺孀贊助山東齊魯大學❸和金陵大學❹建設計劃正式起動。麥科密克夫人的兒子是國際聯合收割機公司現任董事局主席。上述兩所中國大學的主體建築是麥科密克夫人先前資助建設的。兩所大學目前由美國長老會海外傳道會（American Presbyterian Board of Foreign Missions）提供支持，預計新的建設投資總額將達到七十五萬美元。

建成後，齊魯大學的建築群將包括十九幢建築，其中的九幢將很快開工建設，包括一幢教學中心大樓、一個教堂、一個基督教青年會（YMCA）建築、兩個科學館和四幢宿舍。位於山東的其他三所學院也將併入齊魯大學，預計新的齊魯大學將擁有六百名學生。而金陵大學的六幢建築將在費洛斯先生監督下很快開工。

注釋

❶珀金斯建築事務所（Perkins, Fellows & Hamilton, architects）為芝加哥著名建築事務所，曾參與設計濟南齊魯大學和上海聖約翰大學等教會大學的校園建築，在建築風格上力求體現中國風格，模仿了中國建築寬闊的大屋頂，但對支撐巨大屋頂重量的斗栱結構卻有所忽視，將中式大屋頂直接架設在西式平面之上，留有一些遺憾。該事務所在華設計的部分建築至今猶存，佇立其前，令人遐想萬千。

❷美國聯合收割機公司（International Harvester Company）在世界農機史上大名鼎鼎。該公司一八三〇年由來自維吉尼亞州的發明家麥科密克（Cyrus Hall McCormick, Sr., 1809-1884）創立。一八三四年，麥科密克發明馬拉曳的收割機，其功效是長柄鐮刀的五倍，並於一八四七年在芝加哥辦起收割機工廠，由此推動了小麥在美國大面積種植。一八八四年，麥科密克去世，公司由其子小麥科密克接手。一九〇二年，該公司由摩根財團重組，成為稱雄世界的農機巨人。中國最早引進的拖拉機（當時稱火犁）即由該公司製造，並由此培養出中國第一批農機專家。

❸齊魯大學（Shantung Christian University）是中國最早的一所教會大學，由英國、美國、加拿大基督教十四個差會在華合辦。前身是山東基督教聯合大學。一九一七年該校將分散在濟南、濰縣、青州等地的各院系合併，校址設在濟南。最盛時曾與燕京大學齊名，有「南齊北燕」之稱。一九三一年十二月經國民政府教育部核准立案。抗戰爆發後，遷往成都。戰後遷回濟南復校，不久又移往杭州與福州。一九四九年後，齊魯大學遷回濟南，併入山東大學，其校址為今山大西校區。建校時建築現存有考文樓、柏根樓、聖保羅樓、景藍樓、水塔、十餘幢西式別墅樓和西式平房院落。

❹金陵大學（University of Nanking）是美國基督教傳教組織在華創辦的教會大學。原稱匯文書院，一九一〇年

與育宏書院等合併，定名為金陵大學。一九一四年將東方醫科大學併入。一九二七年北伐軍南下時，外籍教職員相繼離職，學校行政改由中國人主持。一九二八年經國民政府教育部核准立案。經費的百分之六十五來自美國教會，其餘由中國董事會負擔。抗戰爆發後，遷往四川華西壩。一九四六年九月返寧復校。一九五二年與金陵女子大學等合併為南京大學。校內「小禮拜堂」（或稱小禮堂）建於一九一六年，由中國建築師齊兆昌和美國芝加哥珀金斯建築事務所共同設計。「禮拜堂」（現稱大禮堂）建於一九一七年，由美國珀金斯建築事務所設計。

《永樂大典》驚現倫敦

一九一四年二月八日

人類文化史上最大的悲劇，莫過於中國《永樂大典》❶毀於兵火。最近，該書有兩冊殘本在倫敦現身。它們是由一人借給大英圖書館的，此人又是在找一首樂曲時從英國大都會書店（British Metropolis）偶然獲得的。《永樂大典》由浩如煙海的一萬一千一百卷典籍彙編而成，如果將它們一本一本地疊起來，將會比四十二街與百老滙大道上的時報大樓（New York Times Building）還要高四十英尺左右。

世界上最大的百科全書

這部巨著由一大批中國學者歷盡艱辛編纂而成，但毀於一九〇〇年的拳亂。據說，當時義和拳放火燒毀了存放在翰林院內的《永樂大典》，只有為數不多的殘本從翰林院的廢墟中挽救回來。以後，又在中國各地和其他國家找到一些。但是，沒有人對這部巨著的宏大規模有什麼概念。大家僅有的印象是，自一八六〇年北京對外國人開放以來，滿清政府對外國學者希望一睹《永樂大典》的風采並開展研究的請求一概拒絕。由此也可理解，為什麼一旦它慘遭損失對於中國方面而言將是多麼致命的打擊。

英國駐華領事翟蘭思❷曾在拳亂以後踏訪過燒毀的翰林院廢墟，並找到一冊殘卷。在這之後，他的父親翟理斯❸又找到另外五冊。翰林院被毀數月後，翟理斯撰寫的〈世界上最大的百科全書〉（Encyclopaedia Maxima）一文在《十九世紀》（*The Nineteenth Century*）雜誌上刊出。該文敍述了他們父子得到《永樂大典》這六冊珍貴殘卷的經過，並試圖還原這部驚人巨著的歷史原貌。

二千名學者耗時四年艱辛編成

公元一四〇三年，即明朝第三位皇帝、精力無限的永樂皇帝統治中國時期，他決定將所知的中國典籍彙編成書，遂令明朝大儒解縉❹徵集收錄歷代文獻資料。解縉在另外一百四十六位飽學之士的協助下開展這項工作，僅用一年四個月便完工，時稱「文獻大成」。但是，永樂皇帝對此並不滿意，他的目標是要創造一種遠比「文獻大成」範圍還要寬廣得多的東西。

因此，成立了一個新的皇家編纂委員會，解縉成為三位欽定大臣之一。這一次的編纂規模甚為浩大，在三位監修之下，設有五位都總裁，二十位副總裁和二千一百四十一位纂修，總共二千一百六十九人。永樂皇帝力圖收集當時保存的各大門類學說典籍，包括經、史、子、集四部，還包括火器、天文學、地理學、星相學、佛教、道教、手工藝和藝術等。

經過長達四年的艱苦編纂，終於獲得皇帝賜准。他有足夠的理由感到滿意，正是因為有了他的不懈堅持，才最終有了屹立於他面前的一萬一千一百冊、二萬二千八百七十七卷的鴻篇巨制，光是全書的目錄就達到六十餘卷。每冊書足有半英尺厚。如果疊摞起來，將有四百五十英尺高，比倫敦的聖保羅大教堂和紐約的時報大樓還要高。

華貴裝幀和複雜的索引系統

每冊書的幅面有一英尺八英寸長和一英尺寬。與其他普通的中國書籍一樣，用漿糊將各頁黏貼在一起。書的封面用絲綢黃緞裝幀，顯得十分地雍容華貴。

每冊書都貼有兩個標籤，一個標籤說明書目和編號，另一個標籤用明朝字典中常用的韻腳「洪武正韻」注明，即所有詞條都分門別類。因為中國不是使用拼音字母的國家，所以這種索引系統對西方人來說顯得稀奇古怪。正因如此，中國人被迫憑藉不同的方法來進行分類，以方便查找。他們經常用到的另一種方法是將首字具有相同讀音的放在一起，這種方法在英語裡運用便是以字母順序編排，即將access、account、accompany放在一組，但以第一個讀音後的字母多少來排序，如access的acc後是三個字母，而accompany的acc後是六個字母，因此access應排在accompany前。

《永樂大典》每部又劃分為二十個門類，使得全書有九十一萬七千四百八十頁，而《大不列顛百科全書》才只有二萬二千頁。每頁書有十六行，每行平均二十五個字，這樣整套書共三億六千六百九十九萬二千個字。因為用中文書寫比用英文書寫含義更為精練，大約一百個中文字相當於一百三十個英語辭彙，所以，可以說用我們西方語言體系來講，全書共有四億字。翟理斯先生用以比較的《大不列顛百科全書》只有三千零八十萬字。由於其體系如此龐大，《永樂大典》故而能對任何細節都給予非常生動、令人吃驚的描述。

謄抄、保存與失散

一四一〇年，永樂皇帝決定將全書印刷出版，但後來發現相關費用著實巨大，只好暫時放棄這一想法。一四二一年，永樂皇帝將首都從南京遷至北京，《永樂大典》被存放在宮內。一五六二年，由一百名學者組成一個新機構，負責謄抄《永樂大典》。這項工程於一五六七年完成，原件送回南京存放，第一部抄本仍然保存在宮內，另有一個副本。

明朝於一六四四年滅亡，存放在南京的《永樂大典》原件和第二部抄本毀於兵火，僅存北京的第一部抄本。它被轉移至宮外的翰林院，直到在拳亂中被暴民損毀。當時清理轉移，發現有大約一千冊、二千四百二十二卷已經丟失。

以上所有典籍文獻都即時地編入目錄，但因為典籍冊數早有確定，以至於有許多外國學者對其準確性產生懷疑，甚至有人質疑《永樂大典》是否真正存在過。中國官府對洋人的質疑置之不理，認為這是「洋鬼子」故意找茬，試圖獲得進入翰林院閱讀《永樂大典》的許可。顯然，這已被證明是再愚蠢不過的舉動了。翰林院數千冊《永樂大典》在一九〇〇年六月失火燒毀，試想如果早前中國官府不是那麼過分熱心地看管它，並允許外國學者查閱這些無價之寶，或許這部舉世無雙的文化瑰寶還能留存下來，世代相傳吧？

翟理斯手中的五冊《永樂大典》涉及到詩歌、帝範、算術、歷史、衣冠等。每冊書尾有一小條注明負責謄抄、校對的官員姓名。

注釋

❶《永樂大典》編撰於明朝永樂年間，彙集了古今圖書七八千種，是一部類書。全書目錄六十卷，正文二萬二千八百七十七卷，裝成一萬一千零九十五冊，約三．七億字。《永樂大典》原書僅抄一份，嘉靖四十一年（一五六二）照原本重錄。重錄本正本藏文淵閣，副本藏皇史宬。雍正年間，重錄本轉移翰林院敬一亭。光緒二十六年（一九〇〇），八國聯軍侵入北京，敬一亭被毀，僅剩六十四冊被同治狀元陸潤庠運回府中。民國成立後，其中六十冊送往京師圖書館。抗戰爆發後，部分善本送美國國會圖書館代管，後存臺灣故宮博物院。一九四九年後，前蘇聯、東德和國內各界愛國人士將他們收藏的善本交北京圖書館集中收藏，目前中國國家圖書館珍藏有《永樂大典》殘本約二百六十冊。

❷翟蘭思（Lancelot Giles, 1878-1934），英國人，生於廈門鼓浪嶼。英國領事官、著名漢學家翟里斯之子。一八九九年入英國駐華領事界。一九一四年任騰越副領事，一九一八年升領事。一九一九年轉任長沙領事，一九二五年任福州領事，一九二八～一九三四年任駐天津總領事，後病逝於天津。有遺著《北京使館被圍日記》（*The Siege of the Peking Legations: A Diary*）一書。

❸翟里斯（Herbert Allen Giles, 1845-1935），英國人，生於牛津。一八六七年來華為使館翻譯學生。後歷任

中國各英領事館翻譯、副領事、領事。一八九一年以駐寧波領事一職結束在中國長達二十六年的外交生涯。一八九七年繼威妥瑪（Thomas Francis Wade）為劍橋大學中文教授，尤精通中國文化的小說、詩歌、古文。一九二八年退休。其著述豐富，從一八七二年的《中文無師自通》（*Chinese Without A Teacher: being a collection of easy & useful sentences in the Mandarin dialect, with a vocabulary*）至一九二五年的《中國笑話選》（*Quips from a Chinese Jest Books*），共計六十種。此外還翻譯《三字經》、《佛國記》、《聊齋誌異》、《洗冤錄》等為英文。由於他在漢學領域的傑出貢獻，一九二二年被皇家亞洲協會（Royal Asiatic Society of Great Britain and Ireland）授予金質獎章。

❹解縉（一三六九～一四一五），字大紳、縉紳，號春雨、喜易，江西吉水人。明朝洪武進士。永樂二年（一四〇四）進翰林學士兼右春坊大學士，深受明成祖朱棣賞識，受命主持編纂過《太祖實錄》和《列女傳》，特別是監修《永樂大典》，令其名垂青史。卒謚「文毅」。

《清室外紀》書評

一九一四年五月三十一日

題記：《清室外紀》（*Annals and Memoirs of the Court of Peking: from the 16th to the 20th Century*），白克好司與濮蘭德合著，由波士頓的霍頓・米弗林出版公司（Boston: Houghton Mifflin Company）出版。每本定價四美元。

本書兩位作者對東西方倫理道德做了一番極有趣的比較研究。書中大部分內容源自清朝三個半世紀以來宮廷史官的直接描述。史官們竭盡所能，真實記錄了大清王朝日常的宮廷生活，就像英國斯圖亞特王朝（The Stuart Kings，譯注：一三七一～一七一四）時期或俄國彼得大帝（Peter the Great，譯注：一六八二～一七二五年在位）、凱薩琳大帝（Catherine the Great，譯注：一七六二～一七九六年在位）時代的宮廷傳記作家一樣。本書作者從一開始就將那些不能公正看待人性，或是懷著種族主義、以傳統的有色眼鏡看待世界的人拒之門外。這兩位作者在撰寫本書過程中顯然未受「白人至上」理念的干擾，因為他們堅定擁護羅斯教授（Prof. E. A. Ross）對於中國未來的樂觀預言。羅斯教授認為，「由於中國太貧窮了，反而能夠避免那些由電話、電影、闌尾炎、衛生設備、棒球隊和單身女傭所帶來的不必要的災難。」

濮蘭德任海關總稅務司祕書十年，獲得觀察和了解中國人的絕佳機會

研究中國事務的人已通過白克好司與濮蘭德先生之前合著的《慈禧外紀》，以及濮蘭德有關中國現狀的數篇論文，認識了這兩位作家。濮蘭德擔任赫德爵士的祕書長達十年，而赫德擔任中國海關總稅務司一職將近半世紀。濮蘭德由此獲得了觀察和了解中國人精神世界的絕佳機會。

兩位作者在該書中運用了他們在上一本合著中用過的相同方法，讓那些對宮廷生活有詳盡了解的中國作者來講述故事，而由他們負責挑選、對比、解釋，並不時充當敘述人，由此編撰出一本趣味盎然、令人耳目一新的作品。

對於西方讀者而言，儘管他們可以忍受書中描寫的東西方共有的貪汙腐敗，但大部分內容仍令人不快，甚至是驚詫。但是，我們現在比歷史上任何一個時期都更需要正視和理解各國不同傳統習俗和不同膚色人民的民族特性。

白克好司與濮蘭德先生正是依據這一理念，對中國進行了深入研究，這也是本書最大價值所在。如果讀者也持同樣觀念，並對西歐宮廷歷史有一些了解，那麼，他就不會再秉持白人至上的傲慢心態。他們只會看到，邪惡是東西方人類的通性。

「老佛爺」也時常動情，但她會在厭煩後賜舊情人服毒自盡

當然，從某些方面來說，西方人還是足以自豪的。西方世界的倫理道德觀已有所進步，哪怕

只是一點點。然而中國卻始終陷入停滯。慈禧統治時期的滿清政府充斥著貪汙腐敗，與中國之前的各個朝代並無不同。在西方要尋找到類似情況，恐怕要往前細數好幾代以前了。

如果俄國的凱薩琳大帝厭倦了她的情人，她只是扔給他一大堆禮物，讓他慢慢品味。而在史官們口中至高無上的慈禧「老佛爺」也時常動情，但是，她通常會在厭煩後賜舊情人服毒自盡，這讓人聯想到母蠍吃掉交配後毫無用處的公蠍。如果有一種可被稱為「終極道德」的東西存在，那麼東方女皇的方式未見得比西方更糟。

兩位作者從史官的描述中研究反清起義和清朝的覆滅，以及在眾多荒淫無度的朝代中宦官當道、最終腐敗和政變不可避免的歷史宿命。他們得出結論，是清朝內部矛盾導致宮廷和官場的荒淫邪惡、太平天國起義爆發和王朝滅亡，國力衰弱和政治控制力下降最終導致帝國的分崩離析。

慈禧統治時期，清朝也曾出現過歷史上少有的繁榮盛世，但與此同時，其統治政策的厚顏無恥也登峰造極。慈禧在彌留之際，按中國古老傳統要留下彰顯其風範美德的遺言，她嚴令臣子「以後勿使婦人干政」，「謹防宦官專權」，然而，正是這二條使慈禧得以統治中國，真是極具諷刺的遺囑。

國民黨與歷史傳統絕裂的做法行不通

兩位作者認定，清朝滅亡後，中國政治體制、社會結構和百姓生活習俗並未出現任何深刻的變化。作者認為，三個多世紀以來的歷史記載印證了他們的結論，如果政府違背中國老百姓沿襲了數千年的傳統倫理道德，那麼社會穩定就無法保障，行政效率也難以實現。作者寫道，「那些支持中國建立共和政府並相信其有效性的人，實際上損害了中國整個社會體制的道德基礎，他們所提倡的東西嚴重損傷了中國社會的根基。」

作者基於對中國社會現狀及衝突的理解寫道，「國民黨（Young China）的言論對中國少有益處，因為它的精神理念在它的祖國中實屬異類。」他們十分痛心地評論說，國民黨誇誇其談，在國外吸引和鼓動了大批追隨者，它也因此自視甚高。然而，事實上，它的存在對國家和它自身都是傷害。

作者認為，國民黨的宣傳和影響不可避免將會引起反彈，現在這種跡象已經很明顯了。「袁世凱政權並不比忽必烈王朝更像共和制度。袁只是在等待合適時機建立新王朝，他成功的可能性與日俱增。」作者顯然認為，建立一個新王朝才是中國人民滿意、幸福和繁榮的最大希望，國民黨期待的否定歷史、與過去徹底絕裂的做法在中國行不通。

本書附有大量珍貴照片和圖片，來幫助進行相關的介紹和描述。所有研究中國問題的人們都不能錯過本書，那些對東西方倫理道德、國民性格或哪怕是人民生活感興趣的人，都會從本書中汲取到有益的知識。

《中國年鑑》一九一四年版出版發行

一九一四年七月十二日

《中國年鑑》一九一四年版❶向銀行家、金融家、製造商、商人、船東和其他與中國有商業往來的人提供了大量權威信息。而對中國問題感興趣的政治家、社會活動家和學生來說，有許多問題都可從中尋找到答案。特別值得一提的是，年鑑中有關工商業的章節比以往更加詳細、全面。名人錄中收錄的人物比一九一三年版更是增加了兩倍。此書最具價值的部分，是英軍中尉賓斯蒂德撰寫的關於蒙古的文章❷。本書每冊三．五美元。

注釋

❶鴉片戰爭後，英國傳教士和漢學家對中國政治、經濟、社會等有著深刻了解和研究。一九一二年，英國首次在本土出版英文版的《中國年鑑》作為資料性指南。一九二一年，天津有限出版社在中國出版了第一部英文綜合性年鑑*The China Year Book 1921-1922*。該書主編伍德海（H. G. W. Woodhead），英國人，是《京津泰晤士報》（*The Peking and Tientsin Times*）的編輯；編寫人員由英國專家和特邀的兩位中國學者組成。該書對英國一九一二年版《中國年鑑》進行了修訂和補充，分為三十三個章節，分別為中國的地域和人口、地理、動

物群、森林、氣候、人種和語言、報刊、農牧業、礦產資源、錢幣和重量單位、貿易、財經、貨幣、建設、法律、交通、軍事、教育、歷史、河流、製造業、宗教、北方的饑荒、俄國在華問題、中國的戰爭和戰後問題、政府和人物等，書後附錄了人名、地名索引和中國地圖。

❷賓斯蒂德（G. C. Binsteed），一九一一～一九一五年為英國皇家地理學會（Royal Geographic Society）會員。他曾於一九一一年至一九一三年期間與霍姆上尉（Captain Holme）一起對內外蒙古進行地理考察，撰有五份旅行日記，現存英國國家檔案館（The National Archives）。有關內容編入本版年鑑。

第二屆遠東奧運會將在上海舉行

一九一五年二月十四日

題記：比賽時間定於一九一五年五月十五日至二十二日，比賽項目眾多。

如果由於戰爭使得原定於一九一六年在柏林召開的奧運會不能如期舉行，那麼這不能作為阻止第二屆遠東奧林匹克運動會順利舉辦的藉口。日前半官方的競賽委員會已經宣佈，遠東奧運會將於今年五月十五日至二十二日在上海舉行。由於戰爭，該運動會已從去年十月推遲到今年，迎接日本、菲律賓、朝鮮和泰國以及中國各地運動員的籌備工作正如火如荼地進行。

首屆遠東奧林匹克運動會於一九一三年秋天在馬尼拉舉行，賽制與西方奧運會幾近相同。除了田徑比賽外，還增設了足球、籃球、排球、棒球和網球比賽，覺醒了的東方人對體育展示出的廣泛興趣令許多外國人十分驚訝。

數月以來，成千上萬的學生密切關注即將來臨的上海比賽。這些東方國家的大學、高中的教練們正竭盡全力地訓練他們的運動員以壯大其隊伍，據體育權威們預測，此屆運動會的各項田徑紀錄可望再次刷新。今年運動會還有一個看點是，在美國學院校際比賽殺無敵的強隊夏威夷棒球隊可能參賽，以前一致認為，它既不代表西方也不代表東方。

在賽程上，主辦單位為僑居遠東地區的外國人也專門進行了安排，使得他們可以在競技場上展現自己的本領。這些人許多都曾經是英美大學裡的一流運動員，從學校畢業之後來到遠東，毫無疑問他們將重現昔日輝煌。事實上，此次運動會上西方人之間的競爭將會和東方人之間的競爭一樣激烈。

世界各地的體育愛好者在亞洲運動員的奮進下深受鼓舞。因為這不僅是一個新奇的國度，西方的體育界人士也不得不考量一下這裡的進展狀況，儘管過去他們一直執世界牛耳。下一代人也許會發現，東西方世界的人們將在同等水準一較高下。

袁世凱臨終前談中國教育改革

一九一六年六月十八日

題記：前總統袁世凱逝世前不久，寫下了下面這篇論述中國教育改革的文章。這篇文章是在兩名美國女記者❶的建議下寫作而成。她們向袁世凱提出了十一個問題，袁世凱回答了其中的十個，剩下的一個問題因為無法完全理解而沒有作答。從文中可以見出，在很大程度上，中國已經將美國教育體制作為範例，並且準備為工人階級提供職業教育。

政府正在沿著教師培訓的方向施行教育改革。全國目前有超過一百四十所師範學校。從去年開始，北京的高等師範學校增加了學生的人數，從各省來的學生被集中到一起，希望能學習到無差異化的教學和培訓方法。

至於科學技術教育，我們的政策是把重點放在工業化培訓上。但是，由於資金的缺乏，並沒有取得明顯的進展。政府正在計劃為工人階級提供職業培訓，有點類似美國將學校和工廠合併的方法，以此提高工人的素質。

在舊式文化教育中，儒家思想始終貫穿其中，深深影響了當下學生的思維。但是由於封建科舉制度固有的弊端，以及專制政權中流行的自負思想，全國普及義務教育被不幸地忽視掉了。這可能便是我們可以溯源的舊式文化教育的弊病。

關於中國語言和文字，由於中國文字的複雜性，以及各地口語的極大差異，課堂教學的推廣變得非常困難和複雜。教育部最近就統一發音的問題召開了一次會議，並且採納了一套語音標識系統，未來有可能在全國改革文字及口語。首先將在大城市對這套系統進行試驗和培訓，希望藉此判斷這個注音系統是否可行。

國民經濟的發展大大促進了婦女教育，隨之還有一些基礎科學和藝術教育。婦女纏足在各省已被明令禁止，總體看成效明顯，只是在一些邊遠地區仍有殘留，政府將盡全力廢止這一陋習。婦女教育問題，應被認為是當前最迫在眉睫的問題，因為本國的每一個國民皆由婦女所生育，婦女是國家的母親。

迄今為止，歸國留學生並未在這個國家的社會發展領域佔據有影響力的位置，因而也沒能為國家進步發揮應有的重要作用。近年來，歸國留學生被社會寄予厚望，全體國民都受到他們的影響。與此同時，舊文人的影響正在消退，新的留洋學生的影響力正在驚人地上升。

美國教育體制中的職業教育部分將是最適合我們加以吸收和借鑒的。任何一個從業者都可以通過職業教育提升其能力。最近，一些被派往美國考察職業教育的官員撰寫了報告，中國教育家們讀後受益良多。在世界眾多教育體制中，美國對中國教育領域的影響最深，因為美國人追求自由與博愛的精神，最能引發中國國民的共鳴。

政府估計，中國的教育支出將逐年上升。但是自從辛亥革命以來，中國的財政經濟狀況並未完全恢復，導致教育經費受到極大限制。然而，在不遠的將來，當教育改革施行有效時，將會需要籌措巨大數額的教育資金。如果我們將教育經費占財政收入的比例與其他國家進行比較，即可預計所必需的具體數額。伴隨著金融改革的深化以及工業化進程的不斷推動，我們將不難獲得發展教育所需要的資金。中國教育事業的發展不受國家政體形式的制約，因為即使是在帝制國家，下述真理也是同樣適用的，即國民的意志就是上天的意志。

注釋

❶指的應該是韋爾（Elsie F. Weil）和艾瑪森（Gertrude Emerson）二人。

庚款助學成績斐然

一九一七年一月二日

從一九一〇年起，中國使用庚子賠款返還款向美國選派官費留學生，據統計，其支出費用現已超過中國的庚子賠款❶。美國威利斯頓中學（Williston Seminary）校報將其中十名中國留學生的學習成績做了一個統計，他們的學習品質可見一斑。就在當年，他們十個人中就有五人獲得了頭等獎學金，其他五人獲得二等獎學金。之後，他們分散到不同的學院和大學學習，成績優異。現在，他們中一人在民國的某省做農業高專和農校校長，另外兩人分別在北京大學和南京水力工程學院當教授。還有一人已完成潛艇和戰艦設計課程，正在回國途中，以便將所學知識用於實踐。另一位學同樣專業的學生現在民國海軍部工作。其餘幾人以優異成績在美國化學和石油領域謀職，繼續向中國人教授工業化學的祕密。只有一人因學習過於緊張導致精神錯亂被送回國。

美國對中國年輕知識分子的教育是卓有成效的。不是說國際意義不重要，美國最初想法是把同庚子賠款等額的資金用於人才培育，他們確實使用了這筆資金，並且實際上超出了這筆資金。同樣，美國也獲得實惠，因為培養人才不僅支持了我們的教育機構，他們還將繼續影響他們自己的國家事務，無論是在政治或商業領域。也許他們對其黃皮膚存有不安，這就需要有正直健康的思想來考慮與中國的競爭，西方文化是以競爭而聞名的。

這些中國人以與美國學生同樣的興致學習打球。如果他們繼續努力的話，那麼會在更嚴酷的運動比賽上與我們對抗。當然，我們可不想過早的自討麻煩，培養出強勁的競爭對手。

注釋

❶根據《辛丑和約》，「庚子賠款」總數為三億零三千美元（合白銀四億五千萬兩），美國分到三千四百四十四萬美元。一九〇五年，大清駐美公使梁誠與美國國務卿海約翰商談庚款時說：「中國財政支絀，貴大臣所深知，現籌賠款已窮羅掘，一概還金，勢須加增租稅，民間艱於負荷，仇洋之念益張，大局或有動搖，禍患何堪設想。」當時「海為動容，默然良久，乃謂庚子賠款原屬過多」。梁從此游說商請減免，並提出減收款可用於遣派中國留學生。一九〇八年五月二十五日，美國參眾兩院聯席會議決議：茲授權總統批准修改應從中國收到二四四四〇七七八．八一美元賠款。經修改後，中國應付款總數限定為一三六五五四九二．六九美元，利息按規定百分之四年利率計算。羅斯福總統於一九〇八年十二月二十八日簽署實施，退款從一九〇九年一月一日起始，退款額不計利息為一〇七八五二八六．一二美元。

金陵女子學院令人矚目

一九一七年九月九日

南京城內最漂亮的學校是金陵女子學院❶，校內風景如畫。這個新建立的機構由五名校董、八名教職員和十八名女生組成。該校去年開張時，學生寥寥無幾，今年招收到十八名女生成績不俗。女子學院位於一個景色優美的老公館內，據說這裡以前是李鴻章的官邸，後來轉手給了他的一個遠親。到這個文化底蘊如此綿厚的地方來讀書，即使這個地方現在只是租用的，對於每一位中國女孩而言也是令人心潮澎湃的。秋天開學後，聘任的八位教授即可開課，高水準的教學令人期待。

正在就讀的女生們抓住機會，正將她們所學的社會學原理和社會服務知識運用於實踐，該校基督教女青年會（Young Women's Christian Association，簡寫YWCA）最近將為街坊鄰里的孩子們開一天課。由於師資原因，金陵女子學院暫時還不能招收更多女生。據說，中國有十五所女子學院正在籌備開學，但除北京外，真正達到較高教育水準的仍非金陵女子學院莫屬。

注釋

❶金陵女子學院是美國基督教各差會在華合辦的女子教會大學。一九一三年創辦於南京。一九一五年九月正式開學。德本康夫人（Benlcang De, Mrs. Lawrence Thurston）任校長，與美國麻州的史密斯女子學院（Smith College）結為姊妹校。一九三〇年十二月經國民政府教育部核准立案，易名「金陵女子文理學院」。抗戰爆報後，學生初分散在上海、武昌、成都等地上課，旋即集中遷往成都。戰後遷回南京復校。一九四九年後與金陵大學合併。

電影在香港舉步維艱

一九一八年八月十一日

美國商務部最近發表凱爾騰（A. E. Carleton）領事關於電影在香港的發展情況，摘要如下：

「電影引入香港和華南地區已經三到四年，現實表明，前些年的估計過分樂觀了。當時的看法是這類娛樂方式將獲得成功推廣，但現在看來無法完全實現。據說，香港的電影公司沒能掙到錢，原因是票價太高。香港最大的劇院維多利亞劇院雖然獲得歐洲人的贊助，但只有交響樂和馬戲巡迴演出才能使劇院繼續維持。

「美國片商和經營者認為，香港劇院應該支付與美國城市同等規模劇院相似的場租費，但是，他們不理解這個城市的五分之四人口為華人，而他們中的絕大多數因票價太高而看不起電影。除了維多利亞劇院和寶石劇院（Bijou，音譯）主要觀眾是洋人外，其他四個電影院主要為當地華人服務。所有在當地放映的電影都是從馬尼拉進口的第二輪影片。供洋人觀看的電影院首場晚七點的票價分別是十港分、二十港分、三十港分（一港元相當於七十八美分），第二場晚九時十五分開映，分別為三十港分、五十港分、八十港分和一．二港元。而華人劇院放映電影或演出，票價均為十港分、二十港分和三十港分。有幾個巡迴劇團訪港演出都賠了錢。

「在該領區內，沒有公司或個人從事電影製作。兩年前，曾有一位美國人在中國公司支持下想嘗試在當地拍攝電影，由於造價太高宣告失敗。要想在這個領域獲得成功，除非廣大的中國民眾已經接受過良好的電影熏陶。」

前教育總長率團赴美考察

一九一八年十月九日

昨天，由民國前教育總長嚴修❶、范源濂❷、天津南開中學校長張伯苓❸以及孫先生（S. W. Sun，音譯）等組成的中華教育委員會訪美代表團考察了《紐約時報》大樓和印刷廠。這個代表團此行的目的是考察美國學校制度，為中國教育改革尋求思路。儘管中國人口眾多，但目前僅有在校學生九百萬。

注釋

❶嚴修，原名慎修，字範孫（範蓀），號夢扶，天津人，祖籍浙江慈谿，一八六〇年生。出身鹽商家庭。光緒九年（一八八三）癸未科進士，歷任翰林院編修、學部侍郎、貴州學政等。任貴州學政時曾奏請朝廷廢除科舉，開辦經濟特科。戊戌變法失敗後辭職回鄉，在天津興辦教育。先辦嚴氏家塾，聘請張伯苓任教，並多次和張伯苓一起出國考察，創辦南開中學、南開大學，被譽為「南開校父」。同時提倡女子教育，創辦嚴氏女塾，後陸續更名嚴氏女學、嚴氏女中、南開女中。一九〇二年從日本考察歸來，被北洋大臣兼直隸總督袁世凱起用為直隸學校司（後改名學務處）督辦，主持建立天津模範小學、天河師範、北洋師範、女子師範、高等法政學校

等。袁世凱出任內閣總理時，委為度支大臣，不就。一九一四年二月被任命為教育總長，亦不應，五月免。一九二九年三月病逝於天津。

❷范源濂，字靜生，一八七五年生，湖南湘鄉人。早年就學於長沙時務學堂。戊戌變法失敗後流亡日本，入東京高等師範學校、東京弘文書院、法政學校學習。一九〇五年回國，在北京任學部主事、參事，並創辦法律學校和殖邊學堂。辛亥革命後，任北洋政府唐紹儀內閣教育次長、趙秉鈞內閣教育總長。一九一三年辭職南下上海，任中華書局總編輯。一九一六年七月任段祺瑞內閣教育總長。一九一七年一月至七月兼代內務總長，與蔡元培、黃炎培等人組織中華職業教育社，十一月辭教育總長職赴美考察教育。翌年回國。一九二〇年八月署靳雲鵬內閣教育總長，次年十二月辭職。再度赴美考察鄉村教育。一九二三年赴倫敦與英國政府商洽將庚子賠款用於教育事業，回國後歷任北京師範大學校長、中華教育文化基金委員會董事長、南開大學董事、北京圖書館代理館長，多次到美國考察教育，並邀請外籍學者到中國講學。一九二七年十二月病逝於天津。

❸張伯苓，一八七六年生，天津人，祖籍山東。一八九二年入天津北洋水師學堂。一九〇四年赴日考察教育。一九〇七年，在天津城區南部開窪地（民間稱「南開」）建成新校舍，遂稱南開中學堂。一九一七年秋赴美國哥倫比亞大學研究教育，次年回國籌辦南開大學。一九二三年創辦南開女中。一九二八年創辦實驗小學。提倡「教育救國」，辦學方針注重理工科教育。一九四八年六月出任南京國民政府考試院院長，不久辭職。一九四九年以後未赴臺灣，留在大陸。一九五一年二月病逝於天津。

國際新聞俱樂部在北京建立

一九一九年六月八日

建立國際新聞俱樂部的宗旨，是將在北京的中外新聞記者和出版人聚集起來，以協調他們的活動。這個俱樂部是一個非黨派組織，其成員絕大多數都是對在北京發展現代新聞事業抱有興趣的人，包括來自英國、法國、美國和日本的人士。

俱樂部在和平時期將成為各類新聞的交換場所，還可供查閱本地各種報紙和外國報紙資料，目前分門別類地收集了三百份中國報紙和四十份外國報紙，以供俱樂部會員參閱。

杜威教授希望幫助中國革新教育

一九一九年六月二十二日

哥倫比亞大學昨天收到杜威教授❶來信稱，美國大學在中國的影響日益增強。從哥大獲得一年額外休假的杜威教授介紹了他的日本之行，稱他在東京和京都帝國大學的授課廣受聽眾歡迎。其間，他還給來自中國的教師們舉辦了講座。所到之處，他發現知識與教育覺醒的跡象舉目可見。

杜威教授表示非常期待能夠幫助中國改造其教育體制，為此已向中國政府提出申請。他在信中說，中國的教育家們感到現在正是中國教育改革最關鍵的時刻，美國的援助比過去任何時候都更必要和迫切。

杜威教授是在加州完成一年教學後前往東方的，很適應那裡的生活。正是在日本，中國政府官員們找到了他。

注釋

❶杜威（John Dewey, 1859-1952），美國著名哲學家、教育家、心理學家，實用主義哲學的主要代表。生於維

蒙特州（Vermont），一八八四年獲約翰·霍普金斯大學哲學博士學位，同年受聘為密西根大學哲學和心理學講師。杜威在密西根工作期間，發覺多數學校仍沿襲傳統路線，沒有適應兒童心理學的最新發現和民主社會變革的需要。尋找一種能補救這些缺陷的教育哲學，成了杜威主要關切的事情。一八九四年，他離開密西根，轉任芝加哥大學哲學教授後，享譽全美。一九〇四年，改任哥倫比亞大學哲學系、心理學系、教育系主任，直到一九三〇年退休為止。其間，他還擔任美國心理學會、美國哲學學會和美國大學教授聯合會的會長。一九一九～一九二一年曾應胡適等人邀請到中國講學，轟動一時，影響了中國青年知識分子對於國家、社會、教育、科學等的思維。

天津學生罷課驚動總統

一九一九年十一月十八日

北京十一月十七日電：日前，由天津北洋大學❶工程系學生（由北京大學轉學）發起的罷課運動正愈演愈烈，起因是學生們開始對一名美籍教授的不稱職不滿，後又反對北洋大學的高水平生活，進而演變為針對整個美籍教職員工的抗爭，最終要求系主任辭職。

徐世昌總統已收到學生的請願書，他已責令民國教育總長❷對此事進行督辦。

注釋

❶一八九五年十月，津海關道盛宣懷奏請光緒皇帝批准，在天津創建天津北洋西學學堂。校址設在天津大營門外梁家園博文書院。次年更名為北洋大學堂。一九〇二年，校址遷西沽。一九一二年中華民國成立後，奉命更名為北洋大學校，次年改稱國立北洋大學。一九一七年，國民政府教育部對北洋大學與北京大學進行科系調整，北洋大學改為專辦工科，法科移併北京大學，北京大學工科移併北洋大學。一九二八年，南京國民政府在教育上試行大學區制，北洋大學改稱「北平大學第二工學院」，不久大學區制廢止，北洋大學暫稱「國立北洋工學院」。一九三七年，因日軍發動侵華戰爭，北洋大學西遷，組建西北聯合大學。一九四五年，抗戰勝利，教育

部函令恢復北洋大學，隔年五月正式復校，學校下設理、工兩個學院，共十二系。一九五一年九月，北洋大學與河北工學院合併，定名為天津大學，全校共設十一系。

❷當時為靳雲鵬內閣，教育總長由該部次長傅嶽棻代理。

美國科考隊在中國收穫頗豐

一九一九年十一月二十三日

美國自然歷史博物館（American Museum of Natural History）館長奧斯本❶近日從收到的一封信中得知，由該館安得思❷帶領的亞洲動物學考察隊（Asiatic Zoological Expedition）獲得了豐碩成果。

考察隊對蒙古北部進行探險考察後，已於十月八日抵達北京。他們此行獲得了上千個哺乳動物和鳥類骨骼標本，還有大量照片。另一名近日抵達中國並加入考察隊的柯志仁牧師❸報告說，在浙江的幾天考察也收穫頗豐，他得到了兩個精美罕見的鬣羚標本，這將構成自然歷史博物館的一個族群核心。

安得思先生和他的夥伴還到了中蒙邊界尋找高角羊標本，這將在擬議中的自然歷史博物館亞洲館構成一個展覽的族群。結束尋羊之旅，一行人將立即赴山西尋找扭角羚標本。

奧斯本館長稱，自然歷史博物館當局將盡一切努力關出空間，以使這些精美的動物標本早日對公眾展出。它們目前還必須與這支考察隊所得到的資料一同收藏。

注釋

❶奧斯本（Henry Fairfield Osborn, 1857-1935），美國古生物學家。一九〇八～一九三五年任美國自然歷史博物館館長。

❷安得思（Roy C. Andrews, 1884-1960），美國探險家、博物學家。一九一六年首次來華，旅行西藏。一九二一年至一九二八年期間又三次來華，代表美國自然歷史博物館往內蒙挖掘史前遺跡，得到了許多重要發現。一九二三年七月，他帶領的探險隊首度發現了恐龍蛋化石。一九三四～一九四二年出任美國自然歷史博物館館長。著有《穿過蒙古大草原：一個博物學家對中國大西北的報導》（*Across Mongolian Plains: A Naturalist's Account of China's Great Northwest*）、《在中國的宿營和行蹤》（*Camps and Trails in China*）等書及自傳《吉星高照》（*Under a Lucky Star*）。

❸柯志仁（Rev. Harry R. Caldwell, 1876-?），美國美以美會（The Methodist Episcopal Church）教士。一九〇一年來華，在福建延平傳教。柯氏除宣教工作外，還研究中國鳥類。著有《華南鳥類》（*South China Birds*）一書。

五所教會女中籌建

一九二〇年一月二十五日

為進一步加快女子教育進程，美國北方浸信會聯會（Northerm Baptist Convention）計劃在華建立五所新的女子高中。

目前中國每三百五十人中僅有一名女子會識文斷字。為了掃除文盲，政府最近通過了一個三十九字的簡易語音字母表。一個文盲通過學習這個字母表，六週就可學會讀寫。

美國北方浸信會聯會強調提高東方婦女教育水準的重要性，北方浸信會《新世界運動實地調查》（*Field Survey of the New World Movement*）聲稱，「培養智慧女性對中國的生生不息和基督教化絕對有必要。」

根據該會的規劃，不僅要建女中，還要增加小學的數量，直到每個村莊至少有一所學校，無論是以教堂還是以布道站的形式。

目前中國共有浸信會學校二百六十五所，在校生八千四百五十五名。由於教育體系不斷發展，政府正不斷提高教學的水準，教會學校也肩負著越來越大的責任。

北京大學首次錄取女學生❶

一九二〇年三月十二日

北京三月十一日電：本週是中國教育進步的歷史性時刻，五名女學生終於獲得北京大學錄取。此前，中國大學是禁止女孩進入的。而現在，大學的大門對她們打開了。這件事的另一個重要意義，是它標誌著中國終於接受了男女同校的原則。

注釋

❶一九一九年五月十九日，甘肅省立女子師範甲科學校學生鄧春蘭公開上書北大校長蔡元培，申述婦女與男子應「職業、政權一切平等」。實現這一目的，「應以教育平等為基礎」，要求「國立大學增設女生席」，「實行男女同班」。蔡元培提倡男女教育平等，曾在接受上海《中華新報》採訪時說：「大學之開女禁問題，則余以為不必有所表示。因教育部所定規程，對於大學學生，本無限於男子之規定，如選舉法中選舉權者。且稽諸歐美各國，無不男女並收。故余以為無開放女禁之問題。即如北京明年招生時，倘有程度相合之女學生，盡可報考。如程度及格，亦可錄取也。」一九二〇年二月，北京大學率先「開女禁」、招收女生，第一次招收九名女學生入文科旁聽。她們是王蘭（江蘇無錫人，哲學系）、奚湞（江蘇南匯人，英文系）、查曉園（浙江寧海

人，英文系）、鄧春蘭（甘肅循化人，哲學系）、韓恂華（直隸天津人，哲學系）、趙懋芸（四川南溪人，哲學系）、楊壽璧（貴州貴陽人，哲學系）、程若勤（安徽歙縣人，國文系）等。中國女子高等教育由此起步。

中國人自拍電影殺青

一九二〇年六月六日

洛杉磯的詹姆斯・梁製片公司❶宣佈，由美籍華人自己製作的華人電影可望殺青。這家新公司的宗旨是將真實的中國搬上銀幕，藉以修正過去的總體印象，因為通過攝影機的眼睛所能看到的，中國人的生活多半是跟幫會火併（tong war）、抽大煙和奇特的賭博方式有關。

據稱，該公司總裁梁先生熟悉祖國的生活和語言，通曉英語，具有電影製作經驗，曾作為技術指導參與拍攝過《凋謝的花朵》（*Broken Blossoms*）、《紅燈籠》（*The Red Lantern*）、《異教神》（*The Pagan God*）、《神祕的臉》（*Mystic Faces*），以及反映華人生活的方方面面的其他電影劇本。這個名為《中國的瓷鐘》（*The Porcelain Bell of China*）的故事將是梁先生的首部作品，它把中國發現瓷器的歷史編進一個浪漫的情節中，這表明梁先生與他的夥伴試圖通過戲劇敘事的手法，講述中國的過去和現在所取得的成就。

注釋

❶詹姆斯・梁（James B. Leong），原名音譯為Leong But-jung，一八八九年生於上海。一九一九年赴美國印第

安納州就讀大學，畢業後進入好萊塢影視業，曾為美國導演格里菲斯（D. W. Griffith）及帕克（Park Frame）做翻譯，或在攝影棚內兼做技工等雜活。後成立自己的電影公司（James B. Leong Productions, Inc.，或Wah Ming Motion Picture Company〔華明電影公司〕）。他希望能製作由華人演出的華人影片，以對抗那些把華人與鴉片、賭博、迷信及無知聯繫在一起的好萊塢影片。一九二一年，梁氏又拍攝完成了一部名為《荷花盛開》（*Lotus Blossom*）的影片，其後攝製計劃停擺。一九六七年病逝於洛杉磯。

電影在天津大受歡迎

一九二〇年六月二十日

據美國駐天津領事福勒（Stuart J. Fulle）報告，在英文電影中植入中文字幕引起越來越多當地人的興趣。目前在天津有六家電影院，洋人經營的電影院能容納六百人，而華人經營的電影院能容納五百至二千人不等，每天上演兩場電影。電影主要從美國的大公司引進，因此美國影星在這裡與在美國一樣受到影迷的推崇。

在中國尋找龍骨

一九二〇年八月一日

中國地質調查所的安特生博士❶近日發表論文，題目是「在中國尋找恐龍」（Dragon Hunting in China）。這並非雷龍仍然存在於華中地區大湖湖底的聳人傳聞，美國自然歷史博物館也未出價五百萬美元收購無論生死的雷龍。既沒有令人聯想起那些不擇手段去尋找帶有皇權象徵的珍稀陶瓷古玩，它也就不存在任何含糊不清的政治意義。也許，世界上只有很少的一些人知道，滅絕動物的骨骼和牙齒化石在中國被稱為「龍骨」和「龍齒」，通常是在中藥鋪裡當作藥物來使用。

那些經常與美國自然歷史博物館保持聯繫的人也許記得，數年以前，這個博物館曾從一位德國人手中購得少量的骨骼和牙齒化石，而他就是從中國藥店裡買到的。中國人告訴他，這些化石的用途是作為藥品，據說對治療肝臟疾病和神經紊亂最為有效。

所有的這一切聽起來十分荒唐可笑。也許它不像我們西方國家那些擁有專利權的家用藥品那樣有效，也許其主要價值在於「信念治癒」，可使病人認為他吸收了龍的部分能量。儘管如此，動物的骨骼和牙齒無論其是不是化石，它們的主要化學成分是石灰磷酸鹽，自然條件下是不能溶解的，但是在弱酸環境中，它們可部分轉化成可溶的酸性磷酸鹽。醫生認為，在這種形態下，酸性磷酸鹽有時具有滋補功效。但通常情況下，從鹼性環境中得到的龍骨或龍齒並無任何藥效。這樣看來，把龍齒放在發酸的酒裡或許有些藥效。

為什麼是骨骼化石而非新鮮骨頭作為藥物來治療呢？對此一時還沒有答案。也許它們擁有動物膠原或其他有機物質，使之易於分解。然而，使用這種化石多少能緩解中國人的神經紊亂和肝臟疾病，但是它嚴重干擾了安特生博士的科學研究。

因為對中國人而言，化石具有可觀的商業價值。那些能夠找到化石的人對化石所在位置極為保密。不僅想方設法追蹤市場銷售化石的來龍去脈極不可能，而且還很可能遭到當地地主和其他好事者的突然襲擊。更糟的是，人們為了取得他們認為更有價值的動物牙齒，會打破動物的頭蓋骨。

安特生博士不得不推動一項知識普及運動，力圖使中國人了解到完整的頭蓋骨化石對於西方動物學家來說，遠比擊碎它拿到當地藥店去出售更值錢。如果他們有更多知識的話，他們就會了解，這些中國化石對科學研究來說非常有趣、有價值。科學家們近年來試圖探究人類到底從世界上哪個地方發源？應是在中亞某個地方，從動物進化而來，使之具有比這個星球上其他動物更聰明的大腦和更健壯的體格。

到目前為止，這一觀點證明是正確的。因為人們在美洲和歐洲徒勞地尋找從猿變人的人類祖先化石，但是都未找到。最有可能找到的地方就在中國境內，從西藏、土耳其到裡海這一帶，它們是化石的尚未開發的處女地。如果中國地質調查所繼續進行並擴大考察範圍，我們將能夠從中獲得關於人類祖先以及其他低等動物的許多重要信息。

注釋

❶安特生（Johan Gunnar Andersson, 1874-1960），瑞典地質學家。生於克尼斯塔（Knista），烏普薩拉大學（Upsala University）畢業，一九〇二年獲地質學博士學位。早年多次從事北極和南極地區的探險工作。一九〇六～一九一四年任瑞典地質調查所所長。一九一四年來華，任北洋政府農商部礦政顧問，其主要工作為協助中國地質調查所訓練幹部和擴大該所的博物館。周口店「北京猿人」化石、河南澠池縣仰韶村新石器時代文化的發現，他嘗與聞其事，為中國揭開了田野考古的序幕。一九二五年回國，任瑞典遠東古物館館長。一九三七年再度來華，調查四川等地的冰川。一九三九年退休。後病逝於斯德哥爾摩。

在唐人街觀賞中國戲

一九二一年四月十日

威爾．艾文（Will Irwin）

一天晚上，我在舊金山昃臣街（Jackson Street）看完戲，走出中國劇院後，發現一週前還是一家華人雜貨店的鋪面已變得面目全非。牆上張貼著俗豔的巨幅廣告，「電影」兩個大字在燈光的照耀下熠熠生輝。

我駐足觀賞，不由得啞然失笑。因為商業電影在那時還是一件相當新鮮的事物。幾年後，類似情況再次發生。我在紐約宰也街❶劇團看完演出，走到包厘街（Bowery Street）時，發現幾乎每兩個鋪面中就有一個在放電影。然而，那時我並沒意識到，我所目睹的正是現代電影謀殺傳統戲曲的一幕。事實如此，宰也街上的戲院不到一年就關門了，重複了舊金山昃臣街和華盛頓街（Washington Street）的戲院在此前很久即已歇業的宿命。在美國大陸存在已久的中國傳統戲曲至此消失，被電影取代了。

武打戲演給白人觀光客看

在過去將近四十年的時間裡，中國戲曲這一藝術奇葩在美國大地上曾風靡一時，但大多數美國人卻甚至不知道它的存在。當然，坐旅遊觀光車到唐人街閒逛的遊客總是會賞光的。觀光車通常晚上十點鐘開到唐人街的中國劇院。如果是華人，一般只需花二十五美分就可看上一齣戲，但觀光客們卻需要交七十五美分，真算得上是一樁利潤豐厚的好買賣。

十點鐘，戲院門口人聲鼎沸。道具工在中式舞臺上步履匆匆，幕前幕後走來走去。緊接著，大幕落下，遊客們開始三三兩兩走進來，陸續落坐。不管哪臺戲開演，樂隊演奏總是以一聲震耳欲聾的鑼響開始。從舞臺兩側閃出兩個威風凜凜的先鋒官來，他們身穿著十分華麗的戲袍，背上插著靠旗，頭戴色彩鮮豔的大帽子。兩人身後緊跟著四到五人，都盛裝打扮，光彩照人，但他們沒有前面兩人的頭飾和插在背後的靠旗。

頓時，觀眾席上噓聲四起，叫聲尖銳，甚至蓋過了樂器的伴奏聲。於是，戲臺上開始表演起打鬥場面，表演將搏擊與舞蹈揉合在一起，雙方揮舞著裝飾精美的長矛對攻，動作勇猛快捷。來回打鬥好幾個回合，打到最後，一方將長矛橫舉過頭頂，另一方猛的橫掃過去。

最先出場的那位先鋒官應該是戰死倒下，退下場去。戲臺上管道具的那個人用目光掃過觀眾席，觀察他們是否滿意。如果觀眾沒有起身離席的意思，他就給戲班經理打一個手勢。戲班經理坐在劇場右邊入口處，用一個葫蘆（gourd）狀的東西指揮全場演出。經理看到手勢後，奏出一串奇特的長音，發出「接著打」的信號。於是，另外兩個武將又轉身走上場來，開始另一場打鬥。

當然，帶領著觀光客的導遊是完全明白戲班這套把戲的，他暗示遊客們趕緊去下個景點，因為佛堂十點半就關門了。當遊客們走出劇場大門，筋疲力竭的樂師們才長吁一口氣，放下手中的鼓鑼絲竹，抽口菸，解解乏。

兩三分鐘後，戲班經理發出召喚，華人看的戲曲才真正開鑼，都是那些捨得花大把銀子看熱鬧的白人觀光客們粗魯地打斷了他們。白人觀光客們耳朵裡聽到的是那些奇怪難懂的樂曲聲，鼻子裡嗅聞到的是從人群裡散發出來的汗臭、橘子、梨、花生油和劣質香菸的混合味，而眼睛裡看見的卻是那一幕幕令人難忘的武打場面。

華人戲院內部的景象

通常情況下，華人戲院都不大。戲臺下，是一排排簡陋的長條板凳。晚上十點鐘時，已經黑壓壓地擠滿了觀眾。他們大多穿著綠色的褂子，頭戴小圓帽，頭頂繫著髮辮，從背後看過去，像是集合了一個團隊的士兵。

戲院有兩三個包廂，高得快頂到天花板了。有一些衣飾考究、裝扮精緻的女士坐在裡面，她們的頭髮上抹著頭油，光可鑒人。高聳的髮髻上還別著華麗的金釵。包廂裡的觀眾總是很安靜地坐在那裡，專心看戲。她們從不鼓掌，只是時時露出微笑，看到滑稽處也會開心大笑，跟其他美國的觀眾別無二致。場內所有觀眾的目光都匯聚到戲臺上。

戲臺本身其實相當簡易，臺子上方只掛了一盞煤氣燈在上面提供照明。戲臺兩側都拉著幕布，演員由這裡進出場。戲臺兩側設有一些凳子，留給特別客人、當晚不出場演員、演員親友或身分尊貴的中國客人。戲臺上方有一個鏤金雕花的小陽臺，下方是樂池。臺下有一些中式桌椅，上面鋪著色彩豔麗的織錦。僅此而已。戲臺上沒有布景，演員與觀眾隔得很近，時常混雜在一起。

阿奇、孩子和道具工

舊金山昃臣街戲院的阿奇（Ah Chic，音譯）是一位名聲很響亮的悲劇演員。華人喜歡小孩子，阿奇有兩個年幼的兒子，他們自然成了全場觀眾的寵兒。在十點鐘前，戲院舞臺就是他們的遊樂場。演出前，媽媽會從舞臺一側神奇地現身，追趕著孩子們哄他們上床睡覺去。大人教導孩子們不要跑到戲臺中間玩，但孩子就是孩子，他們常常將大人的教導拋到腦後。我就有一次看到，阿奇正演得悲悲切切時，他還要偷偷用腳把擋道的小傢伙們踢到一邊去。

戲院裡到處都看得到道具工的身影。他穿著很平常的衣服，是一個表情冷淡、枯燥乏善的傢伙。當戲臺場景要從尋常百姓家變成皇家宮廷時，他的工作是把藍色的臺布換成象徵帝王的明黃色臺布，給士兵們準備好新的武器，將幾把椅子堆放在桌子上，表明此處是一座山，再確保臺上所有人的著裝正確，等等。他經常會在好戲演到一半時，突然走到演員跟前，按他自己的喜好來整理演員背上的靠旗，這樣演員才好重新返回戰場。這就像一瓢冷水，澆滅了我們所有的激情。有一次，我看到臺上打鬥正酣，男主角手中的矛卻突然折斷了。道具工馬上從牆邊操起一支新矛，遞給男主角。隨後，他坐回到戲服箱子上，拿起折疊刀和線索，開始修理那只斷矛。

中國戲劇神奇的想像力

這就是我們所能看到的中國戲劇的表面東西。我們只有經過長期的研究，才能夠領會和理解華人觀眾為何如此入戲。我們得充分地發揮自己的想像力，這樣對於偷偷混到臺上的小孩和道具工就可以視而不見了。當一個隱形的道具工把桌布換成了皇家專用的明黃色時，你得馬上想像這個皇宮跟貝拉斯科❷和瑞恩哈德❸搭建的舞臺比，還要金碧輝煌。當演員爬上道具工用桌椅搭建起的一座山上舉目眺望遠處的戰役時，雖然最出色的畫師也描繪不出遠處天際宛轉跳躍的瑰麗色彩，可是你的想像力卻可以做到。

如果我們研究得更深入些，那些起初看起來稀奇古怪、讓人摸不著頭腦的玩藝兒就會變得意義重大。衣著華麗的男主角走上戰場。他在最後一幕中，把一條腿高高抬起，在空中快速踢三到四下，而後退下場時，這條腿還在不停顫動，像是在疾步行進。這是有含義的。這一系列設定的動作表示，男主角躍身上馬，疾馳而去。而那幾次快速的踢腿，正象徵馬的騰躍。

王子和公主站在那裡正與神仙交談，這二人突然用手覆蓋住雙眼，接著上下揮動手臂，並露出驚奇的表情，這表示神仙已駕鶴西去；戲臺中央那一張永恆不變的桌子旁邊，兩個人坐著說話。這時，另外一人走上臺來，停住，伸出手臂，手掌與手臂垂直，在空中作著動作。這表示他停在屋門外。他把兩隻手合攏成橢圓形，專心注視，這表示他正在往窗戶裡看。

中國戲劇種目繁多，也許有成千上萬種類似的傳統動作。有一些像我上面提到的那樣，其意一望而知。但也有一些需要解釋的，比如騎馬揚長而去的動作。那些每週、甚至每晚都去炅臣街、華盛頓街或宰也街看戲的華人熟知劇情，比如把椅子摞起來就成一座山之類的寓意，觀眾們打個響指，他們的想像力就會迸發出來，劇情於是也就連貫了起來。

中國戲臺和不少西洋戲劇一樣，是沒有布景的。莎士比亞不朽的戲劇，都是在空蕩蕩的舞臺上演出，跟中國戲劇一樣，演員也是由左右兩側上場。莎士比亞有一種任何時代的詩人都無法達到的魔力，他只用三四個詞就能勾勒出一幅完整的畫面。他最偉大的戲劇片斷都沒有布景。莎士比亞和他同時代的那些天才戲劇家們的創作都沒有使用布景。中國戲劇也是一樣，於是，創造出了一些規定的程式動作來表達劇情。這的確收效良好，而且有時比西洋戲劇更精妙。在貝拉斯科和霍普金斯❹的悲劇中，舞臺上不會出現六至八個騎士同時馳騁疆場、相互廝殺的場景，因為馬難以駕馭。但中國戲劇卻通過演員一系列踢腿、騰躍的動作，向觀眾逼真地展示了這一切。

道具、戲服和臉譜

然而，所有的戲劇都離不開鮮豔的色彩。中國戲劇創作者們不使用布景，卻能夠通過服裝和道具來展示出所有的色彩。不僅演員的戲服如同萬花筒一般令人目不暇給，而且所有道具也都比現實生活中的更美妙。男主角在戰場中使用的長矛上雕刻著非常美麗的花紋。有一年過新年的時候，我在炅臣街戲院看到過令人終身難忘的一幕。這臺戲《造新橋》（*Building the New*

Bridges）講述中國古代的一個神話故事，善良的仙女要幫助男主角，他是一位造橋匠，但遇到邪惡的巫婆百般阻撓。最後，國王和仙女給了男主角一把施有魔法的菱形物件，一灑進河裡，就長出橋礅，令巫婆再也無法阻撓。為顯示魔法長出橋礅，道具工搡起四把椅子，眾多老百姓一窩蜂擁上來，沿椅子兩側走過去。

接著，公主出場，巡視新橋，並要嫁給這位年輕人。公主乘船順流而下。這艘船上有兩名船夫，他們用手做出划船前行的姿勢，還用藏在船身下的腿進行各種隨波逐浪的擺動。船上的公主假裝是坐著的，其實她是自己在走，一面走還一面輕輕地搖著紙扇，姿態優雅，很有皇室風範。

但是，這艘船真不一般。它是為演這齣戲專門從中國進口的，加上關稅大概花了幾千美元。船身包裹著粉紅色的綢緞，緞面上處處是精美的刺繡。船板上全是色彩鮮豔的繪畫，還有各類金玉的裝飾。我記得，在身著金色戲服的宮廷侍衛的身後，是一束束燃燒的蠟燭。只有中國人才知道該如何製作出如此精美的裝飾，而這還只是全戲道具中的一小部分。西方人中也許只有荷蘭人能做到。

在這臺戲中，老百姓擁上新建的大橋。從他們帶的東西可看出各自的身分和職業。比如，賣水果的小販推著一車西瓜，而它們都是一些西瓜狀的中國燈籠，裝飾精美，光芒四射。

所有服飾皆極盡奢華。舉例來說，如果男主角是位將軍，那麼他的白色軍靴會很長，就像是歐洲淑女的長手套。他那長長的絲袍顯得非常柔軟，是非常醒目的赤金色或玫瑰色，上面繡滿了與衣袍同色或其他強烈對比色的花紋。將軍背插著好幾面大紅色或黃色的靠旗，像是從肩上長出了無數的翅膀。他的頭盔上嵌滿了紅、藍、黃各色絲質的裝飾物，有兩三英尺高，層次分明，妙不可言。特別是將軍兩鬢向後樹立起兩條赤金色與黑色相互交織的雉尾翎，在空中展開的翎子至少有五英尺高，最為令人讚歎。

戲中的「旦」通常由青年男子或男孩扮演，他們也許沒有男主角那樣迷人，但顯得同樣的美麗。女子戲服一般是高雅的青灰色、粉紅色和鋼青色，上面繡有別致的圖案。

臉譜、招式與戲服一樣，都具有很強的象徵性。一位衣著華麗的男演員走上臺來，可他的臉上卻塗著黑紅相間的油彩，像是上戰場的印地安人那樣。看到這裡，我們就該知道，這是一個蠻軍的首領，是中國的敵人。因為這樣的臉譜說明他是一個陰險狡詐之徒。而如果男演員身穿明黃色的戲袍，背上還插著明黃色的靠旗，那他就是皇帝。因為只有皇帝在戲臺上才能用明黃色。所有重要角色，例如聖人、將帥、神仙、君王都留著長長的鬍鬚。可這鬍鬚不是從下巴、而是從上嘴唇長出來的。我至今沒弄明白，這種違背自然規律的設計算是怎麼回事。我問過演員，他們只是說一直都是這樣。這個答案對於舊派華人來說足夠了，但對於年輕一代來說可不行，但那就是另外的故事了。

中國的哈姆雷特

關於戲劇這些基本特徵的描述已經不少了。真正的重點是戲劇本身。中國戲劇創作的鼎盛時期要比起我們戲劇誕生的伊莉莎白時代（Elizabethans）更早出兩個多世紀。元朝是中國戲曲最輝煌繁盛的朝代，當時朝廷官員都開始從事戲曲創作和表演，戲曲在元朝風靡了約半個世紀。現在流存下來的「元曲三百首」❺就是這一時期傑出作品的合集。

元朝滅亡後不久的公元一四〇四年，一個鄉村教師創作了中國的《哈姆雷特》——《琵琶記》❻。過去五百年，中國戲院裡每晚仍在上演《琵琶記》。世界上沒有任何一部戲曲能有如此堅韌的生命力。在這之後，中國戲劇創作戛然而止。今天，我們在昃臣街或宰也街的戲院裡看到的，事實上都是十四世紀的元曲，只是隨著時代嬗變而略有改動，其喜劇片斷有細微的變化。因為悲劇是永恆的。但是，即使是在中國，喜劇也會與時俱進。公元一三五〇年的人們覺得有趣的事情在今天也許味同嚼蠟。

《琵琶記》一直在美國唐人街的這三個戲院裡繼續上演，吸引著大批的觀眾。它講述的是中國饑荒之年的一個故事，與今天的情形頗為相似。一個年輕的書生尋求功名，卻遭遇功名與責任的十字路口，最終他做出了正確的選擇。我看到在場所有觀眾都眼噙熱淚。故事敍述的是人類永恆的思考與訴求。

元曲佳作堪與莎士比亞的亨利王系列劇作品相媲美，都是在講述人類悲歡離合的「歷史」，而其他作品則完全是中國式的，其中一些主題也出現在西方的偉大作品中。譬如，男子新婚燕爾即離家，二十年後返鄉，這是中國版的《伊諾克·阿登》❼。惡毒的後母——所有西方童話裡都會出現的人物，備受欺負的小妹妹終於戰勝了她時髦的姊姊們，最後與王子成婚——灰姑娘的故事。東西方的神話故事中有更多令人驚歎的相似之處。我們得習慣中國人腦海裡神仙的形象，那不是穿著紗裙的小仙女，而是留著長長鬍鬚的男子，儀表尊貴。除此之外，東西方的神仙們就都差不多了，都有與生俱來的本領，同樣吃仙丹、施魔法，來無影、去無蹤。

中國戲劇與電影蒙太奇

我曾自認為中國戲劇有形而上的特點。我知道，它非常地詩情畫意。然而，如果要想真正理解它，恐怕得窮此一生去鑽研學習漢語了。中國戲劇似乎是在不經意間講故事，就像是一部小說。直到最近，我才意識到，中國戲劇是有完整結構的，我總算找到一個類似的事物可與之相媲美，那就是電影。

在各種情形下，中國的劇作家和當代電影導演一樣，他們總是不喜歡受到傳統舞臺的局限，他們可以隨心所欲地變幻時間和空間。在電影裡面，可以實現「時光倒流」；而我在中國戲劇裡看到了同樣的一幕。一名年輕男子遭遇禍事，卻勾起他對往事的回憶。道具工嗖地一下換掉了臺布，演員唱念道：「現在是十年前，我們身在年輕男子的故鄉。」戲就這樣演了下去，和電影裡的情節像極了。儘管中國戲劇與我們的觀念不盡相同，但這是真正的藝術，否則「元曲三百首」就不會在歷經六百年後仍熠熠生輝了。

坐念唱打樣樣精通

當我們熟知中國戲劇的表演規則後，就會習慣它們用高亢唱腔表達各種情緒的特殊方式了。

我們還會看到，中國戲劇的專業性比美國戲劇藝術更加完備。中國演員所接受的職業訓練是我們的演員所不了解的，他首先必須是一名知識淵博的學者。中國戲劇裡那格調莊重的臺詞、念白和經典唱段都是用古典文學語言寫成的，如同法語中的拉丁文一樣。中國戲劇本身就隱藏著深厚的文學底蘊。

中國演員幾乎都出身於梨園世家。通常情況下，父親會向學徒傳授戲曲的念白，學生們必須至少熟悉上百臺戲文中的各個角色，精通唱、念、坐、打各門功夫。中國演員必須能夠隨時扮演任何角色，因為他們極少進行排練。他必須熟悉曲調，因為每臺戲都像是一部歌劇。他必須像體操運動員一樣鍛煉身體，因為戲中不時有如同雜技表演一般的奇特舞蹈。最後，他還必須學會表演默劇，因為戲中沒有布景。如此看來，中國演員簡直就是超級全才。這就是為什麼即使聽不懂漢語的歐洲人，只要他們了解劇情，同樣也會沉浸在中國戲的美妙之中。

阿奇馴馬記

我認為，昃臣街戲院已故的阿奇是我見到的最偉大的演員之一。我這樣說是有理由的，布斯❽曾經數次現場觀看過阿奇的演出，每次都興奮不已。我仍然清楚地記得阿奇表演悲劇和默劇的傑出才能。在一齣「神話劇」中，阿奇扮演一位愛上公主的年輕男子。公主的父王有一匹無人能夠馴服的駿馬，王國也一直受到魔法的咀咒，只有這匹馬被馴服以後，魔咒才被解除。國王於是按神話故事的慣例，允諾任何人如能夠馴服駿馬，即可迎娶公主。

年輕的男主角走上場來，準備馴馬。緊接著，馬也出場了。戲班經理似乎覺得一匹假想的馬無法讓觀眾信服，於是他採用了類似史詩《伊凡吉林》❾中那隻著名的跳舞小牛的造型。馬背上繪有看起來像皮革的馬鞍，馬頭用竹編成，上面畫著兩隻炯炯有神的眼睛。在馬的身子裡藏著兩個跑龍套的演員，他們把頭和背隱藏在馬背裡，但腿和腳只能露在外面。那是典型華人的腿腳，穿著鬆鬆垮垮的藍褲子和毛氈鞋。這匹馬往前走，做著各種奔騰跳躍的動作，形成令人無法抗拒的喜劇效果。我們這些美國人開始還能夠努力地憋著，但終於忍不住爆笑起來。

阿奇停住腳，舉起手來，做了一個指揮的動作。馬停下來，而後高高地騰空躍起。藏在前面的龍套演員一下蹦到空中，總算完成了這個動作。我們又大笑起來。

阿奇走近「馬」時，我們止住笑。十秒鐘後，他成功地將一齣滑稽劇變成了英雄史詩劇。他在馴馬，害怕、謹慎、堅毅和信心，活靈活現地展現在他的面孔上。我被感動得後背都在顫慄。最後，當他成功躍上馬背，並飛奔至國王面前，下馬、行禮，並贏得公主的芳心，這時，我們都不由自主地熱烈鼓掌。

阿奇在美國的表演與卡羅索❿幾乎同時代，但美國的市場要大得多。阿奇的全部生活都在戲院裡。有一次，我看到他在化妝間裡教他兩個兒子表演默劇。兩個孩子一個五歲，一個七歲，他們顯然將子承父業。阿奇去世後，昃臣街戲院也不復存在。我猜他的兩個兒子現在也許身在中國，表演著家族世代相傳的傳統戲曲。

照相還是勾魂？

為中國戲拍攝劇照本身也是一段故事。我相信，我所拍到的照片肯定是最早的。迄今所公佈的一兩張照片中，都只有一些穿著戲服的龍套演員。中國戲的大腕們思想都非常保守，他們中間流傳著一個迷信的說法，認為如果自己被誰拍了照片，那魂兒也就被這個人勾走了。我花了十年時間，試圖能拍到名角的照片，最終以一種非同尋常的方式在紐約宰也街戲院實現了這一夙願。

中國戲不像一些人想像的那樣，會持續演出一週。它和我們西洋戲劇一樣，通常一個晚上就可演完。但中國戲非常長，在美國通常是六點四十五分開演。但是，即使是中國人也很少能在這個時間空閒下來，因此經常演了四十五分鐘，臺下還空無一人。這樣的場景時常出現，對於舊派華人而言，這個時間夠長的了。

我向一位與宰也街戲院有交情的美國人拜倫先生（Mr. Byron）請教，他仔細研究了我的想法，很現實地提出了建議，我接受了。拜倫先生說，「別理那些角兒。他們不會在這個事兒上堅持一百萬年的，除了包先生（Inai Bock，音譯）外。你去買一張最前排的票，六點半就過去，把你的照相機架上。他們六點四十五分開演，你就開拍，一直拍到觀眾入場為止。」

一九一〇年的一個晚上，拜倫先生和我六點半就到了戲院，我把帶有閃光燈的照相機架到劇場中央。這個消息很快傳到後臺。我們都能聽到中國人在幕布後奔相走告，一瞬間，後臺響起一片嘈雜聲，激烈的爭辯和驚叫不絕於耳。拜倫先生和我心頭有些不安，但仍然假裝鎮定地安裝好閃光燈，對好焦距。

後來，我知道了後臺爭吵的全部過程。包先生——包爺，他是宰也街戲院的老闆。不論其政治和宗教立場如何，他都受到眾人的尊敬和愛戴。他信仰了天主教，還是中國維新會（Chinese Empire Reform Association）成員。包爺對中國一切舊傳統和迷信都深惡痛絕。他看到我們架起機器後，立即成為我們的同盟軍。爭吵也就大致如此。

爭吵聲逐漸平息，接下來是沉默。我們看了看表，已經六點四十分。五分鐘後，我們就會得知，究竟是迷信還是進步獲得勝利。突然，臺上響起一陣鞭炮聲，我們都被驚得跳了起來。緊接著，從幕布後又扔出一串鞭炮，在戲臺上炸開了花。隨後，傳來一陣奇怪的鑼鼓聲，震天動地。

看門的美國人對此做了一番解釋。毫無疑問，進步力量獲勝了。角兒們沒有別的選擇，只好在出場前燃放鞭炮驅趕鬼神。鞭炮和鼓點聲是為了驅散邪神的怨氣。幕布拉開，角兒們身著華麗戲服亮相，開始「吼神」（How shen），據說戲班每個月都會舉行一次這樣的小型祭拜儀式。我們沒料到還有這樣一場儀式，很幸運地趕上了。我舉手示意，拜倫先生的助手打亮閃光燈拍照。我們能看到演員們面露畏懼之色，但他們沒有停止。

「吼神」進行了十分鐘後，指揮的鼓點聲傳來，暗示演員們該開始表演《一門七善人》（*Seven in the Family, Kind Hearted the Whole Lot*）了。我緊盯戲臺，看到場景不錯時，就舉手示意拜倫先生拍照。搶在觀眾入場前，我們已經拍了十幾張精彩的照片，其中只有一張沒拍好。演員們開始拿出看家本領，我們也一路拍過去。到後來，年輕英俊的悲劇演員洪凌（Hom Ling，音譯）擺出各種姿勢，衝我眨眼，彷彿在說，「這張不錯啊！」最後，他簡直入迷了，甚至邀請我到他的化妝間去拍照。

那晚我沒去後臺。不過，這之後有一次我去給洪凌拍照時，到化妝間拜會了包爺。他戴著皇帝的鬍鬚，抬起頭來衝我笑。包爺用不夠地道的英語說，「迷信不好。天主教是最好的宗教。」

注釋

❶Doyers Street，華人稱宰也街，是紐約唐人街內一條狹窄的小巷，當年華人黑幫經常在此打鬥，發生激烈衝突，因此又被稱為「血腥的角落」（blood angle）。

❷貝拉斯科（David Belasco, 1853-1931），美國戲劇作家和布景大師，以現實主義的舞臺布景和創新的燈光效果而聞名，其代表作是《蝴蝶夫人》。

❸瑞恩哈德（Max Reinhardt, 1873-1943），奧地利裔美國戲劇大師及導演，以製造和烘托強烈的舞臺效果而聞名。

❹霍普金斯（Arhur Hopkins, 1878-1950），美國百老匯戲劇導演及製作人，出身記者，曾執導製作過八十部戲劇。

❺元曲與唐詩宋詞鼎足而立，是中國文學史的三座豐碑。元朝疆域遼闊，城市經濟繁榮，各民族文化相互交流融化，在此基礎上，元曲一方面繼承了中國詩詞的清麗婉轉，另一方面也具有鮮明的批判和反抗精神，描寫愛情的作品比歷代詩詞都來得潑辣大膽。元曲創作題材豐富，視野寬廣，反映生活鮮明生動，人物形象豐滿感人，

語言通俗易懂，是人民群眾喜聞樂見的藝術形式，是中國古代文化寶庫中不可缺少的珍貴遺產。

❻《琵琶記》為元末南戲，高明撰，寫漢代書生蔡伯喈與趙五娘悲歡離合的故事，共四十二折。被譽為傳奇之祖的《琵琶記》是我國古代戲曲中一部經典名著。全劇典雅、完整、生動、濃郁，是高度發達的中國抒情文學與戲劇藝術的結合。

❼《伊諾克・阿登》（*Enoch Arden*），是英國維多利亞時代桂冠詩人丁尼生（Baron Alfred Tennyson）於一八六四年所作的著名敘事長詩，講述了一位丈夫離開愛妻和三個孩子出洋謀生，不幸流落海外，而其妻改嫁他人的淒傷故事，曾多次被拍成電影，賺取億萬人眼淚。

❽布斯（Edwin Booth, 1833-1893），十九世紀美國著名戲劇演員，被稱為那個時代最偉大的演員、最偉大的「哈姆雷特」。曾在紐約建立當時最豪華的布斯劇院（Booth Theatre）。他的弟弟約翰（John Wilkes Booth）刺殺了林肯總統。

❾《伊吉凡林》（*Evangeline: a Tale of Acadie*），由美國著名詩人朗費羅（Henry Wadsworth Longfellow）於一八四七年創作的史詩。

❿卡羅索（Enrico Caruso, 1873-1921），義大利歌唱家，是世界上最早有錄音紀錄的歌手。

百老匯上演中國話劇

一九二一年十月二十四日

一臺由哥倫比亞大學學生表演的中國話劇《木蘭從軍》今明兩天下午將在紐約百老匯科特劇院（Cort Theatre）上演。該劇的編劇是劇作家和大學教授張彭春❶。張曾來美國講授中國戲劇和中國文學。該劇製作人洪深❷，曾是哈佛大學戲劇訓練班學生，師從貝克教授❸。

上演的劇碼叫《木蘭從軍》，女主角由在紐約學習文學和音樂的愛娃小姐（Miss Eva Leewah）扮演，其他三十位演員均為中國留學生。

注釋

❶張彭春，字仲述，祖籍山東，一八九二年生於天津。中國近代教育家、早期話劇（新劇）活動家、導演。一九〇八年畢業於南開學校，一九一〇年赴美國哥倫比亞大學學習教育學、哲學，同時刻苦鑽研戲劇理論和編導藝術。一九一六年回到天津，協助其兄著名教育家張伯苓主持南開中學並任南開大學教授，同時兼任南開新劇團副團長。抗日戰爭期間，從事外交工作。後移居美國，一九五七年逝世。

❷洪深，字伯駿，一八九四年生，江蘇武進（今屬常州市）人。中國現代話劇和電影的奠基人之一。一九一六年

清華學校畢業，赴美留學，入俄亥俄大學習工程，一九一九年轉學考入哈佛大學戲劇訓練班，是中國第一個專習戲劇的留學生。一九二一年與張彭春合寫英文劇《木蘭從軍》。回國後曾任中華電影學校校長、明星電影公司編導主任，寫出中國第一部較完整的電影文學劇本《申屠氏》，並引進有聲電影技術。一九四九年後，任北京師範大學外語系主任、中國戲劇家協會副主席、中國作協理事、中國人民對外文化協會副會長等。一九五五年在北京逝世。

❸貝克（George Pierce Baker, 1866-1935），美國戲劇學泰斗、戲劇教育家。生於羅德島州普羅維登斯（Providence），一八八七年自哈佛大學畢業後，留校教英語。一九〇五年成為教授，開闢有名的英語47和英語47 a課程，直到一九二四年為止。47講習班（"47 workshop" class）是他設立的戲劇課程的代號名稱，此課程培訓學生的劇本創作技巧並提供學生見證劇本上演的機會。一九二五～一九三三年任耶魯大學戲劇史和戲劇技術教授，在該校創辦戲劇學院，並領導大學劇院。現代戲劇、電影及電視生產方面的創新技術都來源於貝克在耶魯的工作。

【中國婦女解放運動專題之二】

爲爭取選舉權而鬥爭

一九一二年十一月十七日

國際婦女選舉權同盟❶主席卡特夫人（Mrs. Carrie Chapman Catt）在環遊世界一年八個月後，從加州抵達紐約。她這次出行的主要目的是在亞洲推動婦女爭取選舉權，她在華考察途徑二千多英里。她說，雖然沒走遍中國，但看到各地婦女對婦女解放運動的態度都非常積極。

在位於紐約八十六街西二號的寓所裡，卡特夫人向我們展示了一面從中國帶回的旗幟，非常精緻，用中國人象徵幸福的紅色絲綢鑲以白邊繡成，旗上用中文刺繡著「萬眾一心，互助友愛」。旗的下端，用黑字繡有「國際婦女選舉權同盟」和「中國婦女敬獻」的字樣。

這面中國錦旗是在上海一次招待會上，作為禮物贈予國際婦女選舉權同盟的，這實際上打破了西方的禮儀規格。那天上午十點鐘，卡特夫人匆忙回訪了一位中國小姑娘。卡特夫人起初因忙於準備晚上的招待會沒來得及接待她。這位小姑娘為此換掉她的中式旗袍，專門穿上西式服裝以對美國客人表示尊敬。

中國婦女在國內的每個城市都建立了她們的活動支部，正是在她們的大力支持和參與下，滿清政府才被推翻，代之以共和制政權。現在，她們要求獲得選舉權。她們揚言，如果不能得到選舉權，她們將使用武力來對付男人們。這些勇敢的中國婦女還對卡特夫人講述了她們資助革命的經歷。

我們知道如何製造炸彈，我們也知道如何扔出去

早在十七、八年前，一個旨在推翻滿清政府的祕密革命組織建立了，婦女與男人們一樣成為會員，她們與男人一起工作，籌集起義所需要的武器彈藥。最後，發動革命的祕密敗露，革命提前一年爆發，婦女們也被組織起來參加起義。許多女學生離開了教會學校，女子軍團組建完成。儘管她們受到了很好的訓練，也有正規裝備，但男人不允許她們上前線。因為領導革命的領袖們認為，如果讓婦女直接參戰，對於他們而言將是一個恥辱，並將被外國人恥笑。

所以，有一些婦女，她們女扮男裝走上戰場。有一次，女子軍團的戰士們執意要上前線，有七人犧牲。在南京戰役中，女兵們爬上山頂，用自製炸彈扔向敵軍。民國成立了，婦女們聲稱，她們與男人並肩戰鬥，應該擁有同等待遇，應該擁有選舉權。男人們回答說，她們的要求是正當的，但時機還不成熟。

她們的要求沒有獲得應有的重視。於是，有三十名婦女衝進國會議場，其中還有一人砸碎了窗戶。孫中山知道緣由後走出來，做了一些承諾，但他回去後又假裝遺忘了。那件事發生後，有一位參加過南京戰役的女戰士威脅說，「我們知道如何製造炸彈，我們也知道如何扔出去。」

其他亞非國家的婦女解放運動

除中國和日本外，卡特夫人還訪問了印度、埃及、敘利亞、爪哇、菲律賓等國。她發現，各國情況不同，女權運動的方式也大不相同。在蘇門答臘，青年婦女的反叛以離婚的形式出現，她們先通過婚姻出賣自身，然後成功地拋棄了強加給她們的婚姻枷鎖。在埃及和加爾各答，兩者都是英國的殖民地，連男人都沒有選舉權。而當地婦女參與了司法工作，這在英國都是禁止的。由於當局拒絕承認這樣的一位女士，導致她提出強烈抗議，並因此爆發了以暴力爭取選舉權的運動。

卡特夫人所到之處，當地婦女們都表示要派代表出席下一屆國際婦女選舉權同盟大會。「我相信，這次出訪主要還是思想和精神層面的。」卡特夫人說道，「一年前，婦女們還未準備好，而一年以後，她們將在各自的工作中取得進步。雖然全世界婦女大聯合的時機尚未成熟，但實際上，我們已在全世界開始手牽手了。

「國際婦女選舉權同盟大會將於一九一五年在紐約召開。美國應先做出榜樣，其他國家就會效仿，英國將成為第二個實現婦女選舉權的國家，法、德兩國婦女運動的力量也很強。這樣發展下去，各國婦女在本世紀下半葉將普遍獲得選舉權。」

注釋

❶「國際婦女選舉權同盟」（International Suffrage Alliances），創始於一九〇二年，一九〇四年在柏林正式成立。一九四六年改名為「國際婦女同盟」。

【中國婦女解放運動專題之二】

卡特夫人的考察報告

一九一二年十二月一日

愛德華・馬歇爾（Edward Marshall）

題記：卡特夫人結束了考察世界婦女運動的環球旅行，她告訴我們世界各地的婦女狀況都有驚人改變，特別是中國尤為令人矚目。

「女人們在想，王子吻了睡美人後，把她叫醒，不但給了她希望，也給了她義務。女人這個詞指的是性別，不僅是這一珍貴、特別的人群，也不僅是進步國家的女性，而是全世界所有的女性。」卡特夫人這樣說道。她剛結束專門考察世界婦女的生存狀況的環球之旅返回美國。她帶回來的故事太有趣了，都是她在旅行考察中的親身見聞。

世界婦女正在爲贏得眞正的獨立而鬥爭

對於歐美女權進步的報導，我們都非常熟悉了，知道她們在爭取參政權方面獲得了這樣那樣的勝利。但是，我們從卡特夫人那裡才得知，在遙遠的印度，婦女們也組織起來形成了很強的抗爭力量。以前，印度婦女會在丈夫葬禮上被活活燒死，成為可怕的「自焚殉葬」（suttee）的受害者。

直到今天，還有一些日本窮人家的女兒不得不賣身去當「藝伎」，甚至一些出身良好的女孩也如此。在中國的偏遠地區，多餘的女嬰仍會被溺死，得不到官府的保護，這種情況在半個世紀前十分普遍。現在，亞洲婦女正在為贏得真正的獨立而抗爭，她們的權力正在贏得社會的認可。人們將以尊敬的眼光，甚至幾乎是畏懼的眼光，來看待她們。

卡特夫人發現，通過修改法律改善各國婦女地位的進程正在推動。丹麥婚姻條款刪除了「順從」（obey）一詞；冰島主教支持教會給予女性職務的法案；在東歐的西里西亞（Silesia），女地主爭取到了投票權，這是她們首次行使這一權利；英國是女權抗爭最激烈的地方，喬治國王（King George）在正式演講中將王后稱為「我在尋求國家福祉的一切努力中的真誠伴侶」（my helpmeet in every endeavor for the country's good）；在埃及，卡特夫人，這位遊歷各國的女性參政支持者與當地婦女進行過多次對話，發現即使在法老的古老土地上，女性的思想也在進步；在印度，女性的伊斯蘭教徒、印度教徒、祆教徒和佛教徒也正從幾百年的沉睡中蘇醒。

卡特夫人解釋道，「我們漫長旅途有兩個主要目的，一是考察在各類殖民地政府統治下婦女的地位，包括英屬殖民地印度和我們自己的殖民地菲律賓。我不準備對她們的歷史地位作特別研究，已有其他許多研究者對此進行過長篇評述，我希望能夠了解婦女進步運動的具體現狀。我發現她們取得了許多這樣那樣的進步，而且是非常重要的進步。當然，我們的考察行旅匆匆，只能浮光掠影罷了。

中國婦女直接參加了武昌起義的戰鬥

「毫無疑問，一場影響深遠的中國婦女解放運動正風起雲湧。好幾個世紀來，中國一直被稱為『沉睡囚室中的巨人』（cellroom of a sleeping giant）。現在的中國，同樣可以被稱為一個『沉睡的女巨人』。再沒有什麼比最近這次革命運動更令人激動了，中國婦女以驚人的力量推翻了關於女性的一切腐朽陳舊的觀念，這不僅令那些對中國一無所知的外國人驚訝不已，而且連那些通曉中華帝國情況的專家們也深感震驚。

「從孫中山先生宣揚革命理念、創建革命團體的初期，就歡迎婦女參加革命。鮮有外國人知道這個事實，而得知這一事實的人大多矢口否認，堅稱不可能。

「中國女性一旦獲准參加革命，立刻展示了卓越的工作能力，而且她們充滿激情、全心全意地投入戰鬥。

「中國婦女為起義進行了出色的準備，所有革命領袖都對此交口稱讚。當我們還毫不知情時，這個偉大的龍的國度正在發生巨變。

「有一些傑出的中國婦女直接參加了反抗清廷的武裝鬥爭。更多人被組織起來，準備參加戰鬥。這些女性後來並沒有上前線，因為革命軍領袖不願意讓她們真正參與到血腥殘酷的屠殺當中。上海婦女創辦了炸藥廠，完全靠自己的努力完成了全部工作。她們親自將製造好的炸藥送給革命軍，也許有時她們自己親自投放這些炸彈——誰知道呢？武昌軍械庫被發現，促使起義提前爆發❶，而這個軍械庫中的大部分軍火是由女革命者私運囤積的。

「這些女革命者參加了武昌起義的戰鬥。在激昂的革命情緒帶動下，約有三千至四千名婦女申請加入反抗滿清暴政的戰鬥。她們都知道，戰爭殘酷無情，將血流遍野。這些女戰士被編成了幾個完全由婦女組成的女子連隊。她們展現出令人敬佩的軍人精神，一些人的確獲得了戰鬥命令，但事實上，也有一些人在沒有得到任何命令的情況下就衝上前線。所有人都表現得非常地英勇頑強。

「紅十字會的中國女護士們表現十分優秀，她們聰明，充滿激情，完全明白各種指令，以極大的勇氣完全投入到艱難危險的工作中。在南京，六百名中國女性全副武裝，駐紮軍營好幾個星期，她們把各種醫療器械裝備帶進了戰地包紮所。

「婦女解放運動在整個東亞傳播開來，而中國的情況尤其令人震驚、耐人尋味。我發現沒有人願意試著預測這一運動未來將走向何方。但有一件事是可以肯定的，那就是，偉大的中國女性將贏得她們光明的未來，並在中國社會生活中獲得史無前例的重要地位。在未來的中國，溺死的女嬰將會越來越少。

當我們說沒覺得她是美人時，立刻招來狂風暴雨一般的抗議

「我們在中國聆聽了大約二十位中國女性的公開演講。她們講得非常好，每個人的神情都異

常鎮定，沒有顯示出絲毫的羞怯，而且迫切希望所有講話都『擊中要害』。

「北京的婦女們為我們舉行了一次盛大的招待會，大約有一千五百人參加。除去我們一行，另外大概只有五個外國人。場面壯觀，我沒有在其他任何地方見到過這麼多興趣盎然又聰明的女性。我們帶了一位優秀的翻譯，所有演講都譯給我們聽。我們發現演講者非常善辯風趣。其中一名演講者十分出眾，於是我們詳細詢問了她的情況。原來，她是一名高級軍官，成功訓練和指揮了好幾個連的女兵。她本人也曾為革命私運槍械彈藥，武裝了她的大部分女兵。

「有人問我們，是否覺得她是一位美人。我們只得說沒覺得，但表示她的面容確實很好看。我們差勁的眼光立刻招來狂風暴雨一般的抗議，他們說，中國的男女同胞們都認為，她是中國最美麗的女性之一。

「中國女性投身軍營後，就會剪去長髮，將裙裝完全收起來，只穿長褲。當然，服飾變化並不誇張，因為她們本來也穿褲子，只是不再穿套在褲外的裙子而已。對此我必須說，我認為中國女性的著裝非常明智，儘管這些著裝沒有修飾，但卻最容易改造，達到最好的美化效果。

袁世凱寧願被暗殺也不給婦女選舉權

「由於身處大革命時代，中國婦女在爭取解放時也像軍人一樣爭強好鬥。有許多上海女性接受過良好教育。當中華民國國會討論是否給予女性參政權時，這些女性找到了袁世凱大總統❷，告訴他，如果不給予女性參政權，他可能會被暗殺。

「袁世凱躊躇了一會兒後告訴她們，那就來暗殺他吧。她們認為大總統的態度十分令人不悅。她們說，『你可能認為我們不知道該怎麼投票，但事實是我們把你推上了總統之位。我們製造並投擲炸彈，而你贏得了勝利。』大總統對此頗為感動，但並未動搖。他說，『來吧，把我炸掉。』她們沒有這樣做，而總統也沒給她們投票權。但二者遲早都會發生。

對於所有熱愛自由的中國人而言，她永遠都是他們的秋瑾烈士

「在革命軍上海總部，有一個烈士相片陳列館。武昌起義前，革命黨有七十二先烈被害，其中一些是女性。這些陳列中最引人注目的一幅中國女性照片，她的面容連外國人都為之著迷，她是那麼的堅韌、鎮定，非常美妙，超凡脫俗。

「照片中的這名女子穿一件日本和服，就像是中國的聖女貞德（Joan d'Are）。她是一位南京商人的獨生女，父親把所有家產留給她。她決定接受現代教育，於是進了學堂。在那裡，她了解到革命黨和他們正在從事的工作。她開始資助革命黨，尤其是幫助他們從國外私運槍械彈藥。她成了一名出色的演說家，被認為是革命黨人中最成功的宣傳者之一。

「最後，她被滿清政府設計誘捕。儘管沒有找到真正的犯罪證據，但她還是被處決了。她在臨終前將全部財產捐贈給革命黨。對於所有熱愛自由的中國人而言，她現在是、而且永遠都是他們的秋瑾烈士❸。這幅照片太美了，我請攝影師拷貝了一份給我。

「女性對於新生的中華民國影響非凡。她們自由地談論教育問題，甚至提出義務教育是必要

和合理的。她們準備將二十名青年女子送往歐美接受教育。我所遇到的每一位推動中國婦女解放運動的領袖都利用學校作為宣傳地點。她們教書但不收報酬，目的就是要幫助她們的姊妹們為投入將來的解放運動做好準備。有一位沒有教書的知識女性開辦了一家報館，目的也是一樣。

「這是一個不可思議的時代。毫無疑問，英國女性將贏得勝利，反對派的暴力和憎恨傷害不到她們，反而幫助了她們；德國女性從一九〇四年國際會議時就建立了一個強大的組織（譯注：指國際婦女選舉權同盟），並且在不斷壯大。而德國並不是一個爭取婦女參政權的理想國家，因為在這裡連男人們都沒有全部擁有參政權；在北歐國家，了不起的事情正在發生。而如我前面所說，遠東地區，特別是中國，正在迎頭趕上這股不可阻擋的世界潮流。」

注釋

❶一九一一年九月二十四日，進步組織「文學社」與「共進會」在武昌召開聯席會議，組建武昌起義總指揮部，文學社負責人蔣翊武為總指揮，共進會負責人孫武為參謀長。起義總指揮部設於武昌小朝街八十五號文學社機關，籌備處設於漢口俄租界寶善里十四號。起義時間原定於一九一一年十月六日（舊曆八月十五日，中秋節），後推遲到十月十六日。十月九日，孫武在寶善里十四號祕密製造炸彈時發生爆炸，孫武被炸傷，俄國巡捕前來搜查，孫武脫逃。湖廣總督瑞澂聞訊後下令全城戒嚴，搜捕革命黨。蔣翊武決定當夜發動起義，並派人給新軍各營送信。當晚革命黨人彭楚藩、劉復基、楊宏勝被捕，次日晨被斬首。一九一一年十月十日晚，武昌起義爆發。

❷前文說她們找的是孫中山，待考。

❸本文介紹的烈士生平有誤。秋瑾，原名秋閨瑾，自號鑒湖女俠。祖籍浙江山陰（今紹興市），一八七七年生於福建廈門。蔑視封建禮法，提倡男女平等。一九〇四年，毅然衝破家庭的束縛，自費東渡日本留學，積極參加革命活動，一九〇五年加入同盟會，次年歸國在上海創辦中國公學。一九〇七年元月，創辦《中國女報》，提倡女權，宣傳革命。同年七月十三日因起義失敗被捕，十五日，從容就義於浙江紹興軒亭口。

【中國婦女解放運動專題之三】

廣州婦女大鬧議會要求參政權

一九二一年六月二十六日

那些認為中國女人仍然是滿腦子裝著陳舊觀念、穿著緊綳小鞋古怪行走之小玩偶的人，需要把他們自己的舊思想擠出來，用海綿擦拭乾淨，最後再徹底清洗一次。今天的中國女性已開始參政，不僅如此，她們在政治生活中毫不畏縮、勇往直前。中國女性在需要什麼、何時需要等等問題上，沒有辦法從她們的前輩那裡學到任何東西，因此她們必須用最明確有力的方式提出自己的願望，以贏得男人們的注意。在上海發行的《密勒氏評論報》五月七日刊登了該報助理編輯董顯光❶的一篇特別報導，講述廣州新女性堅決爭取選舉權，並從當地官僚手中搶奪政府職位的故事。

她們看到了成爲中國領導人、跟丈夫和兄弟並肩而立的可能性

董的報導說，擁有進步思想的中國女性們正表現出她們堅定的政治意願。蒙古活佛的妻子在戈壁灘上宣佈自己是「全蒙古的王」❷；廣州女學生和她們的母親們聯合向全中國發出倡議，要

求國民支持婦女獲得參政權的運動，宣稱女性可以當縣長；其他各省的姊妹們也都非常同情她們爭取性別平等的抗爭。中國婦女參政的時代即將到來。

廣州正成為這一項新運動的策源地❸。自從桂系軍隊被趕走後，粵軍歸來，廣州和其他南方城市的婦女們要求性別平等的呼聲越來越高，而且從一個城市傳到另一個城市。它激勵了許多曾耐心順從地埋頭於家務的中國婦女，讓她們看到了成為中國領導人、跟丈夫和兄弟並肩而立的可能性。

今年三月，數千名「廣東女界聯合會」的會員發現了走向前臺、直接面對公眾視線的良機，她們向廣東省長陳炯明❹請願，要求他允許所有學堂向女學生開放。這之後，有一位二十世紀的理想家提出一個更激進的建議，要求讓所有女校也招收男學生。有人建議將「女校」的「女」字去掉，以消除男女學校之間的差別。

形勢迅猛發展。新想法很快得到大家的認同。但廣州女性並不滿足於男女同校、成為鐵路女工、女售票員等權利，她們要求參加地方選舉、有當選為政府官員的權利。一些女性還希望成為省議員。

有關廣州婦女爭取參政權、要求當選為地方官員的運動概述對於社會學者和未來的歷史學家們都頗有參考價值。順便說一下，中國女性爭取參政的強硬態度並不比她們的歐美姊妹們低。爭取平等和社會認同的權利將是一個長期的過程，因此，在她們取得勝利以前還有許多宣傳工作要做。西方女性贏得參政權的道路曲折艱難，而中國女性走上這條道路就更為艱難。

必須依照憲法保障婦女平等權利

廣州婦女爭取選舉權運動一開始只是暗流湧動。但是，當廣東省議會通過一項明確地方選舉選民資格的法案時，這一運動開始吸引公眾的注意。這項法案最初是在陳省長影響下起草的，它可被理解為將賦予女性選舉權，因為法案的條款並未將選舉權局限於男性公民。然而，議會內的保守派人士佔據多數，他們最終修改了法案，在事實上婦女的選舉權被剝奪了。

各地的婦女組織都提出了強烈抗議，並向議會遞交請願書，內容如下：根據《中華民國臨時約法》第二條規定，中華民國之主權屬於國民全體。中國婦女是中華民國的公民，因此同樣享有《臨時約法》第五條所規定的權利❺。各縣自治政府的法規及選舉法中也並未限定只有男性公民才有權參選，成為政府官員。如此很好。但是，我們最近聽說省議會修改了這些法規，剝奪了婦女參加投票選舉和擔任政府官員的權利。這違反憲法。如此一來，廣州革命政府與非法的北京政府有什麼區別？在這個法治的時代，我們不能容忍違憲的法案存在。因此，我們要求你們立即取消這些修改。

一位婦女代表在會場中高喊，「揍這些違法的議員！」

三月二十八日，當修改法案送交議會批准時，幾百名要求獲得參政權的女士們在省議會大廳的接待室內集會。當天，有七十名議員與會。雙方怒目相向，毫無善意。很快，廣東女界聯合會的代表獲知，應對這一令人生厭的法案修改問題負責的是議會內部的保守派人士，他們提出的理由是女性在身體上不適合行使選舉權並擔任政府要職。這一消息徹底激怒了集會者，憤怒的婦女代表們從接待室衝進會場，堅決反對議會將法案交由有關部門研究，要求議員們當著她們的面解決這件事。

在座議員抗議婦女代表們干擾立法工作，並試圖讓她們聽見自己的抗議聲。但這些議員被粗暴地推到一邊，根本沒有說話的機會。在嘈雜的爭辯聲中，議員林超南提出，根據議會規則中第八條，禁止訪客干擾議會立法工作；根據規則第九條，禁止訪客進入議會開會現場。他要求議長立即執行這兩個規定。

一位婦女代表在會場中高喊，「揍這些違法的議員！」馮和清（Feng Ho-ching，音譯）憤怒地要求立即休會。婦女代表們誤以為是要強行驅趕她們，於是這個假設的挑釁變成了一場真正的拳腳之爭。馮和清先生自然成為攻擊的靶子，其他許多議員紛紛逃到休息室躲避。

同時，婦女代表們給女校打電話，要求增援；而議員們則向陳省長提出，趕快派士兵來保護他們。陳省長的講話令他們氣惱不已，他說，「我早就告訴你們不要修改，直接通過法案，讓婦女擁有選舉權。你們沒有認清時代發展的潮流，也不聽我的意見。我沒法幫你們擺脫窘境。現在，拿出男人樣子來，因為這已經是不可阻擋的了。」

婦女們遊行示威，要求起訴違法的議員

這些入侵者們最終完全控制了議會大廳。一名婦女坐到議長席位，搖鈴宣佈開會。她們開始討論如何懲罰違法的議員。那位真正的議長驚得目瞪口呆，不得不眼睜睜地看著這前所未有的一幕，而旁邊的員警完全無濟於事。一名害怕至極的議員從藏身之處走出來，在黑板上寫字，將發生這場混戰的責任歸咎於議長。

廣東女界聯合會的代表們卻反對這項指控，她們認為議長是支持她們的運動的，是一個好人。有一些女士激動得大灑熱淚，歇斯底里的哭聲一再響起，強調她們的立場。在這場亂哄哄的喜劇中，鄧惠芳女士走上講臺，指控馮和清議員扭斷了她的手腕、擦傷了她的臉，要求議會將馮和清交出來由她們處置。

婦女代表們實現了對議會的完全控制後就散了，但她們一邊退出一邊說這事兒沒完，下週三還會再回來。緊接著，婦女代表們來到軍政府辦公樓前遊行示威，要求起訴違法的議員。而後，她們又到了省長官邸。省長熱情地接待了她們，並告訴她們，如果法案不是按照未經修改的內容通過，他將打回重議。

孫先生說如果增加到五十萬人就不會失敗了

三月二十九日，數千名婦女在廣西會館集會，她們揮舞著「孫文大元帥萬歲」、「陳省長萬歲」、「婦女參政運動萬歲」的旗幟參加會議。前參議院議長張繼❻和另一位婦女運動支持者夏殷培（Hsia Yinpei，音譯）在會上發言，他們用了很長時間闡釋，國民黨自成立伊始就將婦女參政列為革命目標之一。民國元年成立的廣東省特別議會首位女議員莊漢翹女士（譯注：據記載，當時應有十名女議員）說，中國婦女在國民黨推翻滿清統治的鬥爭中扮演了重要角色，發揮了重要作用❼。

演講會後，集會者們走上街頭遊行。她們一邊行進一邊散發傳單。傳單的大意是，男女皆為公民，女子也應擁有與男子同等的權利。在過去數千年裡，中國婦女受到極大壓迫，現在我們決心奪回應屬於我們自己的權力。遊行隊伍經過省政府，最後來到正在開會的議會大樓前。遊行人群被拒之門外，於是，她們要求與議長對話。議長不得不走出來會見她們。遊行人群燃放鞭炮，要求議長將當日攻擊羞辱她們的人交出來，向她們道歉並接受懲罰。

下午四點鐘，遊行人群各自回家，她們的要求未得到回應。議長承諾將盡最大努力幫助她們達成目標，她們也只得同意了。遊行隊伍中的一些女學生還來到省長官邸，用校歌和呼喊聲感謝陳省長對她們的幫助。接著她們又去感謝孫文大元帥。孫中山先生問她們有多少人參加了遊行，得到的回答是五千人。孫先生笑著說，「如果你們的人數再增加，比如說增加到五十萬人，就不會失敗了。你們應該繼續努力，爭取運動取得成功。」

剝奪婦女參政權的法案仍獲通過

議長鍾聲❽說，「現代文明國家的政府，其發展趨勢就是實現男女平等。英國、美國、俄國、德國、法國、挪威、葡萄牙、丹麥和瑞典都已完全或部分地實現了婦女參政。如果說中國女性還沒受過充分教育或沒有能力完全行使參政權的話，我們也可以給出一些限制條件。比如說，只有小學畢業文化程度之上的女性才有投票權，只有中學畢業文化程度之上的女性才有資格參加地方議員選舉，等等。」

儘管發生了要求婦女參政的遊行和抗議，也有孫中山大元帥和陳炯明省長對婦女參政的支持，但修改後的法案仍在議會四月一日會議上獲得通過。無數希望成為地方選民和擔任縣長的廣州女性對此非常失望。議長鍾聲宣佈準備辭職，因為他未能履行對廣州婦女的承諾，推動實現婦女參政的願望。當然，也許這並非發自內心。廣州的進步女性毫不畏懼，她們已向全中國的婦女同胞發出倡議，尋求支持。

注釋

❶董顯光（西名Hollington Kong Tong），一八八七年生，浙江鄞縣人。一八九九年隨全家遷居上海，接受西式教育。中學畢業後，應聘到奉化龍津中學教書，做過蔣介石的英文教師。一九〇六年辭教職，至上海商務印書館工作。一九〇九年赴美國密蘇里大學新聞學院留學。一九一三年在回國途中結識孫中山，經介紹出任上海《民國西報》（*China Republican*）副主筆兼駐北京記者。一九一四年任《北京日報》主筆。一九二五年在天津創辦《庸報》。一九三〇年代先後任上海《大陸報》總經理兼總編輯、《時事新報》（*China Times*）、《大晚報》及申時電訊社的發行人等職務。一九三四年加入國民黨，曾任國民黨軍事委員會第五部副部長、國民黨中央黨部國際宣傳部副部長、國民政府行政院政務委員兼新聞局長。一九四九年遷臺後，歷任中國廣播公

司總經理兼《中央日報》董事長、駐日大使、駐美大使。一九五八年八月離職。一九七一年一月在美國逝世。

❷清末民初，外蒙精神領袖哲布尊丹巴（一八六九～一九二四）是藏族人，原名博克多格根。他於一九一一年十二月二十九日宣佈外蒙獨立，一九一五年因大部分王公不支持獨立而改為自治，接受袁世凱冊封，保持自治君主地位。一九一九年徐樹錚將軍乘「十月革命」後俄國內戰之際，率軍進佔庫倫，取消外蒙古自治，並將其軟禁。一九二一年，沙俄白軍將領恩琴（Baron von Umgern-Sternberg）佔領庫倫，使哲布尊丹巴復位。不久，蒙古人民革命黨革命家蘇赫—巴托爾在蘇聯紅軍協助下奪取蒙古實際政權，後宣佈永遠取消活佛制度。哲布尊丹巴的妻子是喀爾喀蒙古人，被尊為女活佛圖吉尼母，一九二三年病故。本文所指估計為圖吉尼母。

❸陳炯明於一九二〇年率粵軍從福建回師廣東，驅逐桂系軍閥主政廣東後，主張以聯省自治模式和平統一中國，建立中央、地方分權自治的聯邦制的憲政民主國家。他首先在廣東推行以縣為單位的地方自治。所謂「聯省自治」主要包含兩層意義，一是容許各省自治，由各省自己制定省憲，依照省憲組成省政府；二是由各省選派代表組織聯省會議，制定聯省憲法，建立聯邦制國家。這種政治主張在上世紀二十年代曾風行大半個中國，發展成為一場頗具規模的政治運動。一九二一年二月，陳炯明接受《字林西報》採訪時稱：「今日吾人已確信中國如再欲以君主政體或武力專制相統一，已斷乎不能。袁世凱欲以帝制精神治此共和國，既不可能，旋又思帝制自為，則竟身敗名裂。段祺瑞及張勳皆蹈此覆轍。孫逸仙博士亦嘗有一時欲以武力統一中國，亦未成功。今日欲恢復中國之和平，只有一法，即以一切權柄歸諸人民，所有縣知事及其他地方官以及省議會議員均將由人民公選。吾信吾廣東如試行成功，則他省人民必紛紛效法，而此種運動，將遍於全中國，最後使中國成為一大聯省政府也。」這是當時廣東婦女爭取平等選舉權的歷史背景。

❹陳炯明，原名捷，字贊之、競存，一八七八年生，廣東海豐人。一八九八年中秀才，一九〇六年為廣東法政學堂首期學員。一九〇九年七月當選廣東諮議局議員，後在上海加入同盟會，創辦《可報》支持革命黨。一九一〇年參與新軍起義。次年三月參加黃花崗起義，為敢死隊第四隊隊長。民國成立後，歷任廣東副都督、代理都督。一九一六年組織廣東共和軍反對袁世凱稱帝。後曾任粵軍總司令、廣東省長、中華民國軍政府陸軍總長兼內務總長。主政廣東期間，推動地方建設，主張「聯省自治」，反對「北伐」，並因此驅逐孫中山。最後被孫中山打敗，下野後退居香港，協助海外最大的華僑社團組織「洪門」轉型為中國致公黨，並首任該黨總理。一九三三年九月病逝於香港。

❺指中華民國人民一律平等，無種族、階級、宗教之區別。

❻張繼，原名溥，字溥泉，一八八二年生，直隸滄州人。一八九九年留學日本，入早稻田大學就讀。一九〇三年因參加反清活動被逐回國，在上海任《蘇報》參議，與章士釗創辦《國民日日報》，與蔡元培組織軍國民教育會。一九〇四年在長沙創設華興會，謀於十一月發動起義，事跡敗露，潛至上海。後赴日，任留日學生總會幹事。一九〇五年在東京加入同盟會，任本部司法部判事、直隸支部主盟人、《民報》發行人兼編輯。一九〇八年赴法，參與創辦《新世紀》週刊。一九一一年辛亥革命後回國，先後任同盟會交際部主任兼山東支部長、國民黨參議。一九一三年國會成立，被選為第一屆參議院議長。二次革命失敗後流亡日本、歐美。一九一七年參加護法戰爭，任護法軍政府駐日外交代表。一九二一年始任國民黨特設廣州辦事處幹事長、中央宣傳部長及北京支部長。一九二四年當選國民黨第一屆中央監察委員，反對孫中山「聯俄容共」政策，提出「彈劾共產黨案」。一九二五年參與西山會議派的反共活動。一九二七年南京國民政府建立後，歷任國民黨中央政治會議委

員、司法院副院長、國民政府委員、國民黨華北辦事處主任、北平政治分會主席、黨史史料編纂委員會主任委員、國史館館長等職。致力保存整理有關國民黨歷史的文獻資料。一九四七年十二月在南京病逝。

❼辛亥革命前，香港、澳門是同盟會在華南的活動基地。由於婦女在行動上較易避開清廷密探的耳目，因此同盟會發展組織時注意吸收婦女。當時的宣傳口號除「驅除韃虜，恢復中華」外，也涉及反對家庭專制、主張婚姻自由、提倡女權、反對做妾、反對纏足之類，對青年婦女有吸引力。特別是秋瑾就義對婦女知識界有重要影響，一些有覺悟的婦女相率投身到辛亥革命的行列，她們多出身於封建家庭或資產階級家庭，其中包括女學生、家庭婦女和職業婦女，有些還是富商的寡婦或姨太太。辛亥革命後，她們成立「廣東女子北伐隊」，成為數千年封建制度壓迫下的中國婦女奮起革命的先驅和旗幟。

❽一九二一年一月十七日，陳炯明為確保制定「省憲」按自己意願進行，推出自己的外甥鍾聲當選為省議會議長。六月，省議會推出黃毅等十六人為憲法起草委員，初步制訂出憲法草案。九月，由汪精衛、陳公博、廖仲愷、孫科、伍朝樞、鍾聲等二十人組成憲法討論會審議。十二月十九日，省議會通過《廣東省憲法草案》。

第六篇

實業興起

民國建立後，國際金融資本在中國的爭奪空前加劇。中國延續千年的小農經濟模式受到國際大市場和現代大工業的劇烈衝擊，銀本位貨幣體制搖搖欲墜。同時，辛亥革命和第一次世界大戰也為困境中的中國帶來了前所未有的發展機會，一批有遠見卓識的民族實業家嶄露頭角，成為推動國家工業化的先驅。湖南礦業大亨梁煥奎花巨資購買法國專利，煉出純銻的品質超過英國。「中國摩根」張振勳從南洋返回祖國，創建張裕酒廠，該廠生產的葡萄酒在巴拿馬萬國商品博覽會勇奪金牌。江南製造局為美國建成四艘萬噸巨輪。全國鐵路建設更是一日千里。在他們的開拓努力下，中國的現代化藍圖初現端倪。

西式醫院在廣州開診

一九一二年五月二十六日

賓州費城五月二十五日電：五月二十一日，賓州大學校董會在費城的貝爾菲斯丹佛酒店（Bellevue-Stratford Hotel）為麥克拉肯博士（Dr. Joseph C. McCracken）和穆德博士（Dr. John R. Mott）舉行慶功宴，超過二百五十名校友出席。麥克拉肯博士曾經是美國著名的橄欖球運動員，現任賓州大學廣州醫學院院長。穆德博士是為學生傳播福音的傳教士和基督教青年會成員。

一九〇六年，麥克拉肯博士在基督教青年會支持下，在廣州建立了醫學院。他在宴席上向校友們報告，這個醫學院的附屬醫院已診視過二萬病例。對於美國醫生和醫療機構來說，中國存在巨大機會。他特別強調了募集資金的重要性。雖無正式消息發佈，但據悉從校友們那裡募集到了大量捐款。

袁世凱批准鐵路建設計劃

一九一二年九月十二日

北京九月十一日電：一項中國現代化建設方案，其中包括孫中山先生提出的中國鐵路建設大綱，已獲北京政府支持，這無疑將促進中國的對外貿易。

孫中山建議中國全境對外開放

政府授權孫中山先生建立國家鐵路公司，負責實施這項覆蓋七萬英里的龐大鐵路系統。中外合資公司將在全國獲得投資分額，外國公司同樣也可獲得建設分額，但主要是內陸鐵路，邊境鐵路將由中國人獨立建設、管理和經營，但將爭取外國貸款。

袁世凱總統提議為孫中山每月支付三萬兩白銀（合二萬美元）以推行其鐵路計劃，預計臨時國會將通過這項議案。孫中山將鐵路作為抵押從國外籌集貸款，再以營運收入還貸，因此鐵路將成為國家資產。

此舉在政治上堪稱明智。因為目前國內許多地區除承認袁世凱的實力外，對他並不信任，但孫中山是受人歡迎的民族英雄，他很可能說服國民接受外國鐵路貸款，這實際上又是國民革命的中期目標。

孫先生建議中國全境對外開放，允許外國人居住和外國企業常駐，但必須服從中國司法管轄，由此將設立特別法庭。儘管政府尚未正式批准該工程，但孫先生本人對此充滿信心。

勞埃德銀行組建銀行團對華貸款五千萬美元

法國、德國和美國的銀行將參加倫敦勞埃德銀行（Lloyd's Bank）對華五千萬美元的新貸款計劃。協定已於近日簽署。協議條款包括在倫敦成立銀行團總部，任命知名英國金融家為董事局主席，在北京設立分支機構。勞埃德銀行將向中國融資一千萬美元，其中一半由中國人承購。

五千萬美元貸款在北京激起反響。勞埃德銀行駐京代表說，這僅僅是初步貸款，這些資金將成為中國未來財政重組的基礎，儘管有許多猜疑，但這應看作是獲得最終成功的必經之路。有分析家認為，如果這項計劃獲得成功，「六國」銀行團將解體。當然，銀行家們期待的是贏利。

袁世凱大權在握

袁世凱總統邀請各省都督各派三名代表赴京出席代表大會，力圖勸說他們支持一個強大的中央政府，並保證省際關係和諧順暢。

袁總統的努力卓有成效。他們懷著敵意而來，但帶著忠誠離開。

一位國會議員的辭職顯現出當前時局的特點，他宣佈辭職的原因是袁世凱政府不尊重國會，類似昔日皇帝敕令形式的總統令頻頻發出，尤其是近日還造出了一個莫名其妙的蒙古王公❶。

袁世凱的內閣仍然不明不白地保留著，重要政務均由總統府負責，代總理兼內政總長趙秉鈞是一個已退休的袁世凱追隨者。

注釋

❶袁世凱就任中華民國臨時大總統後，於一九一二年四月二十二日發佈大總統令：「現在五族共和，凡蒙、藏、回疆該各地方，同為中華民國領土，則蒙、藏或回疆各民族，即同為我中華民國國民，」「將來地方的一切政治，俱屬內政。」同年八月公佈的《蒙古待遇條例》規定：「嗣後各蒙古均不以藩籬待遇，應與內地一律。各王公原有管轄治理權一律照舊。蒙古王公俸餉從優支給。」袁世凱曾接見脫離分裂政權返回中國的庫倫政府原陸軍部侍郎那貝勒，並曾封其為郡王。為鞏固外蒙局勢，袁世凱任大總統期間曾大肆加封蒙古王公。

銀元、港幣與中國對外貿易[1]

一九一二年九月十五日

據美國駐香港總領事安德森（George E. Anderson）透露，民國政府正被諸多金融難題困擾。安德森先生說，政府在努力減少銀元和銅幣的流通量，其中一個步驟是七月一日後禁止中國銅幣在香港流通。

銀元與港幣的流通關係

安德森先生說，「這個舉措反映了中國貨幣體制（如果有的話）未來的走向，將產生重要商業影響，理應受到重視。今年年初，香港殖民地的英國鑄幣廠鑄造發行了面值分別為一元和五角，總值為一百四十二萬一千四百八十七元港幣的銀幣，以及其他面值，總值為四千三百九十九萬九千八百三十元港幣的銀幣和銅幣。其中，五百五十二萬七千四百五十九元港幣已被回收鑄錠，由此減少了市場流通總量，從而將這些輔幣兌換標準銀元的兌換比價盡可能降低。

「這種折扣在中國南方進行貨幣兌換時是很常見的情況。在華南和香港流通的硬幣，主要是中國的二角硬幣。一個標準一元銀幣或紙幣的價值比五個二角硬幣多八分，因此一個標準銀元等價一〇七～一一二分中國銅幣。香港輔幣不像中國硬幣一樣有這麼大的折扣，因為根據香港法律，香港法定銀元的輔幣最高面值為二元，法定銅幣的輔幣最高面值為一元，但中國硬幣完全不是法定貨幣，儘管它們被廣泛使用。例如，香港郵局只接收香港硬幣作為支付郵資，並且對於所有輔幣按照其面值接收。中國貨幣兌換商通常會按照折扣價接收港元硬幣，一般為不同來源的小額銀幣，並盡可能將它們以面值賣給政府或通過其他途徑售出。

貨幣改革對香港和內地貿易的影響

「這一模式在舊機制下運行良好。但是，當政府不再允許使用中國銅幣後，而華人社區的人又必須使用銅幣，因為華人之間的貿易離開銅幣便無法進行，他們被迫想方設法尋找能夠獲得銅幣的地方，最後發現香港郵局是唯一的獲取管道，但是只能以面值而非折扣價購買銅幣。貨幣兌換商從前與政府交易可以獲得的利潤，在獲取銅幣的過程中消失了。香港郵局每天的銅幣兌換量高達八千港元。

「政府強制中國銅幣退出流通，是為了減少商業貿易中的銅幣數量，以此維持其價值與面值相符。同樣的方案也計劃對銀幣輔幣推行，但是，在以中國銀幣作為貨幣兌換主要手段的香港，限制流通銀幣輔幣將會面臨很大困難。

「調整計劃的下一個步驟，是取消中國硬幣在流通中享有的特權。鑒於香港本地輔幣已在很大程度上分散開來，其流通總量無人知曉，對中國硬幣的使用限制將很可能嚴重破壞香港本地的商業貿易。同時，只要當前的形勢繼續，特別是只要中國輔幣的流通數量保持穩定增長，未來對香港銀幣的進一步收回熔鑄也將沒有意義。大量的輔幣被鑄幣廠以很高的利潤鑄造出來，但實際效果是，如果進行收回，必須對公眾進行付還。收回意味著嚴重的損失，如果不產生效益，對香港而言將是一筆重大的浪費。正如這塊英國殖民地的前政府官員在其關於預算的講話中所提到，該政策將繼續實施，但值得重視的是，須繼續使用中國輔幣，並加強政府間的緊密合作。整個事件展現了中國貨幣問題的實質，而香港的努力僅是中國為了建立穩定的貨幣體制將要經歷的過程。」

中國金屬出口與對外貿易

安德森先生在寫給商業與勞工部（Department of Commerce and Labor）的報告中還提到，儘管從中國出口白銀的高額交易價格對錫造成了負面影響，但是中國的錫貿易仍然篤定出現繁榮。

安德森先生說，「單單今年前六個月出口到美國的金屬就價值九十萬八千四百四十七金美元❷，其中第一季度三十萬六千六百四十三美元，第二季度六十萬一千八百零四美元，超過中國歷史上任何一年的金屬出口總額。一九一一年，中國向美國出口金屬價值七十九萬八千九百四十一美元，其中第一季度十八萬一千八百一十二美元，第二季度四十三萬三千六百八十五美元，第三季度沒有出口，第四季度為十八萬三千四百四十四美元。一九一〇年，中國向美國金屬總出口額約為七十五萬美元，一九〇九年為十八萬美元，一九〇八年約為二十二萬美元。這幾年的資料中，還包括了一些其他金屬的出口。

「向歐洲和世界其他地區的船運量與向美國的船運量基本上保持同比增長。香港商會（Hongkong Chamber of Commerce）提供的資料表明，今年前六個月向歐洲的出口總量為五萬三千六百九十六板（slab），每板合一百一十二磅，上年同期為一萬六千六百七十板。香港所有港口的發貨量為七萬五千二百七十六板（包括發向美國和加拿大的二萬一千五百八十板），總價值三百四十九萬二千五百六十五金美元，上年同期發貨量為三萬零七百八十六板。」

注釋

❶中國疆域遼闊，貨幣制度一直相當複雜混亂，嚴重影響商品流通和財政金融穩定。在中國歷史上，民國以前以白銀的兩為貨幣單位。再向前追溯，漢朝以前是以銅質制錢為貨幣單位，這也一直沿用到民國初年。一九一二年三月，中華民國南京臨時政府公佈《幣制綱要》，規定以銀元為貨幣單位。一九一四年二月，北京政府公佈《國幣條例》，仍確定銀元為合法貨幣單位，實行銀本位。但各省仍繼續開鑄銅元，面額以「十文」者為最多。閻錫山在一九一七年前後設立「銅元局」，以含銅量九九．九％的舊式制錢為原料，用三文制錢改鑄可當「二十文」銅元一枚，在山西全省流通。四川更鑄可當「一百文」、「二十文」的銅元。這些地方所鑄銅元種類眾多，重量成色各異，價格因時因地而異，多不能出省使用。

❷一七九二年，美國通過《鑄幣法案》，規定美元採用金銀複本位制，當時一美元折合二四．〇五七克純銀或一．六〇三八克純金。美國第一任財政部長漢密爾頓（Alexander Hamilton）上任後，美元採用了「金本位

制」。到一九一四年第一次世界大戰爆發，由於各國停止黃金進出口，金本位體系即告解體。在金本位制度後期，一美元的含金量為一·五〇四六六克純金。

對華貿易在戰爭迷霧中增長

一九一二年十二月八日

儘管革命給中國社會帶來混亂和悲觀的情緒，但是美國駐香港總領事安德森發現，一九一一年中國華南地區的商品進出口超過上一年，創下不同尋常的歷史紀錄。不過，人們普遍認為，貿易利潤正在變薄。

安德森先生特別指出，香港作為中轉港，其一九一一年對美國貿易總量比一九一〇年以及之前任何一年都有了大幅增長，主要原因是出口量大增。儘管身處革命漩渦之中，香港向包括夏威夷在內的美國的出口量雖然在一九一〇年略有下降，但該年仍超過了一九〇九年。

安德森先生接著說，「美國對香港出口總額約為八百五十萬金美元，而香港對美國出口總額為四百萬金美元，美國擁有大約四百五十萬金美元的貿易順差。然而，廣州對美國出口合計約七百萬金美元，並且基本上沒有從美國直接進口，除非經由香港，這就使得華南地區對美國貿易順差達到二百五十萬美元左右。而本地區一九一〇年對美國貿易順差約為五百萬美元。

從美國寄回匯票總值十億銀元

「有大量中國人把金錢從美國帶回香港本土或者附近地區。當地銀行家估計，從美國寄回的匯票總價值有十億銀元，約四千二百五十萬金美元。這一金額包括中美貿易順差和在美華人儲蓄，也包括銀元投機。大多數匯票通過北美運來的銀元或通過倫敦在印度購買的銀元兌現。

「香港與菲律賓之間的貿易反映出那裡不斷改善的狀況。香港從菲律賓的進口量比上一年減少，主要是因為大部分從前經由香港中轉的貿易現在可直接進行。從菲律賓進口的糖也有所減少，因為菲律賓生產的糖幾乎都供應美國市場。

「然而，香港向菲律賓群島的出口量逐年增加，一九一一年更是創造歷史記錄。香港從菲律賓進口額不到一百萬金美元，但貿易順差至少有四百五十萬美元。這部分金額主要通過美國寄去的匯款支付。

「從菲律賓進口的日用消費品，如帽子、刺繡、水果和其他類似產品的數量不斷上升，上升趨勢強烈，將會出現專銷這類產品的店鋪。但是白糖、麻、椰肉等從香港中轉分銷商品的進口迅速萎縮。資料表明，一九一一年香港從菲律賓的進口額僅為八十七萬四千七百美元，而之前四年分別為一百四十五萬八千四百二十美元、二百二十七萬一千零十六美元、二百四十三萬八千四百三十八美元、二百五十五萬一千九百零二美元。這種變化是《佩恩關稅法案》（*Payne Tariff Act*）[1]以及菲律賓對美國白糖、菸草、椰肉等產品出口增長的直接結果。儘管如此，香港和菲律賓之間的商業交往比以前更加密切了。」

貿易前景存在隱憂

儘管美國在一九一一年對華出口貿易取得了值得祝賀的成績，但安德森先生認為，中國的貿易現狀仍遠不能令人滿意。貨幣兌換程序繁瑣加劇了這一惡劣局面，最近已出現大批進口貨物滯留香港和上海倉庫的情況，而消費量未見顯著增加。

他補充說，「高價銀元給了中國進口者很好的獲利機會，因為一塊銀元可購買超過其正常價值的洋貨。因此，商人受到暴利誘惑囤積大量貨物，即使銷售困難也不願出手，這也是過去幾個月進口量大增的重要原因。如果今年中國市場狀況早些恢復正常，使得商人可以分銷他們的大量存貨，便不會出現當前這種不利局面。但是，時機已經錯過。一九〇五～一九〇七年的銀元高匯率期間，華商從美國和其他地方進口大量棉織品，隨之而來的是災難性的棉織品貿易大蕭條。

亟需建立規範的銀行體系

「當前形勢下，中國商人急切需要足夠多的銀行機構。自從對外貿易發展起來之後，這種需求已日益增強，但在通常情況下，借助通商口岸外資銀行的業務延伸，可在一定程度上緩解這種狀況。這些外資銀行原本主要經營外匯業務，但能夠或多或少為當地銀行提供一些支持，在某種情況下，甚至可以幫助進口商完成本該由當地銀行進行的交易。

「戰爭期間，這些外資銀行的延伸業務很難實現，或者根本不可能實現。比如，戰亂開始後，庫存貨物無法流動，除非獲得更多貸款，但在當前時局下，外國銀行根本不可能向通商口岸之外的地方提供貸款，即使在口岸內也有嚴格限制。本地銀行如果有信譽，那麼它們可以延伸貸款業務。但在革命形勢下，這難以實現。因此，中國從未像現在這樣緊迫地需要一個規範的銀行體系，以提供充足的資金、恰當的監管和誠信的遊戲規則。

「令人鼓舞的是，中國商人首先看到這個事實，並且無論在華中或是華南地區，他們調整貿易計劃的首要考慮便是建立基於現代化理念和外來監管的本地銀行。比如，在廣州，有人提議將珠江河口區抵押給外國資本以募資建立一個接受外國監管的銀行。在上海，也正為籌建一個一百萬銀元（約合四二・五萬金美元）的銀行募集啟動資金，在上海以南各個碼頭建立類似金融機構的事情也在籌劃之中。所有這類金融機構只有在引入政府全面監管和控制方案後，才可能逐漸獲利。無論如何，這類機構的籌備表明了中國商業發展的趨勢。」

頭髮出口貿易

安德森先生還有趣地評論了對美國出口頭髮的貿易。他說：

「頭髮的出口貿易在一九一一年下半年得到了迅速增長。一九一〇年的頭髮貿易最高值在前半年，經香港對美國的出口額達到五十一萬六千四百一十美元。一九一〇年下半年，市場萎縮，對美國出口額僅為十七萬八千七百二十七美元。一九一一年上半年出口額繼續下跌至五萬三千八百五十三美元，但下半年達到了二十四萬一千四百五十二美元，這使得全年出口額達到二十九萬五千三百一十五美元。與之相比，一九一〇、一九〇九、一九〇八年的出口額分別為六十九萬五千一百三十七美元、三十二萬七千五百五十九美元、九萬二千二百零九美元。

「一九一一年經香港轉口對各國的頭髮發貨量比上年有很大增長，達到一百七十五萬九千八百三十三磅左右，而一九一〇年約為一百二十萬磅，其中佔很大比例的為低等級頭髮。出口總值能否超過九十萬金美元尚存疑問，而一九一〇年總值為一百五十萬美元。年末市場價格很穩定，並且有明顯上漲趨勢。辮子的剪掉，與其說是增加了中國地區頭髮的供應，不如說是使得供應源頭逐漸消失。可以想見不久之後，頭髮的供應便會遠遠低於需求。」

注釋

❶此為非正式的簡稱。美國於一九〇九年制定了《佩恩—阿爾德里奇關稅法案》（*Payne-Aldrich Tariff Act*），規定美國商品可以免稅輸入菲律賓，菲律賓的原料和製成品，除稻米以外，都允許免稅進入美國，但在進口量上有所限制，如果超過規定限量，則徵收百分之百的關稅。

中國尋求五億美元鐵路貸款

一九一三年五月二十四日

倫敦五月二十三日電：孫中山先生的全權代表李亞——前紐約記者，現任中國鐵路總公司祕書——正在倫敦尋求五億美元貸款，計劃未來十五年內在中國修建一萬英里鐵路。

李亞先生曾是紐約一家報社駐古巴和菲律賓的記者，後到北京創辦月刊《遠東時報》（*The Far Eastern Review*）。他花費了大量時間研究中國鐵路建設的可行性。[1]

鐵路建設計劃由六萬英里減爲一萬英里

袁世凱與孫中山達成妥協，由兩人分別掌管中國政治大權和經濟大權後，孫先生向李亞先生提出了在中國建設六萬英里鐵路的雄偉計劃。李亞將規劃里程數從六萬縮減到一萬英里，並承擔了資金籌集工作。今天，他接受《紐約時報》專訪，說明他面向獨立財團的籌資計劃。他說，正試圖成立立憲政體的民國國會議員強烈反對該計劃。李亞還分析了美國退出其他列強本週通過的這項貸款的原因和後果。

他說，「我將孫中山先生對我的任命視為一個在華外國人可以享有的最高榮譽。其實還有很多歐洲人具有競爭力，其中一些人是資深工程師，但最終我被挑中，因為我在這裡居住了十年，並且對中國鐵路問題有深入研究。

「收到孫中山先生的書面委任書時，我第一時間想到的是回到我的祖國美國去尋找資金。摩根公司的司戴德來中國已有些年頭，並同我一起深入了解中國現狀。我知道，如由摩根家族牽頭發動一些美國財團參加，可一次性輕鬆實現五億美元的貸款計劃。而且，當項目啟動後，即使允許其他國家加入，也可避開列強在貸款合同中所堅持的對華不友善條款。我希望美國在未來十年時間中可提供一．二五億美元貸款，其餘貸款由其他國家分攤。

對威爾遜總統撤回支持深表失望

「想像一下，當我到達美國，得知威爾遜總統撤回了對美國財團的支持時，我有多麼沮喪和失望。既然美國人已經宣稱，除非威爾遜總統對他們發出邀請，否則他們不會進入中國，我唯一能做的便是來到英格蘭了。

「在我看來，威爾遜總統遲早會修改政策，向美國財團開放綠燈。因為新的世界經濟形勢下，美國必須尋找投資市場，而中國僅僅第一筆貸款便高達一億二千五百萬美元，自然是當今世界上最具吸引力的金融市場。

「當然，中國獨特的政治環境使得美國人在未獲得政府支持前不敢貿然進入。並且，除了摩根財團，其他公司也不具有如此雄厚的實力可以獨立提供這麼大額的貸款。

「這主要是由於美國本土也存在許多好的投資機會。美國人更願意購買來自康尼島❷的產品，因為他們可以不時去看看。歐洲人對在國外投資更感興趣。因此在倫敦，有六家財團可以不依賴英國政府，獨立決定貸款事項。

「我剛剛開始尋求接觸，因此無法提供更多細節。我的首要任務是為中國的利益服務，並且不再考慮美國利益。我所扮演的角色相當複雜。作為一個美國人，我在倫敦尋求貸款，盡力排除對華不利影響，同時，還要為美國資本隨後加入保留一扇門。

歐洲列強希望中國保留中央集權

「看起來，歐洲列強的想法是希望中國保持一個集權制的中央政府，力求避免一個代議制政府的出現。這在過去談判的貸款條文中有所體現。而國會議員們對袁世凱先前爭取對外貸款感到異常憤怒的主要原因，就是他們擔心袁世凱獲得列強資金支持後，將凌駕於被孫中山控制了百分之七十五議席的國會之上，成為一個獨裁者。

「歐洲人的觀念主要基於他們對君主制的偏好，以及對美國民主制度的敵視和反對。民主與憲政的理想本應該在美國外交政策中佔據主導地位，但威爾遜總統不這麼看。

「只要英國人在，對中央集權的偏向就將一直存在。這一點在對五國借款有相當控制權的匯豐銀行得到很好的體現。而這正是我力求避免發生的。並且我堅信，英國外交部將在不遠的將來改變想法，因為英國的民意認為，獨立生產商的利益應被考慮。

「當前中國最強勢的人無疑是袁世凱，孫中山排在第二位。孫中山也許是過於理想化了，但是，如果袁世凱試圖凌駕於國會之上，孫先生無疑將重返政治舞臺。

「儘管他最初制訂的六萬英里鐵路修建計劃將花掉中國五十年財政收入，但是需要記住，正是這位美國化的年輕中國領袖為我們帶來了過去根本難以想像的成功的革命。

「孫先生是一個典範，他告訴我們這樣一個事實，即世界上所有偉大的運動無不從夢想開始，由夢想轉化為思想，並最終成為實際行動。」

美國前駐華外交官讚賞威爾遜對華政策

美國前駐北京代辦莫爾（Thomas Ewing Moore）已在倫敦一個寓所裡度過了一年假期。他告訴《紐約時報》，他同意李亞關於美國不久將重返中國金融市場的觀點，但他認為，目前暫時退出是明智的。

他說，「我非常讚賞威爾遜總統重新評估上一屆美國政府的對華政策，並收回政府對美國銀行家的支持。我做領事與外交服務工作十八年，非常了解中國局勢。

「塔夫脫總統和諾克斯國務卿的對華政策不合時宜，嚴重損害了美國在華地位，而威爾遜總統正在為美國重建新的威望。我相信，當時機成熟時，美國將審時度勢地對華提供商業貸款。而那時的政治環境應該更穩定，政府的支持對銀行家來說，將不再如同今天這樣具有必要性。

「廢棄的六國協議試圖直接干涉中國內政，試圖利用這個年輕共和國的弱點佔盡便宜，從而逼迫時局朝著中國人民不願看到的方向發展。

「首先，是中國想尋求美國幫助。威爾遜總統的行為不是要損害我們的對華貿易，而是做出調整，在華擴大美國貿易利益。我們輕鬆地鞏固了自己在中國的地位，所有歐洲人都有理由對我們感到嫉妒。

「我對中國人民懷有深深的敬意，並對這個國家蘊藏的豐富資源深有了解。不幸的是，普通美國人並不了解中國人，因為最優秀的中國人從來不會移民美國。」

莫爾先生還提到了國會目前正在審議的使館建築購買案，並表示：

「我對威爾遜總統在解決外交問題時遇到的困難非常理解，但我認為，如果這個提案獲得通過，我們的使節將在現有收入水平下保持他們的尊嚴和地位。這中間並不存在所謂的炫耀成分。」

注釋

❶《遠東時報》是外國在華發行的英文報刊中少數傾向同情孫中山者，曾致力於宣傳孫中山的學說。孫氏《實業計劃》最早即發表在一九一九年三月的《遠東時報》上。其兩位主編李亞、索克思（George E. Sokolsky, 1893-1963）同孫中山關係密切。

❷康尼島（Coney Island）是位於紐約市布魯克林區南端的一個半島。

民國的植樹造林計劃

一九一三年十月四日

華盛頓十月三日電：新生的民國百廢待興，許多改革著手準備，其中有一項被推遲了很多年的計劃終於要付諸實施了，這就是在廣袤的中國土地上植樹造林。民國副總統黎元洪祕書余日章❶已在華盛頓逗留數日，向美國森林管理局（US Forest Service）的官員和專家取經，學習如何保護森林以及開展植樹造林。

余先生說，中國的森林砍伐不僅對降雨量產生嚴重影響，還造成了可怕的水土流失。當年茂密的森林現變成了貧瘠、無人居住的荒漠。

他說，民國領袖正在爭分奪秒地推動各項改革措施。中國的農業自古以來一直飽受落後宗教摧殘，無數墳塋侵佔了大量耕地。儘管地下埋藏了豐富的煤礦以及其他礦產資源，但是無人敢去觸碰、開發。然而現在，對逝者的敬畏應該為國家的現代化建設讓開道路了。

余先生講到，在中國各地，強制剪掉辮子的運動仍在進行中。每天都可以看到許多中國人手捧著自己被剪掉的辮子，小心翼翼地往家走。中國荒漠的植樹造林和煤礦開採，都將在民國政府的強勢推動下逐步展開。

注釋

❶余日章（西名David Z. T. Yui），原籍湖北蒲圻，一八八二年生於武昌。自幼入基督教。一八九五年進武昌文華書院，曾參與「日知會」革命宣傳活動。一九〇〇～一九〇五年就讀上海聖約翰書院，畢業後返武昌任文華書院附中教員。一九〇八年秋赴美在哈佛大學研究院主修教育，獲碩士學位。一九一〇年任北美基督教學生大會副總幹事。是年冬回國，不久任文華大學附中校長。武昌起義時，創辦紅十字會，自任總幹事，從事救死扶傷工作，並在湖北軍政府擔任交涉局長及黎元洪的英文祕書。一九一二年赴滬加入中華基督教青年會全國協會。一九一六年任中華基督教青年會全國協會總幹事。其後頻繁參加政界活動，多次出訪美國，考察講演。一九一九年出席紐約青年會幹事會議。一九二一年冬以國民代表身分，隨北洋政府代表團赴美京華盛頓參加裁軍與遠東問題國際會議。一九二三～一九二八年兼任中華全國基督教協進會會長，提倡「基督救國論」、「人格救國論」。一九二七年率代表團赴檀香山，出席太平洋國民會議，發言希望美國出面遏制日本對華侵略。一九三三年聞山海關失守，猝然患腦溢血。次年因病辭去青年會總幹事職，改任名譽總幹事。一九三六年一月在上海病逝。余氏與蔣介石、宋美齡關係頗深，一九二七年蔣宋聯姻，余曾為之先在上海宋宅主持宗教式婚禮。

民國推行幣制改革

一九一四年五月三日

美國駐香港總領事安德森最近向華盛頓報告，民國新的流通貨幣即將問世。建立新幣體系不會一蹴而幾，而是逐步實行。民國政府面臨的艱巨任務是逼迫市面上正在流通或仍在鑄造的銀兩退出流通領域，安德森先生認為，這比重新發行銀幣更難。

民國政府已公佈《國幣條例》❶，旨在全國統一幣制，以新幣替代目前流通的各式錢幣、銀錠及各省發行的紙幣。根據《國幣條例》，只有中央政府才有貨幣鑄造權。

《國幣條例》的最終目標是要在中國建立金本位制，但據安德森先生報告，民國財政當局認為目前階段實行金本位制的條件尚不具備。

安德森先生稱，根據金融專家的預計，以每人至少二銀元計算，「新幣總量約為七億銀元」。

針對政府回收舊幣的困難，安德森先生說：

「總統令宣佈舊銀幣和銅幣退市，由政府以支付稅金和交納政府收費方式收購。回收舊錢幣、銀錠起初不難，難在實際收回過程中，由於目前流通的銀幣由各省自行鑄造發行，白銀重量和成色不盡一致，許多地方貨幣短斤少兩，這些自由流通的舊幣將最早回收熔化，政府對由此導致的損失應優先考慮周全。」

總領事宣稱，統一幣制遭到民國各地既得利益集團的反對。他寫道：

「新幣制尚未獲得中國公眾及在通商口岸頗有影響的外國商人的支持，儘管類似計劃也在其他國家提出過。直接或間接從金融交易中謀利的那些人對此感到震驚。

「當地銀行、金融家、交易商和政府官員對籌集公用資金感到擔憂（他們通常以一種貨幣標準籌資，但以另一種貨幣標準支付），所有既得利益集團都企圖抵制任何幣制革新的舉措；再者，如果將中國人作為一個整體來看的話，他們在天性上寧願把銀兩作為以物易物的一個對象，而不是用固定價值標準來完成交易。

「據說新幣制將率先在各大通商口岸推行，然後推廣到內陸港口，此舉將有益於進出口貿易。然而，通商口岸的貿易多由當地人組成的行會控制，華洋貿易通常通過間接的內部貿易方式來實現，而這種內幕交易在控制著金融、貨幣和海關的權勢人物之間完成。長期以來，進出口貿易通過在不同貨幣間套匯牟利。

「因此，新幣制的實行無疑將革除積弊，但同時也面臨既得利益集團的強烈抵制，並需要改變中國多年形成的貿易習慣。」

新幣制實行十進位，基本單位為元。銀幣分為一元、五十分、二十分、十分。再往下是五分鎳幣、一分鎳幣。此外還有五種銅錢，分為二分銅錢、一分銅錢、五文、二文、一文。每文錢相當於千分之一元。

注釋

❶民國建立後，中央財政幾乎有出無入，財政危機十分嚴重。整理財政，統一幣制成為當務之急。一九一二年秋，民國財政部幣制委員會聘請貨幣金融學博士、曾任大清政府度支部顧問的荷蘭銀行總裁衛斯林（Dr. Gererd Vissering, 1865-1937）為名譽顧問，衛斯林提出〈中國幣制改革芻議〉（On Chinese Currency: Preliminary Remarks about the Monetary Reforms in China），主張中國實行金匯兌本位制之前，暫時並用金匯兌本位與銀本位二制。一九一三年秋，時任國務總理兼財政總長的熊希齡認為應根據國內習慣先用銀本位統一貨幣。在其推動下，《國幣條例》及實施細則於一九一四年二月一日公佈，並於同年三月設立幣制局，梁啟超任總裁。天津造幣總廠及南京、武昌等造幣廠由此開鑄國幣一元銀幣（俗稱「袁大頭」），到一九二〇年三月，共計鑄成銀元三億八千多萬元，另外還鑄成一些五角新銀輔幣，在全國流通，將「鷹洋」、「龍洋」漸漸擠出市面，促進了銀元的統一，為「廢兩改元」準備了條件，這是我國近代貨幣史上劃時代的成就。

中美合資籌建銀行

一九一五年六月六日

題記：美國金融家與來訪的中國全國商會聯合會會長張振勳商定共建銀行以支持民國貿易，總資本為六百萬金美元，中美股份相等。現階段，銀行總部可能建在上海，在舊金山設立分行。

受袁世凱總統委派赴美考察的全國商會聯合會會長張振勳，昨晚在位於紐約中國城勿街七號的亞瑟港餐館（Port Arthur Restaurant）、由華僑商會所辦的晚宴上宣佈，他與其他中國金融家將跟美國金融家聯合投資上海當地貨幣一千萬元（譯注：指銀元），約合六百萬金美元，創建中美合資銀行。銀行股票將在美國和中國等量發售。

張先生未透露美方出資人，但眾人皆知，他指的是舊金山的金融大亨。合資銀行的分支機構將設在舊金山和紐約。張先生上週二早晨抵美後，還和有興趣合作的華爾街人士進行過幾次磋商。有小道消息傳出，說摩根公司對此頗有興趣，但未獲得權威人士證實。上週三，中美商會在阿斯托爾飯店（Hotel Astor）為中國專員們舉行午餐會，其間，摩根公司的司戴德稱該公司有興趣在中美之間推廣銀行業務。司戴德先生在華生活多年，加入摩根公司後一直負責中國事務。

需要建立直航通道和銀行業務

張先生在中美商會的午餐會上除宣佈建立中美合資銀行外，還強調促進中美貿易仍有許多事情要做，首先是在中美銀行之間直接開展業務，其次是儘快開通中美郵輪航線。昨晚，他在討論中美合資銀行後，進一步提出要開通中美郵輪專線，但對此未詳加說明。

張振勳先生是民國最富有、最有影響力的人物之一。他在講話中雖未披露合資銀行的相關細節，但出席晚宴的每位中國商人手上都持有一份中英文對照的銀行計劃書草案。計劃書對該合資銀行的相關情況有如下描述：

「該銀行由中、美兩國商人以投資入股方式建立，發起人認為該銀行應在民國農商部註冊。

「銀行名稱為中美銀行有限公司（The Sino-American Banking Corporation, Limited），這是一家股份有限公司。

「銀行總部設在上海，在美國舊金山設立分行，如今後要在中國其他通商口岸建立分行，將留待以後成立的董事會議決。

「銀行將融資一千萬元（上海當地貨幣），按一百元一股，共十萬股。如中國商人的融資超出五百萬元，美方持股人也將相對提高融資金額以使雙方控股人的機會和權利均等。

銀行股票發售

「上海、天津、漢口、廣州和主要通商口岸的商會將建立募股機構。以股份分額所籌集到的資金，將存入這些地區的中外銀行。除上述城市之外的其他城市，如由誠信可靠企業組成的商會願意承募股份，將由上述城市商會作為擔保者，並對其可靠性負責，發給蓋有本商會印章的承銷發票。

「銀行籌備辦公室將設在上海總商會負責處理印刷、分發銀行募股書等相關事宜，並妥善保管重要文件。美方也相對成立銀行籌備辦公室，處理相同事項。

「當籌措到第二筆股金後，中美銀行籌備辦公室將通知股東在上海召開第一次股東大會的日期，屆時推舉產生董事會。

「在股東大會上，將分別在中美股東中推選出各七名成員組成董事會。由董事會投票選出上海總行行長和舊金山分行行長，兩位審計師由中美分任。

「雙方審計師將負責對總行和分行帳目情況進行年度審計。

「董事會將從中美雙方分別選出一名監事，協助總行行長和分行行長處理銀行事務。

雙方選派官員機會均等

「中、美兩國公民都有機會出任銀行行長，如果中國人擔任總行行長，那麼分行行長由美國人出任。如果在創辦初期，中國人難以勝任總行行長，可能任命美國人就任此職，一名中國人將任副行長。一旦中國人中能夠選出總行行長，即按本章程第一款辦理。

「銀行業務將按以下步驟來操作：

「談判安排中外票據抵押貸款；發行銀行本票，接收儲蓄存款；代理承銷政府公債；承辦股票和其他有價證券抵押貸款；承辦保票業務；同業拆借；金、銀、現鈔兌換業務；其他銀行業務。

「根據光緒二十年□月❶二十三日的大清戶部律令，所有政府官員與其他人士享有擁有銀行持股並將股金存入銀行的同等權利。

「股份分配條例將逐步制訂，有關銀行內部工作的其他條例也將待銀行營業開始後陸續制訂。」

張先生最後呼籲，在美華商團結起來，與國內的中國商人共同為促進中美貿易展開合作。他說，合資銀行的建立有助於加強中美貿易。他還希望留美學生畢業歸國，共襄大業。

注釋

❶原報導漏植數字，具體月分待考。

中國純銻產量大增

一九一五年六月十一日

正在美國訪問的民國大亨梁煥奎❶稱，中國純銻生產受歐戰刺激，由於需求量劇增，銻產量已達到生產極限。梁先生是湖南錫礦山❷國有礦業公司董事長、湖南長沙華昌礦冶公司❸董事長，昨天他談到了目前發生的擴產情況。

梁先生說，「歐戰爆發前，我們每年僅煉銻約三千噸，每噸贏利一百七十美元左右。目前銻價高達每噸七百美元，而且標價還在繼續攀升，現在有一個生銻聯合製造商，但他們的產品均被我公司收購並在我們的工廠冶煉。現在，我們的煉銻業已雇用約一萬工人，預計在不久的將來，生產規模還將進一步擴大。

「過去，生銻多被運往歐洲或其他地區冶煉，根據我們目前的規劃，準備將大部分冶煉生產都放在中國進行。我願在此重申，中國製造的純銻品質非常高，在各方面都達到了國際貿易標準。工程師們都向我保證，中國製造的純銻參加品質測試的結果令人滿意。」

梁先生還說，華昌公司使用法國專利和法國機器設備冶煉純銻，品質有可靠的技術保障。當被問及其工廠的勞動力成本時，梁先生回答，這個不成問題，中國的熟練礦工和其他工人跟美國工人相比，他們的日工資相當於二十美分。梁先生還有一些更好的計劃，準備將銻銷往美國。他確信，在不久的將來，華昌公司的出口量還會有更大的增長。梁先生在訪問其他幾個美國城市後，將於七月初從舊金山乘船回國。

注釋

❶梁煥奎，字璧垣，號星甫，晚號青郊居士，一八六八年生，長沙湘潭人，祖籍廣西桂林。與梁漱溟（煥鼎）為同高祖的兄弟輩。梁煥奎早年攻科舉，一八八七年考取秀才，一八九三年中舉人。一八九六年，受湖南巡撫陳寶箴聘為湖南礦務總局文案，倡議在新化錫礦山、益陽板溪等地設礦採銻。一八九八年護選學生赴日本，任湖南留日學生監督。一九〇六年，在楊度鼎力幫助下，籌措巨款創辦華昌煉銻公司。一九一四年，第一次世界大戰爆發，軍火生產及軍需儲備的需銻量大增，銻價扶搖直上，公司贏利豐厚，業務極一時之盛。戰火至一九一八年結束，銻價暴跌，公司債臺高築，舉步維艱，一九二一年宣告破產，但華昌公司在湖南實業史上寫下了輝煌的一頁。梁氏晚年雙目失明，皈依佛教密宗，終日誦經禮佛，一九三〇年十二月在廬山逝世。

❷錫礦山以「世界銻都」一名著稱，是中國最大銻業基地，位於湖南省冷水江市東北十五公里。礦區發現於明代末年，當時把銻誤認為是錫，所以稱為「錫礦山」，但因煉不出錫，遂棄置。清光緒十六年（一八九〇）經化驗始知是金屬銻。光緒二十三年（一八九七），湖南巡撫陳寶箴主持設立新化銻礦行政局，實行民採官收官煉，後因技術匱乏和缺少資金改為商辦。當時礦區有採銻公司一百三十餘家、煉廠三十餘座，美、俄、德、英、法、日、西、葡等國也設了「多福」、「開利」、「合利」、「修和」等多家公司。光緒三十四年（一九

○八），清廷購買了法國赫氏煉銻法專利，次年用低品級輝銻礦煉出純銻。一九四一年，國民政府資源委員會設立錫礦山工程處，建立了北礦區實驗煉廠和南礦區煉廠，收砂煉銻。至一九四九年共有九家冶煉廠。其後生產大幅增長，產量佔中國銻總產量的五二．五％。

❸指華昌煉礦公司，是在張之洞、端方、袁樹勳、袁世凱等人支持下，由楊度和梁煥奎兄弟等人從官府籌銀十六萬兩於一九〇八年創辦。公司以七萬兩白銀從法國巴黎礦冶專家赫倫士米（W. Herrenschmidt）購得蒸餾煉銻法的專利權，解決湖南益陽板溪銻礦低品級礦砂的提純問題，並從英、法兩國購進機器、煉爐，聘用法國工程師，在長沙南門外西湖橋擇地建廠，所出純銻銷往歐美。一九一四年，第一次世界大戰爆發，列強紛紛爭購銻產品為軍工原料，銻價大漲，華昌公司進入黃金時代。至一九一六年冬，華昌公司在長沙南門外碧湘街到西湖橋河邊一帶已佔有約十餘萬平方米面積的建築物，廠房屋舍，鱗次櫛比，其辦公大樓緊臨湘江，有自己的輪船碼頭、機具修理廠、化驗室、倉庫、堆疊、工人宿舍，並附屬有電力廠與自來水廠等。華昌公司每二十四小時能精煉純銻三十噸，每年生產額接近萬噸，公司職員和煉廠工人合計超過萬人，成為當時中國民族工業之翹楚。

顧維鈞表示歡迎美國來華投資

一九一六年五月二十八日

題記：顧維鈞稱，受戰爭因素影響，美國在華製造業商機大大提高。

幾天前，中華民國駐美公使顧維鈞博士在位於華盛頓的使館中，接受了《紐約時報》派去的代表採訪。他預測，假以時日，美國對華貿易將會增長百倍。公使閣下在採訪伊始就說，歐戰打亂了歐洲工商業格局，世界貿易形勢發生了新變化。這樣一來，供應遠東市場的重任大部分落在了美國身上。

顧博士說，「新形勢將促進美國更多參與遠東貿易。我很高興地看到，富有遠見的美國銀行家和企業家們已經採取行動，以利用歐戰帶來的機遇。如果我們說一國的災難是另一國的機遇，可能顯得缺乏同情心，但事實就是如此。

「美國對亞洲貿易的興趣在上升，而且整個中國巨大的工商業市場正在蘇醒，這是中國之幸。在我看來，這意味著中、美兩國將在太平洋地區中發揮關鍵作用，形成世界上最偉大的商業航線，開啟本地區未來。

「沒有任何兩國能像中美那樣有資格進行經濟合作。美國合理利用水電資源，採用節約勞動力的機器從事生產，使得農業、磨坊和工廠產量得到提高。美國不僅需要龐大的市場來銷售這些快捷便利生產出來的商品，同時也需要一個能隨著其產量增長而增長的市場需求。中國就能提供這樣一個市場。

「中國人對於西方文化愈加喜愛，對美國生產的西方商品的需求量也在上升。想想看，四萬萬中國人得需要多少數量的衣服、鞋子和靴子，需要多少升煤油來點燈，男人們得需要多少香菸，女人們得需要多少化妝品。想想看，在一個徹底蘇醒過來的中國，需要多少鐵路、電器和機器啊。

「中國最新的貿易統計報告裡稱，『中國的富人家裡使用玻璃窗戶和煤油燈照明，擺放成套的雅致家具，鋪著奢華的地毯，家裡還用著鐘表、琺瑯彩瓷器和留聲機。』

「現在中國人均進口商品額為九十三美分，人均從美國進口商品額為八美分。加拿大每年每人購買約九十美元的美國商品。如果中國能像加拿大一樣，那麼美國每年向中國輸入的商品將是現在的一百倍，我相信未來一定會是如此。

「另一方面，中國的茶葉、絲綢、地毯、豆糕、胡桃、瓷器和漆器的產量也在不斷增長，也需要依靠對美國的出口。由於技術發展，這些商品產量迅速提高，管理方式也在不斷進步。

「在採礦業、農業和自然資源開發方面，中國越來越需要美國的資本和合作。中國資源的豐富程度被公認在世界上名列前茅。北滿的金礦、熱河的銀礦、雲南的銅礦、湖北的鐵礦、湖南的銻礦、福建的磁鐵礦都尚未開發。中國西南和中部各省都盛產棉花，貴州、四川、西藏、蒙古、甘肅氣候舒適、水草豐茂、土地廣袤，適宜飼養產毛絨類牲畜。然而，由於中國水資源豐富，水上交通發達，卻造成了中國幾乎各地都缺少鐵路的現狀。」

顧博士接著談到，中國人收入增加後，會有更多的需求。

他還說，「中國資源不斷開發，人們的收入也會增加。人們將不再僅僅局限於購買少量生活必需品，而是將開始消費各類性能良好的商品和奢侈品。中國工人的薪酬雖然在過去二十年間增長了三到四倍，但仍然非常低。沒有技術的工人每天只能掙到幾分錢。縱使如此，他的薪酬在這二十年裡也有增長。工人開始用上了火柴，不再用燧石打火。現在他也改抽香菸，不再抽家裡的『水煙』了。如果工人的工資繼續增加，他就可以穿上洋裝、皮鞋，也可以去看電影了。

「中國的經濟發展有無限可能性，美國投資也會有獲利的良機。我很容易看出來，為什麼有些人那麼渴望成為中美貿易的代理商，因為他們看重其中的傭金。而直接貿易就無須支付傭金。這樣製造商的利潤就會增加，而購買者支付的價格也會下降。當中、美兩國的商人都相互熟知了解對方時，我尤其不理解代理商存在的必要和合理性。」

記者問顧博士，中國是否有訓練有素的人員，能夠從事大型工程和工廠的工作。

公使先生回答，「對此我可以給予肯定的回答，毫不擔心有人質疑。」

他接著說，「一位著名的英國人最近發現，中國有大量技術嫻熟的泥瓦匠、木匠、鐵匠、銅匠、木雕家。在接受歐式良好培訓後，中國人可以成為最佳技術工人。在中國沿海各造船廠裡有許多經過培訓的工人，他們已經證明自己可與世界上任何技術工人媲美。

「除此之外，歐洲和美國還培訓了許多中國工程師和專家。現在僅在美國就有一千四百名中國學生正在學習工程學、礦業、農業等各項理工科專業。

「中國是需要資本。哪裡有充足的資金，哪裡就有訓練有素的人員來完成工作，他們薪水低，但效率很高。

「美國人已經看到了中、美兩國經濟合作的巨大潛力。中美貿易往來有四大重要因素，使得兩國經濟合作必然能獲得成功。

「因素之一是合作目的純粹。中美雙方貿易的目的都是為了獲得合法利潤，一方沒有祕密動機，另一方也沒有疑慮。兩國均不是為了某種隱密或惡意的目的。中國商人完全遵從『在商言商』原則，他們認識到也讚賞美國商人經商的純粹目的。中國商人一再重申希望與美國發展更親密商貿往來的願望。

「因素之二是中美雙方利益一致，這將推動雙邊商貿關係取得更大成果。中美商貿像兩條平行線，利益高度一致，不存在阻礙兩國商貿往來的根本爭端和衝突。

「兩國除了純粹目的和利益一致之外的另一個事實是，中國商人都以誠實聞名，他們是禁得起考驗的。中國人認為誠實是經商和生活中各個方面裡最重要的品格。中國商人非常渴望與美國人進行貿易往來，因為他們知道美國人像自己一樣誠實。

「中國人對自己同胞懷有的強烈而真誠的友誼，這也是美國商人和企業家們值得珍惜的品格，這是金錢也買不來的。一位美國上層人士最近在東方遊歷，歸國後他感慨道，不論他走到中國的哪個地方，都能感受到中國各階層人民對美國人所懷有的友善之情。他說，我只需要告訴中國人，我是個美國人，馬上就會獲得所需要的服務。」

中國工業革命進程綜述

一九一六年八月二十七日

周自齊（前農商總長）

題記：民國政府前農商總長周自齊先生在兩位美國女記者❶建議下，為本報撰寫特稿討論席捲中國的工業革命，並對發展中美貿易提出若干建議。他最主要的一個工作目標，就是促使中美兩國的社會、商貿關係更加密切。辛亥革命以來，周先生歷任中國銀行總裁、交通總長、財政總長、陸軍總長和山東都督。

周先生儘管在農商總長職位上供職不久，但他已著手進行多項改革，並成立了調研規劃局，如果因此能夠安置那些誠實而且富有愛國熱情的專業人士，那麼將對中國的未來產生積極影響。周先生曾在美國生活十二年多，他的思想觀點深受美國影響，其思維方式毫無疑問是美國式的。一八九六年，他作為官費留美生被派往華盛頓，在華盛頓大學（George Washington University）留學四年❷，隨後歷任駐紐約領事、駐哈瓦那總領事、駐華盛頓公使館一等祕書（六年）、駐舊金山總領事等。

中國正迅速拋棄陳腐觀念，努力促進商業與工業發展

僅僅通過書本來了解中國、對中國正在發生巨變一無所知的外國人，還有那些不能從表象背後洞悉真實內涵的來華旅遊人士，對於他們來說，「天朝中國」就是一個一個塵土飛揚、凋零殘破的佛寺，就是裝飾著琉璃屋瓦的金色大殿，就是瓷器燒製的巨龍，就是為褪色錦緞討價還價的市民和流離失所的乞丐。對於他們來說，中國是一個充滿怪異宗教迷信而又風景如畫的美麗國家，是一個完全過時的、貿易手段陳舊的落後國家。

他們沒有意識到，中國正在迅速拋棄中世紀的陳腐觀念，正在努力促進商業與工業的發展，正在發奮追趕西方強國。曾幾何時，中國對西方文明成就不屑一顧。但是今天，一種新的時代精神的旗幟正被一代中國青年高高樹立起來。他們認識到，如果他們的國家想要實現獨立自主的發展，就必須從祖宗流傳下來的老路上完全跳脫出來，儘快適應二十世紀更有成效的發展模式。

民國建立四年來，新的時代精神已獲得機會並發揮出來，而且初見成效。政府徹底改革了鹽鐵專營制度，市場更加開放；包括七條幹線、總里程超過七千英里的全國鐵路建設規劃已制訂完成，並在歐戰導致外國貸款缺乏的情況下，完成了部分項目建設；負責灌溉和治理水患的部門正對水利工程修建計劃進行前期調研，並且正盡最大努力應對每年氾濫的洪水災害；連結各地的道路交通正在各省廣泛修建；政府為擴大礦產開發制訂出了更多激勵政策；用於國家改革事業發展的國債大量發行認購；商業貿易也在各種積極措施的激勵下日趨活躍。

在民國政府內，也許沒有哪個部門在改善農業生產、促進工業發展的問題上，比農商部承擔著更大的責任。在該部領導下，中國建立了歷史上第一個林務處，一位年輕的美國森林專家被任命為副主管❸；成立了示範農場和試驗站；建立了負責收集、分析各省商貿資料的統計局；在國家主要行業，如茶葉和絲綢行業，大規模推行標準化以利於出口。凡此種種，最緊要的就是將中國商貿力量推向更廣闊的世界市場。

國以農爲本

從古至今，中國大多數人口都從事農業生產，因此國家興旺繁榮在很大程度上取決於農民實現小康。歷朝歷代的帝王都非常重視農業。在北京先農壇，中國皇帝每年會在一個類似美國感恩節的節日（譯注：每年農曆二月或三月吉亥日）裡，身裝代表帝王尊貴特有的明黃色服裝，扮成耕地的農民，向上天祈求風調雨順、穀物豐收，並點燃各種木材堆成的香火。在北京的地壇，皇帝在每年夏至都會擺設祭壇，供奉代表中國各方位的白色、黃色、紅色和黑色（譯注：此處漏列青色）泥土，表達對農業的敬重。

最令人印象深刻的祭典儀式在著名的北京天壇舉行。有一塊專門的場地被開闢出來，供朝廷和全國的人民祈求豐收。民國元年宣佈廢除這些儀式，但是遭到了全體國民的一致抗議和反對，民國總統只得恢復傳統，每年都要到天壇舉辦盛大祭典。

在全國建立農業研究推廣體系

滿清王朝曾經建立過一個主管農工商事務的委員會❹，但並未開展過任何實質性工作。在北京城牆外，從市區通往頤和園的道路上，曾經建立一個試驗站，但僅僅是為了討好那位想看一看農田是什麼模樣的慈禧太后。他們並未認真作過任何自然科學方面的試驗。

這塊曾經專供慈禧太后消遣的農田，現作為北京農業研究基地，用以指導和幫助北京近郊的農民，並推動各省農業研究工作。這裡定期舉辦各種展覽和講座，分發良種和肥料，開辦夜校和童子班，專家進行輔導。所有這些活動都全部免費，以此幫助農民看到他們自產農作物與示範農場種植的農產品之間存在的巨大差距。

目前各省總共建有二十二個試驗站，由從各地農學院畢業的學生管理。兩個月前，對省級試驗站的管理體制進行重組，由設在北京的中央試驗站統一管理，負責統籌各地試驗站提交的報告。根據這些報告，中央巡視員將被派往最需要的地方進行技術指導。除建立試驗站外，還建立了許多示範農場。僅在北京近郊即建有四個這樣的農場；在北京市內共建有二十個示範農場。每個農場的影響力可輻射周圍二〇～三〇英里的範圍。它們的主要功能涉及土質分析與改善，科學耕種方法的示範和小麥、玉米、粟米、大豆等良種的分發，化肥的分發和害蟲捕殺。

另一項廣泛採取的措施是舉辦農產品展覽會和各省的年展。在展覽會上，各種良種被推廣和分發。研究表明，中國農作物產量和品質低下的主要原因在於種子。最近，有多個農業會議在各省舉辦，在二百零七個行政區域建立了農民互助組織。各省農學院培訓了大量農業專家，他們中許多人被送往日本、美國等地深造。

推動生產、商貿和科研協作，提高中國茶葉的國際競爭力

與農業教育培訓和科學實驗密切相關的另一項舉措，便是農商部大力推動中國商人建立貿易商會，努力提高出口商品品質。要商人攜手合作並採納先進的方法，讓農民了解科學耕種的必要性，兩者一樣困難。茶葉出口理應成為中國產品的優勢貿易領域，卻在錫蘭紅茶與印度茶的盛行中開始迅速萎縮。一部分原因是中國商人沒有成立自己的商會組織推動海外銷售、參與控制市場定價，另一部分原因是中國茶葉的成色和味道從未進行任何技術改良，沒有主動積極與外國茶葉競爭。

農商部已在安徽省祁門縣建立了茶葉試驗站，堪稱中國最好的茶葉生產中心，可向生產者全面展示種植、施肥、採摘和現代製茶技術，並指導他們參與市場競爭。表現出色的茶葉生產商可以得到政府發放的額外獎金獎勵，賦稅率也會降低以資激勵。農商部向各省政府下發了詳細的技術指南，指導如何在早春季節種植茶葉，如何採摘及製作成外銷商品。農商部還在漢口、上海和福州建立機構，試圖廢除人工上色和其他違規操作，如將茶葉與芽、梗混合等。

茶葉貿易集中在漢口和上海。位於這兩座城市的華中茶葉協會剛剛成立，以期能夠建立中國茶葉的標準化體系，並通過註冊商標和分級定價使中國茶葉成為標準化產品，依靠樣本即可訂

貨。該協會還將開展一系列廣告活動，推動中國茶葉在海外市場的知名度。

茶商已開始向農商部尋求幫助。最近漢口茶商向農商部呈送一份報告，要求相關部門採取措施，鼓勵中國紅茶生產，以滿足海外市場需求。農商部與漢口當局合力應對形勢，幫助商人和種植者在短期內即獲得較大收益。

農商部推出的改進茶葉貿易措施已初見成效。中國茶葉市場目前呈現出近十年來最好的局面，單是對英國出口便增加百分之十五，從一九一三至一九一四年度的一億六千九百一十九萬八千磅增加到一九一四至一九一五年度的一億八千九百二十五萬磅。在貿易獲利逐步提高的情況下，中國沒有理由不與爪哇、錫蘭和日本等國在茶葉生產及出口貿易方面一爭高下。

採取措施推動絲綢和棉紡工業現代化

在絲綢行業，政府並無必要進行過多干預或者幫助。絲綢商是中國最富有和求取上進的商人，只要他們被引導到拓展國外絲綢市場的道路上，他們便會沿著這條道路不斷獨立前進。目前，國外的現代紡織機已經引入中國。在農商部指導下，國外市場適銷對路的紡織品樣本正被廣泛收集，大量樣品從美國寄回來。通過樣本展覽，加之針對國外買家興趣和需求的詳細銷售指導，一些專項訂單已被傳到紡織大省。此外，成千上萬株桑樹已被分發給直隸（譯注：河北）、山西、山東各省的農民，並向他們傳授先進的養蠶方法。

政府並不擁有任何棉紡廠，但採取了許多專門措施來促進棉紡業的發展，並定期開展有關活動。美國棉花專家喬布森（H. H. Jobson）被授權領導一個新建部門的工作，棉花種植指導手冊已經分發下去，相關技術人員被分派到棉花種植大省提供培訓和指導。

在各種棉製品的出口國中，中國列第二位，僅次於印度。中國是世界第一紡線進口國，世界第三大產棉國，排在美國和印度之後。約七成的中國棉花出口發往日本和美國。中國進口的原棉主要來自美國和印度。

根據最新統計資料，中國棉紡廠中約莫有一百萬紡錠和四千五百臺織機。在六個省內建立了三十多個現代化的棉紡廠，未來將有更多被興建起來。最近，美國波士頓一家公司贏得一個合約，將在天津興建二座各擁有二萬五千紡錠的大型紡紗廠，它們將成為中國裝配最先進、最現代化的棉紡廠。中國棉花生產具備各種有利因素，包括超大規模的紡線與布料市場、產業技術要求不太高、充足的原棉產量和廉價勞動力供應、廠區鄰近煤礦可提供廉價動力。

大力促進採礦業的發展

由於鐵路網線與公路幹道的建設完善，中國礦山開發將迎來一個大的發展。農商部為整合各省礦藏資源，促進礦山開發，鼓勵專業人士投身礦業並協調採礦工業相關事項，組建了地質調查局。地質調查局一項十分重要的資源勘察工作正在進行，歷時十年以上。同時，地質調查局還將建立一個冶金實驗室。此外，最近通過了新的《礦業法》，大幅度降低了礦業稅，這些都對採礦業的發展十分有利。

小礦山的所有者已感覺到，在舊制度下，他們營運的難度與日俱增，於是紛紛轉投其他行業，致使中國只能從國外高價進口鐵和黃銅，同時國內採礦工地又大量閒置。因此，政府準備引進現代化的採礦機械和先進的礦石冶煉技術，激發中國本地礦業公司的生產興趣。舉例來說，如果引進鼓風爐和現代煉鐵技術，那麼，中國生鐵產量不僅可以充足地供應國內市場，還可以出口到日本和美國。在目前狀況下，中國生鐵年產量僅為三十萬噸。

實現度量衡具的標準化

農商部正在規劃的一個重要改革舉措，便是實現度量衡的標準化。度量衡嚴重失序對中國的國內外貿易都造成極大不利。木匠、綢緞商、文具商和各種其他貿易商在使用不同的度量衡。僅在綢緞交易中就有三種不同的丈量方法。而重量測定不僅各個城市不同，居然各個商店也不一致。為此，農商部派遣了一個專家小組到海外考察學習統一度量衡的辦法，並為中國加入國際度量衡局做好準備❺。

北京已建立一個生產標準度量衡具的官辦工廠。在相關政策指導下，將收回北京所有商鋪的舊度量衡具，並替換為統一標準器具，防店員利用不合格的度量進行欺詐。在全國各技術學院中將引入度量衡專門課程，使得學生能夠成為各項領域的度量衡監督員。政府期待北京標準度量衡具工廠建立後，將會有更多私營度量衡具生產廠出現。

工廠和機器是中國今天最緊迫的需要

我們需要鋼鐵廠、水電廠、發電廠、冶煉廠等等，我們需要各種現代化機械設備，使得我國能夠跟上其他國家前進的腳步。美國能夠為我們帶來工廠和機器。在中國工廠使用的齒輪與我們兩千年前祖先使用的一樣，我們日常使用的工具已經幾個世紀沒有變化。

我們的祖先發明了其他國家正在使用的幾乎所有工具，但是，當其他國家在持續不斷地加以改進和完善時，我們卻仍在使用最原始的工具。我們需要新的工具、現代化的羅盤、飛機、農機具，所以，我們必須有工廠生產這些工具。我們能夠製作有優美雕刻或鑲嵌工藝的精美銅器，卻製造不出一個小小的香菸盒，因為我們沒有相應的設施。中國無限廣闊的市場正等待著美製機器和美國資本的進入，在中國大地上建立能夠生產機器的現代化工廠。

美國對華貿易面臨的問題與解決方法

中、美兩國之間沒有理由不大力擴大貿易交往。現在，中國從美國的進口貿易佔中國總進口額的百分之八，但只是美國出口總額的百分之一。中國需要建立許多像國際金融公司（International Banking Company）一樣的企業。最近剛成立了一家中美貿易公司（China America Import and Export Company），梁士詒先生是主要出資人，天津、漢口、廣州、上海等地的商界大亨也很感興趣。這家公司將經營各種產品，資本已大致到位，公司的中國商人將前往美國與主要商埠的採購商、經銷商和市場經紀人簽訂原料採購協定及貨物銷售合同。

過去，美國對華貿易在中國受阻的主要原因是缺乏一個運轉有效的商業組織。從前，大多數美國對華貿易在中國都通過德國或英國公司代理。德國人、英國人和日本人在中國經商成功，主要因為他們的商品迎合了中國人的真實需求。英國人進入中國市場已經較長時間，他們被中國人認為值得信賴。德國人登陸中國後，為使其貨物滿足中國人任何細微的需求而不厭其煩。簡言之，他們都千方百計使自己的商品更好地適應中國人的需求。美國人如能吸收英、德兩國之長，可以做得更好。

要想對華經商取得成功，首要是需要具有極大的耐心，因為買賣很難迅速成交。贏得中國人的信任非常必要，因為他們對不甚了解的洋人天生就心存戒備。對中國的深入了解極其重要。美國商人常犯的錯誤是試圖繞過買辦直接與中國人交易。未來最重要的交易形式就是業已存在的合夥經營方式。日本人發現這種方式可以很好地兼顧各方利益，因此許多日本商人正在設法尋找到中國本土合作夥伴。美國的最大優勢是中國人民對他們相當友善，中國很清醒地認識到，無論是引入的美國資本，抑或是美國在華建立的企業，對於他們實現工業化都將是有益無弊的。

注釋

❶指的應該是韋爾和艾瑪森二人。

❷國內多項參考書籍及資料，皆稱周自齊畢業於哥倫比亞大學，但文本指周赴美就讀華盛頓大學。何者為是，待

考。

❸在周自齊倡議下，林務處於一九一六年元月十五日成立，督辦由農商部次長金邦平兼任，會辦二人，兼任第一、第二科科長；第二科主管林業技術研究，科長為洋員佘佛西（William Forsythe Sherfesee），曾撰寫過《美國林業防災》（*Wood Preservation in the United States*）一書。同年六月六日袁世凱去世，黎元洪繼任總統，內閣改組，八月一日起由谷鍾秀任農商總長，他以我國林業尚屬幼稚為由，將林務處裁撤。

❹指農工商部，光緒三十二年（一九〇六）九月二十日設。中華民國建立後，南京臨時政府改設實業部。北洋政府時期，分設為農林部和工商部。

❺國際度量衡大會（Conférence Générale des Poids et Mesures，簡寫CGPM）係根據一八七五年五月二十日簽署的《米制公約》（*Convention du Metre*）而成立，下設國際度量衡局（Bureau International des Poids et Mesures，簡寫BIPM，中文舊譯為國際權度局），宗旨是實現國際度量衡標準在全球各地的一致化，總部設於法國巴黎。一九〇八年（光緒三十四年），滿清政府商請國際權度局定做營造尺（三十二釐米）、庫平兩砝碼（三七．三〇一克）鉑銥合金原器和鎳鋼副原器各一副。該原器、副原器經國際權度局準確校準、給予證書，於一九〇九年攜送來華，清廷據此製造地方原器頒發各省，作為檢定各種度量權衡的標準。同年，滿清政府農工商部設立度量權局。一九一二年，民國政府成立農商部，兼管度量衡。

戰爭刺激民國工業復蘇

一九一七年一月五日

題記：停止從歐洲進口後，民國經濟更趨活躍。

美國駐汕頭領事漢森（George C. Hanson）稱，國內需求的增長迫使中國更加注重本國工業的發展，而它們長期以來一直受到忽視。漢森先生在海關大樓內的對外對內商務局紐約辦事處逗留了幾天，會見那些有興趣擴大美國對華貿易的商人。

漢森先生說，「歐戰爆發前，中國長期以來一直依賴德國製造的紡織染料，由此壓制了中國染料工業的發展。當德國染料存貨消耗殆盡後，布料商們發現他們不可能從英國、瑞士、美國或其他國家進口類似染料，於是中國自己的染料工業得以恢復，產銷兩旺。

「戰爭爆發前，由日本向香港發運大批蔗糖，並在那裡精製後運往華南銷售。日本後來發現，如果將產品銷在歐洲市場則獲利更大，遂停止向香港出口。這迫使中國開發自己的蔗糖工業。由於本國的榨糖工藝十分粗糙，中國人更喜歡日本糖。然而，當日本和德國甜菜相繼斷貨後，中國蔗糖工業得到了蓬勃的發展。

「戰爭使運費大增，這削弱了美國麵粉對華出口。儘管人們仍然更喜歡美國的精白麵粉而不肯吃帶有暗黃色麥麩的土產麵粉，但供應不濟迫使當地人發展本國的麵粉生產。當然，如果運費能夠降下來，競標交易將使美國恢復對華麵粉出口。」

漢森領事還談到，本國工業的復蘇刺激了中國運河和沿海貿易的增長。汕頭城內外的經濟環境獲得明顯改善。

中國盲人生活無虞

一九一八年一月六日

上海盲人學校校長費來爾教授（Prof. George B. Fryer）稱，盲人在中國還是有錢賺的。他目前正對美國盲人救助工作進行研究。

費來爾教授說，「除埃及外，中國是世界上盲人最多的國家。據估計，每四個人中，有一人是失明的。盲人沿街乞討令人很不愉快，但是，他們生活得不錯。中國人相信行善積德，很少有人路過乞討的盲人時不給硬幣的。盲人乞丐每月能掙到三十至四十美元，在中國算是相當不錯的收入。此外，有不少盲人還幫人算命，也有很好的收入。」

幫助盲人的工作多由教會和基督教青年會的男女志願者來做。但是，他們發現在中國不讓瞎子乞討或算命是一件費力不討好的事，因為這種努力被視為與中國傳統信仰相悖。

美國對中、印兩國白銀出口劇增

一九一八年二月二十四日

題記：一九一七年，美國白銀的主要出口國是中國和印度。

華盛頓二月二十三日電：在今天發布的一九一七年美國貴金屬對外貿易流向的詳細數字中，白銀出口到遠東大幅增長。對中國的出口達到一千二百一十萬六千六百美元，是上年度的兩倍；對香港的出口達到八百六十一萬二千七百五十七美元，一九一六年是三百一十九萬七千三百四十一美元；對英屬印度的出口從二百三十八萬四千四百六十七美元猛升到二千四百三十九萬二千四百零二美元。

因大戰迫切的需要及高價購買金屬，中、印兩國實際上已經是銀幣罄盡。中國為了政府的緣故運送大量白銀至英屬印度，以代替送錢，支付在美索不達米亞地區和歐洲作戰的印軍。中國也認為有必要增加銀幣的流通，因為當數百萬現金如果以銅幣形式流出時，其實際價值將高於其幣面價值❶。

為填補迅速擴大的白銀貿易缺口，美國特別增加了從墨西哥的進口，購進價值三千二百萬美元的銀錠。墨西哥方面獲得了價值約一千三百萬美元的黃金作為回報，這個數字是一九一六年的十二倍多。去年從美國進口超過一億美元的黃金的國家只有日本和西班牙。美國在擴大和拉丁美洲國家的貿易時，對拉丁美洲的出口也顯著增加。

注釋

❶中國在很長時期實行白銀與銅錢複本位制，銀兩與制錢並用，各自有不同使用範圍，銀兩主要在大城市特別是通商口岸使用，內地和中小城市則多使用制錢。一八七〇年後，西方國家普遍放棄金銀複本位而採取金本位，但中國仍然延續銀銅複本位制。十九世紀後期，世界銀價下跌百分之五十五。同期銅錢對銀兩的相對價格反而上升百分之三十四。由於中國鑄造銅錢的原料銅、鋅主要來自國外，白銀相對於黃金的貶值使得進口銅鋅價格上升，由此造成白銀相對於銅錢升值和以銅錢衡量的物價水準上升，進而使進口價格與中國內地物價倒掛。銀價下跌對出口貿易的促進作用在很大程度上因銅錢價格上升而抵消，出現匯率貶值、進口反而超過出口的現象。

中國因戰爭享受繁榮

一九一八年六月三十日

題記：中外商家因歐戰致富，出口大增。海關稅由一九一六年的三千零四十八萬六千一百七十五美元猛增至一九一七年的四千零一十萬九千美元。

匯豐銀行在其世界貿易年報上喚起世人注意，中國正在經歷前所未有的繁榮。儘管仍存諸多不利，如外匯波動、政治動亂、洪災和運輸噸位不足等等，但總體來講，在中國做生意無論對外國商人還是本國商人而言，都取得了非常令人滿意的成績。儘管有較高的匯率、運費和保險費等因素，但由於各種商品的需求旺盛，中國仍有能力出口非常大量的棉花、穀物、羊毛、食用油、皮革。

銀行的報告稱，「前些年，由於匯率較高致使中國對外出口出現縮減趨勢，但一九一七年止跌回升，來自歐美地區的買家有能力承擔賣方開價。值得注意的是，戰前美國市場由歐洲供應的貨物現開始大量引入中國商品替代。中國商家由此獲得了比幾年前明顯更高的價格，高額的進口稅也付得起了。考慮到市場供應所經歷的困難，小額貿易和其他商品貿易也成績不俗。

「目前，戰爭形勢的演變大大加劇了商品交易離不開的風險和困難，為維持貨物正常流轉，協調貿易資金調配，商人和銀行家們經常捉襟見肘，弄得筋疲力竭。

「從財政觀點出發，去年對中國來說是空前繁榮的一年。一九一七年的海關稅總額為三千八百一十七萬七千海關兩，以每海關兩兌換四先令三又十六分之十三便士計算，相當於八百二十四萬一千八百五十七英鎊（合四千零一十萬九千金美元）；而一九一六年為三千七百七十六萬四千海關兩，以每海關兩兌換三先令三又十六分之十三便士計算，相當於六百二十六萬四千四百九十六英鎊（合三千零四十八萬六千一百七十五金美元）。

「一九一七年存入銀行團的鹽務專營稅共計七千零六十二萬七千二百四十九銀元（當地貨幣），除去固定債務和管理費一千萬銀元，可供民國政府自由支配的款項不低於六千八百六十一萬三千三百七十銀元（包括從海關收到的獻金）。

「此外，中國已開始對外展開談判，要求修改百分之五的關稅，這將進一步增加國家稅收。政府徵收鐵路使用稅的進程儘管緩慢，但也在穩步增加。我們感興趣的滬寧鐵路已基本完成徵稅。除清算目前所有花銷並付清英鎊債務利息外，一九一六年帳目顯示仍有約一萬七千英鎊盈餘。」

美國四艘萬噸輪將在上海製造

一九一八年七月十四日

題記：合同規定上海為美國建造四艘萬噸貨輪，此後還有八艘貨輪訂單意向。合同金額約為二千五百萬至三千萬美元。

華盛頓七月十三日電：美國政府計劃斥資二千五百萬至三千萬美元，委託中國建造新輪總共十二萬噸並發運美國。美國戰時航運管理局（U. S. Shipping Board Bureau，譯注：即War Shipping Board）局長赫雷（譯注：Edward N. Hurley）今天宣佈，美國已與中國官辦造船公司——上海的江南製造局[1]簽署合同，委託其建造四艘最新式的萬噸船舶。合同還表明，可能由該局建造另外八艘同類船舶。

為獲得美國造船合同，民國政府通過其赴美代表宣佈，中國人民希望更積極地參加對德作戰。中方認為，如果中國的造船廠能夠幫助協約國打造一支偉大的艦隊，那麼就是對協約國戰爭做出的真正貢獻。

民國政府的代表今天還表示，中國參與造船將會極大促進和鞏固中美外交關係，為中國對德宣戰增添新的重要性。

日本現正在為美國造船，並宣稱所造船隻將向法國運送士兵和彈藥。

南美國家烏拉圭今天表示，已將最近被其扣押的八艘德國輪船中的第一艘交給美國，該輪被改名為「阿蒂加斯號」（Artigas）❷，其德國原名為「韋根號」（Wiegand），排水量為八千八百噸。其他船隻也將儘快轉交。這樣，烏拉圭將為協約國方面貢獻六萬二千噸排水量的貨輪。

該合同事關中國利益，合同已獲確認。今天，戰時航運管理局已將這一消息電傳上海。戰時航運管理局要求中國船廠加速建造，以求在短期內完成合同，並力爭以最快速度交船。據稱，該合同已獲美國總統和國務院批准。赫雷先生與中國官員進行了談判，並就此諮詢過美國駐上海領事。民國政府和江南製造局希望為戰爭做出貢獻的迫切願望讓美方非常滿意。

江南製造局可在沒有美國造船計劃的干預下自行造船，因為中方向美方保證，除約四萬噸鋼材外，能夠找到足夠勞工和其他材料。江南製造局擁有建造總共十二萬噸船隻的船塢、機器和其他設備。所有船隻都將按照美國貨輪公司的設計來建造。

江南製造局成立於一八六八年（譯注：應是一八六五年），由民國政府的海軍部全權管理。一九〇四年，外國工程師和其他專家進入製造局，在蘇格蘭造船工程師毛根❸的手下工作。毛根手持中國海軍總長簽署的委任狀來美國談判合同事宜。

江南製造局有建造大型貨運船舶的所有必需設備。被扣押的德國和奧地利船隻就是先送到該局進行修復，而後再運送給協約國的。民國政府表示，首輪一旦打好龍骨，即可在六個月內交付。中方將盡全力，以最快速度完工。

民國政府的代表稱，他們準備建造世界上最先進的貨輪。江南製造局已建造了三百多艘船，其乾船塢長達五百四十四英尺，這足以顯示江南製造局的技術水平與效率。

注釋

❶江南機器製造總局，簡稱江南製造局或江南製造總局，於一八六五年九月二十日在上海虹口原美商旗記鐵廠設立，是晚清規模最大的近代軍工企業，為後來江南造船廠的前身。製造局早期的首席工程師霍斯（T. F. Falls）為美國人。由於虹口房租較貴，且工廠以生產軍火彈藥為主，有一定的危險性，遭到了居住附近的洋人反對。製造局於一八六七年遷往高昌廟，共有職工三千餘人，房屋二千餘間，包括機器局、木工廠、輪船廠、鍋爐廠、槍廠、砲廠、槍子廠、砲彈廠、煉鋼廠、熟鐵廠、栗藥廠、銅引廠、無煙藥廠、鑄銅鐵廠和兩個黑藥廠，是當時設備最齊全、規模最大的軍工廠，還設有翻譯館、廣方言館等文化教育機構。該局於一八六八年八月造出中國第一艘新式兵輪「惠吉號」。

❷此船名源自烏拉圭民族英雄阿蒂加斯（José Gervasio Artigas[ahteegas], 1764-1850）。阿蒂加斯生於蒙特維多（Montevideo），早年務農經商，後來在反西班牙的獨立戰爭中成為最重要的當地領袖，並抵制布宜諾斯艾利斯的中央集權統治，成功解放了東方省（獨立前的烏拉圭）。一八一五年初，他發動「東岸革命」，趕走了阿根廷軍隊，成立人民政府。一八一六年起投身抗擊入侵的葡萄牙軍。一八二〇年流亡巴拉圭，三十年後病逝當地。一八五五年遺體歸葬故鄉，被譽為「烏拉圭獨立之父」。

❸一九〇五年四月，造船廠從江南製造局中獨立出來，取名「江南船塢」，隸屬海軍，開放外接商船的修造業

務，負責經營的核心人物是總工程師、前英商和豐造船廠經理毛根（R. B. Mauchan）。六年間共造船一百三十六艘，總排水量二萬一千多噸，其中宣統三年（一九一一）建造的「江華號」長江客貨輪，船長三百三十英尺，寬四十七英尺，吃水七・五英尺，排水量四千一百三十噸，被當時航運界評為「中國所造的最大和最好的一艘輪船」。江南船塢為美國建造四艘排水量萬噸級的運輸艦，被當時傳媒評為「中國工業史，乃開一新紀元」。這四艘船是全遮蔽甲板型蒸汽機貨輪，總長一百三十五米、型寬一六・七六米、型深一一・五七米，指示功率三千六百七十馬力，安裝的是江南製造局自產的三缸蒸汽機。第一艘「官府號」於一九一九年元月開工，一九二〇年六月三日下水，一九二一年二月十七日交船後開往美國。第二艘「天朝號」於一九二〇年八月下水；第三艘「東方號」於一九二一年三月下水；第四艘「震旦號」於一九二一年五月下水。一九二二年，四艘萬噸級貨輪全部交船完畢。這批船建造品質甚優，直到第二次世界大戰時仍在營運。

西方工程師建議引進自動電話❶

一九一八年七月十四日

美國駐上海總領事沙蒙斯（Thomas Sammons）稱，哈里・瓊斯（Harry S. Janes）近日在中國工程協會的一次演說中提議，中國可採用自動電話系統。他指出，由於中國各地的方言十分難懂，自動電話可任意撥出想撥的電話號碼，瓊斯先生還特別提到，有了自動電話後，雇用接話員的支出即可省去，這可大大減少開支。

注釋

❶一九〇〇年，中國第一部市內電話在南京問世；上海、南京電報局開辦市內電話，當時只有十六部電話。電話發明後，要求各地電話機之間靈活地交換連接，最早採用的是人工交換機，必須由接線生來完成使用者電話間的接線和拆線，會佔用大量人力，速度慢。自動交換機靠使用者發送號碼（稱為使用者的位址編號）來進行自動選線。一八九二年，世界上第一個自動電話局在美國設立，自動電話交換機得到迅速發展。

中國製造鉛筆❶

一九一八年九月一日

美國駐上海領事帕金斯（M. F. Perkins）發來消息稱，一個由英美人士與中國人共同投資八萬美元創辦的中國鉛筆股份有限公司已開工生產。初期日產量預計為一百枝，今後將逐步提高到日產二百枝。這種鉛筆與以前市場銷售的德國鉛筆極為相似。機模是從日本運來的，這家工廠還負責鉛筆的對日出口。有人提議，目前只製造幾種規格的鉛筆，今後，還將會有各種顏色鉛筆和字跡不易拭去的鉛筆生產出來。

注釋

❶萬事都從鉛筆開始，無論是時裝設計師在衣服上做符號，或制訂一個戰役計劃，或論證一個理論，莫不如此。表面上不起眼的鉛筆，卻是學生離不開的基本書寫工具，是傳播科學知識、追尋思想火花的重要武器。一六六二年，世界第一家鉛筆廠在德國紐倫堡（Nürnberg）開工。十九世紀，俄、日、美等國家相繼建立鉛筆廠。晚清末年，廢科舉，辦學堂，中國人第一次用上鉛筆。但直到民國建立，中國沒有自己的鉛筆工廠。當時，德國製造的鉛筆大量充斥中國市場，以施德樓（Staedtler，又譯為雞牌）鉛筆最為有名。中國鉛筆工業是在第一

次世界大戰爆發以後，德貨斷絕，始獲得獨立發展的機會。

天津建立碳酸飲料廠

一九一八年九月十五日

一座製造蘇打汽水的公司日前由中國商人在天津成立，因為那一帶盛產製造蘇打汽水所需的天然鹽。美國駐北京商務參贊費林（A. W. Ferrin）稱，擬議中的工廠如果按進口蘇打汽水的時價來計算，預估成本約三十萬美元，每年獲利將是工廠成本的兩倍多，約六十五萬美元。

民國政府擬頒佈金屬出口禁令

一九一八年十月一日

北京九月二十九日電：民國政府關於銀、銅出口禁令的申請正由外交使團積極考慮。有待相關各國政府的授權。

根據此項新安排，出口銀必須獲得海關總稅務司的許可證書。

另據報導，上海至天津的鐵路總是被匪幫間的火併所耽誤。曾經因軍隊與土匪發生激戰致使一列火車推遲十五小時，並造成大量人員傷亡。

上海百貨商店頗受歡迎

一九一八年十二月一日

美國駐上海商務參贊安立德稱，上海現在已有兩家現代化的大型百貨商店，它們出售的商品跟其他由洋人控制和經營的商店比，同類商品價格要低得多，也似乎更適銷對路。

「這一點十分重要，」安立德先生在呈給商務部的報告中寫道，「這些中國的大零售商更能考慮到他們的顧客，彌補當地輔幣的不利條件。例如，市面上用一個銀元可兌換到價值一・一〜一・二銀元的輔幣，這使得外國在華設立零售店時習慣享受到兌換優惠，但華人商行卻是讓輔幣能夠換等值的銀元。而且，在有利的銀元兌換方面，洋人商店通常不給他們的顧客任何優惠。」

當談到這些商店銷售的洋貨時，安立德先生說，有一個很大例外，那就是部分中國人樂於接受西洋貨，特別是女裝。但總體說來，迄今為止，中國婦女無意追隨西方婦女時尚，也未接受換戴各種便帽的習慣。同時，她們的穿著習慣以不同方式不斷變換，這與西方婦女沒什麼區別。

安立德先生接著說，「對上層階級和更富裕家庭的女人而言，綢緞是她們穿衣的基本材質。中國女士還特別喜歡珠寶手飾，她們會選用非常昂貴的金、銀、珠寶來裝飾她們的纖纖玉手。女士們流行戴手表。如果你看見一位女士戴了一隻手表，同時還佩帶著一至二個飾以珠寶的掛表，不必大驚小怪。中國男士戴表也很普遍。在這些方面，我們大有生意可做。」

安立德先生還說，這兩家百貨商店還有一個顯著的特點，就是它們附帶也經營酒店。這些附帶經營的酒店陳設著非常時髦的家具，並在餐廳裡提供西餐服務。他斷言，西餐在中國各個城市將越來越普及。儘管這兩家百貨商店附屬酒店的房價達到每天一・五至三銀元，與歐洲差不多，但訂房率頗高，有時甚至一房難求。從它們提供的住宿條件和設施看，這個價格似乎比許多美國城市的價格要貴得多，特別是目前銀元與金美元同價。這兩家百貨商店囤集了大量美國貨，而且每家店都雇有會講英語的店員。

民國遠洋貨輪首航西雅圖

一九一八年十二月十六日

題記：這是一封謝先生（T. Hsieh，音譯）的讀者來信，一九一八年十二月十四日寫於紐約。

致《紐約時報》編輯：

我從西雅圖的中國俱樂部獲悉，中國第一艘輪船「黃鵠號」❶，從海峽殖民地及香港滿載大約五百至七百噸的日用商品，今天抵達西雅圖。這是創立共和以來，第一艘懸掛「中華民國」國旗遠涉重洋的中國蒸汽船。

此情此景，對那些多年目睹老中國龍旗飄揚在昔日中國蒸汽船的人們來說，不能不為之動容。上述輪船係由日商日本郵船公司（Nippon Yusen Kaisha）租用來美。

注釋

❶「黃鵠號」是中國造船史上第一艘自製的蒸汽機木殼明輪。清同治四年（一八六五），在安慶內軍械所由工程師徐壽、華衡芳設計建造，造價白銀八千兩。

民國的貿易創紀錄

一九一九年八月三十一日

題記：貿易總額達十二億四千一百六十四萬五千九百零三美元，對日貿易位居首位。

美國總領事沙蒙斯呈給商務部的報告稱，民國去年的對外貿易是紀錄上最高者。儘管中國內部持續動盪，她的貿易達十億四千零七十七萬六千一百一十三海關兩，約合十二億四千一百六十四萬五千九百零三美元，比上年增長二千八百三十二萬五千七百零九海關兩（譯注：此處原文數目有誤，少了一位數），合二億零四百四十萬三千一百八十一美元。

據報告，一九一八年與日本的貿易將近四億九千八百萬美元，而與美國的貿易則為一億六千一百萬美元。在此之前，日本控制了約三分之一的中國對外貿易，但一九一八年民國的對日貿易佔整個貿易的五分之二。

除去香港（此一港口的貿易在很大程度上包含了自海外各國來的轉運），美國在民國的對外貿易中位居第二，佔一二．九六％，英國佔七．一七％，法國佔三．〇七％。因此，日本、香港、美國佔民國的對外貿易合計超過七成九，而與其他國家的貿易只佔二成一。

武昌將建立新棉紡廠

一九一九年八月三十一日

據報導，民國最大的棉紡廠之一將建在武昌北部。這個四萬錠的新棉紡廠計劃安裝一千臺織機，相關機器將從英、美兩國購進。新棉紡廠計劃招募二千名工人，廠方將為他們修建三百間集體宿舍。

現代化的中國前途無量

一九一九年九月二十八日

題記：《泛太平洋》（*The Trans-Pacific*）這份遠東雜誌由東京《日本廣知報》（*The Japan Advertiser*）發行人費萊煦❶創辦。該雜誌創刊號摘登了辛博森（Patnam Weale）一篇中國問題專稿。

今天的北京有二萬五千輛膠輪車，據說為四萬人力車夫帶來了生計。無數人力車頻繁穿梭進出北京的前門，每二十四小時往返輛次高達五萬輛。交通高峰時，穿過前門的人力車達到每小時三千五百輛次，川流不息，蔚為壯觀。

因為有很大的需求，膠皮車輪胎賣得很紅火。正常年景的消費量高達數十萬套。儘管北京尚未進入汽車時代，但製造商們已在認真討論在華建廠的可行性。辛亥革命爆發時，北京僅有六輛汽車，而現在已有五百輛，並且還在繼續增加，幾乎每隔一天就會有一輛新汽車上路。可以肯定，在不遠的未來，將會有成千上萬輛汽車跑在北京的道路上。

單單這件事就足以告訴大家，中國的根本問題是要擴大各種互相交往，提高生活水平。整個中國需要加以重建：這個國家從東到西、從南到北，都需要大量的重新建設。這意味著什麼呢？

以上海和天津為例，如果貿易和工業發展起來了，人民就希望擁有屬於自己的住房。即使在農業發達的北滿，那裡與西方接觸較多，也建造了不少新式磚瓦建築，構成新的城市景觀。迄今為止，中國已耗用過去積累的財富建造起一批又一批磚瓦結構的新式建築。一位在首都北京參與一項宏偉住房工程的外國建築師稱，如果繼續大興土木的話，僅僅建築工業這一項即可解決約七百萬中國人的就業問題！

目前，中國人營生的基礎還是農業。儘管沒有具體統計數字，據認為，中國耕地面積十分遼闊，而且土質優良，超過其他許多國家。想到僅滿洲地區就是法、德兩國面積的總和，而中國任何一個省的人口都要比西班牙多很多，我們開始認真思考中國現代化的後果。這裡生產的小麥足夠出口海外，養活世界第一流的國家，要是小麥能便宜地運輸到海邊就好了。而大量的糧食需求又必將帶來先進的農業耕作方法，刺激人們將大量荒地想方設法改造為良田。

如果在滿洲和在內蒙設立新的墾殖區，據推算，其種植的糧食足夠養活三億人。將來的中國人口在某個時候一定會超過十億，她不僅能輕易地養活如此眾多的人口，而且還可將富餘的糧食出口海外。

根據一九〇九年南滿鐵路的報告顯示，滿洲每年的大豆產量為二百萬噸，今年已經達到六百萬噸。由於海外貿易需求持續走高，產量的增長還將延續。中國每年生產四千萬噸大米，即使如此之大的產量也被華北和滿洲的小米產量所突破。如果你在涼爽的九月乘京漢鐵路從河南出發，經天津、山海關、奉天（譯注：瀋陽）旅行到哈爾濱——這是長達一千六百英里的鐵路旅程，你可看到沿線那一望無際的紅高粱，經常連綿二百至三百英里而不中斷。這真是世界上最偉大的農業奇觀。高粱稈不僅可用於飼養成千上萬的牲畜，而且還可在冬天給無數的村莊帶來難得的溫暖。因此，無論你從那個角度看問題，你看到的都是中國現代化將帶來的機會濃厚，財富激增。

注釋

❶費萊煦（Benjamin Wilfrid Fleisher, 1870-1946），美國新聞記者及報人。生於費城，賓州大學畢業。初在家族企業費氏紗線公司（Fleisher Yarn Company）工作，後因股票投機買賣而傾家蕩產。一九〇七年展開環球旅行，造訪日本橫濱。先後為《日本廣知報》擔任記者、業務經理，一九〇八年買下該報社。一九一三年，他將《日本廣知報》遷往東京，使之成為東亞最具影響力的英文日報。同時，他還為美聯社、《紐約世界報》（*New York World*）《紐約時報》、《費城公眾紀錄報》（*Philadelphia Public Ledger*）擔任遠東通訊員。一九一一年，費萊煦跟美國報人密勒（Thomas Franklin Fairfax Millard）、克勞（Carl Crow）及華人伍廷芳、鍾文耀等合組中國國家報業公司，在上海創辦《大陸報》，自任經理。該報代表在滬美僑利益。其消息繁簡得當，文筆清約，在英文讀者中頗受歡迎，銷路一度超過《字林西報》。一九一九年在日本發行《泛太平洋》月刊（後轉為周刊）。一九二七年出版日本財經、工業、商貿年鑒。一九四〇年，《廣知報》被日人收購，費萊煦返回美國。後病逝於明尼蘇達州羅徹斯特（Rochester）。

上海首家卡車運輸公司開業

一九二〇年四月二十五日

題記：美國卡車將取代慢吞吞的二輪運貨馬車。

由二十五輛美國卡車組成的運輸車隊在上海城內投入商業營運，這是首次在中國引進公共卡車服務，由上海的中國汽車修理公司負責經營。從去年八月起，該公司就準備起動這個改良的運輸系統。據最新一期《東方汽車》（*Oriental Motor*）報導，這項計劃起初遭到強烈反對，原因是二輪運貨馬車的車主們認為，中國苦力多年來已習慣使用簡便的運貨馬車，卡車運輸系統將會造成苦力們大量失業。

卡車服務項目的經理反駁道，目前在上海有三千輛二輪運貨馬車，如果使用卡車只需要一千輛左右。每輛使用中的卡車配備四名苦力，以發獎金來提高運輸效率，卡車每天跑的趟數越多，苦力們所得就越多。

這位中國汽車修理公司的經理說，「卡車未來將是上海乃至全中國工商業發展中的關鍵因素之一。特別是隨著中國道路系統的不斷改善，貨運車隊將加快商品運往內陸的物流速度。而迄今為止，內陸還有很多地方是隔絕不通的。許多人目前對此已有認識，但唯有這種發展趨勢繼續演進才能真正將此轉化為現實，並使所有關心中國進步的人士切實感受到。」

評民國鐵路建設

一九二〇年五月九日

福來薩❶

題記：這是擔任《泰晤士報》駐北京記者多年的福來薩，為《泛太平洋》雜誌五月號撰寫的中國鐵路專題文章（節選）。

大多數在華建立的鐵路營運公司都以災難性後果收場，損失巨大。究其原因，一是管理不善，二是缺乏誠信。但是有一個例外，即由民國政府經營的京綏鐵路❷，這條鐵路的建設效率高，管理也井然有序。不過，公司大量贏利還是被不當吞噬了。

這條鐵路真是一座金礦，因為它是唯一將沿海地區跟西北和蒙古的財富連接起來的鐵路。其他企業或許取得過類似的成功，但是中國人經常玩火，喜歡冒險，他們明明知道，如果他們允許外國勢力染指鐵路建設與管理，其結果是顯而易見的。引進外國資本的條件是必須承認他們在一定程度上對鐵路擁有控制權。

在中國國內存在著不少游手好閒的富人，主要原因是他們在政治動盪時期很不容易找到可靠的、有特色的投資項目。中國資產階級投資鐵路具有雙重動機，一是使自己獲利，二是有利於國家的經濟發展。近來，中方有一個強烈趨勢，就是希望利用洋人在管理方面具有的優勢來配合經濟發展。他們期待聯合外國力量來加快鐵路發展，引進管理經驗，充分發揮洋人的管理特長，使中國現有的鐵路經營狀況獲得改善。不幸的是，此時此刻，中國資金流動性十分緊張，各地即使針對優質資產籌措的短期債券年利率也已高達百分之十五至二十五。這個階段實際上早該過去了。例如，為修建粵漢鐵路而籌措的資金事關中國國家利益，中國人與洋人在當地應該密切合作，共同保證投資安全。

中國的鐵路建設，如果不總結和回顧過去已建成的部分，那麼，討論將來的建設項目就沒有意義。民國境內的鐵路有三種類型，第一種由外國公司建造並擁有，為此，中國政府必定做出過某些讓步，如俄羅斯在東北、日本在南滿、德國在青島、法國在雲南修築和管理的鐵路；第二種純粹由中國人自己修建，如京綏線和粵漢線；第三種由中國政府負責建造，但是向海外融資。本文涉及的主要屬於第三種情況。外國金融家為確保投資安全和投資效率，通常有權任命工程師和會計師，並將其開支納入經營成本，打入帳單。一旦出現違約，他們可以有價證券作為抵押。

民國鐵路以這種方式投資經營，事實證明獲得了令人吃驚的成功。一九一八年，這類鐵路淨贏利三千三百萬美元，這是在刨去了營運費、利息和分期償還債務等支出後所得。這類鐵路的總里程達到四千二百七十八公里，營運總收入達到七千七百萬美元，總支出為三千四百萬美元。世界上還沒有哪條鐵路取得過這麼好的經營成果。

的確，由於白銀比價大漲，以黃金計價的利息支付和分期付款壓力大大減輕。同時，第一次世界大戰爆發導致海外採購困難重重，開支也因此大減。不過，為應對各種突發事件，仍必須準備足夠的資金。總之，在中國經營鐵路存在巨大利潤空間，最簡單的原因就是這是一個人口如此龐大的國家，其國民出行需要鐵路，而他們所必須的大宗商品又依賴進出口貿易，需要鐵路來完成必要的運輸。

注釋

❶福來薩（David Stewart Fraser, 1869-1953），英國人，原在紐西蘭和印度從事銀行工作，一九〇〇年參加南非的第三次波爾戰爭（Boer War 三）。後來華擔任《泰晤士報》遠東通訊員，受命到英國當時的租借地威海衛設立無線電接收站。一九〇五年日俄戰爭期間，他對許多重要戰役進行了連續報導，引起很大的回響。一九一一年開始擔任《京津泰晤士報》主編。辛亥革命後，該報時事評論常有詆毀國民革命的言論，係受福來薩之立場影響。

❷京綏鐵路（Peking-Kalgan-Suiyuan），始自北京，經張家口（蒙古語稱喀拉干）通往綏遠。分京張、張綏（歸綏）、綏包（包頭）三期修建，一九〇五、一九二一、一九二三年先後通車至張家口、歸綏、包頭，由著名愛國工程師詹天佑宣導、設計、籌資並指揮修築。這是中國自行修築的第一條鐵路，是溝通內地與西北邊疆的第一條交通大動脈，也是中國民族工業的驕傲。

新式大飯店將現身上海

一九二〇年十月三日

據此間消息，有人計劃建立連鎖飯店，用以接待前來遠東地區的歐洲人。先從上海開始，投資約三百萬美元建造一座有七百個房間的現代大樓，然後在橫濱、北京、香港、漢口和其他歐洲人頻繁光臨的重要城市陸續蓋飯店。

目前，上海的人口結構是華人二百萬，歐洲人三萬。因貿易發達，這座城市正在遠東迅速崛起。

髮網製造在中國

一九二〇年十月三十一日

美國當地女士用二十五美分的低廉價格就可買到兩個髮網，簡直令人吃驚。它們是真正的人髮，是由中國姑娘用手工編成的。

頭髮在做成髮網前進入這個國家，並運到工廠，如果髮網在這裡做，就工資和生產條件來說，這些髮網賣出去不會少於每個一．五美元。

過去髮網是由一家大型紐約公司批量生產的，這家公司曾打廣告說，他們已通過教育使美國的婦女頭戴髮網，幾年前，只有百分之一的婦女戴髮網，而現在已有四分之三的人戴髮網了。而許多女性一次就買六打髮網。

但這家每年贏利上百萬的公司突然很意外地得知由於戰爭爆發，德國放棄其他生意，開始做這種髮網，我們姑且叫「德製」產品吧。他們還第一次得知，中國也開始製造髮網了，而且是從德國進到中國來的，現在中國已在芝罘（譯注：煙臺）建立了一個示範工廠，擁有一個能幹的品質檢查官，在一些小鎮裡，類似家庭小作坊也開始做這一工作。

所有使用的頭髮都是中國人自己的，無論男女。頭髮收集起來後先在德國進行加工處理，程序是消毒滅菌，然後使用各種不同的酸，直到頭髮全部變為灰白或金色，然後用八種不同的色度進行漂染，最後運送回中國開始製作。經過處理的頭髮變得又光亮又柔軟。

中國工廠裡共有六百名女工，她們都擁有清一色的修長靈巧的手指，能幹的女工一天能做十二副髮網。製作髮網的工序是這樣的：由一個木筒把頭髮裝起來，由一段特製竹片固定在一個網孔上，使頭髮長短均勻。工人的工資每月五至六美元，這在當時已相當地可觀了。

從一幅女工的照片上看，她們都顯得很聰明伶俐，露出燦爛的微笑。據說她們都很喜歡她們的工作，並對能到這裡來感到滿意。

大規模電話改造工程進展順利

一九二一年七月二十四日

題記：上海和南京將很快開通長途電話服務。

據此間消息，中國正迅速、大規模地建立新式電話交換系統。包括長途電話和本地電話系統的改造工程在江蘇省進展順利。此項計劃將把江蘇省內各重要城市相互連接起來，連通南京和上海的電話幹線可能將於年底以前完成。

江蘇省電話改造工程的總費用將高達一百萬美元，其中四十二萬五千美元用於南京城內本地電話系統的全面整頓。

中國民用航空事業取得進步

一九二一年十二月十八日

中國航空服務方面，北京—甘肅航線將於本月開通。甘肅省的蘭州和平涼將設立航站，機場跑道長五百英尺、寬一百英尺。四川航空公司已投資六十萬美元建立航空運輸中心。他們計劃購買四架大型水上飛機❶，每架飛機可載客三十人，還有幾架較小的水上飛機和若干摩托艇。這家被政府勒令更名的「川康航空公司」已申請註冊。另有一位法國商人申請在四川和長江流域開通民航貨運業務，但遭到政府的拒絕。

注釋

❶水上飛機是指能在水面上起飛、降落和停泊的飛機，一九一〇年三月二十八日由法國人法布爾（Henri Fabre）設計的浮筒式水上飛機首次試飛成功。一九一二年，美國人寇蒂斯（Glenn Curtiss）製成了第一架船身式水上飛機。民國時期，四川曾引進水上飛機，重慶珊瑚壩水上機場曾起落過中航公司飛漢渝航線的水上飛機，汪精衛就是坐水上飛機從該機場逃出投敵的。

北京至濟南航線開通

一九二一年十二月十八日

如同夢想成真一般，中國終於接受飛機能夠作為貨運工具了❶。根據美國航空署（United States Air Service）發表的新聞公報，一條從北京至濟南的民航客運和郵遞航線已經開通。此間舉行了隆重而熱烈的首飛慶典，駐華外交界人士應中國航空署邀請出席了首飛儀式。蔭昌將軍作為民國總統代表也出席了儀式。

注釋

❶第一次世界大戰結束後，歐美各國利用戰爭留存下來的飛機大力發展民航事業。北京政府因應潮流，於一九一八年在交通部下設立「籌辦航空事宜處」，又在國務院下設立「航空署」，先後從英國購進二架「愛弗羅」（Avro）小飛機和六架「亨德利．佩季」（Handley Page）大飛機（乘客二十四人），後又貸款一百八十萬英鎊購買四十架「維梅」（Vimy）型轟炸機改裝的客機和六十架「愛弗羅」型教練機，組成中國民航首批機群。一九二〇年四月二十四日，由英國人駕駛一架「亨德利．佩季」型轟炸機改製的十四座客機（取名「京漢號」），從北京試飛天津成功。同年五月七日上午十時，由英國皇家空軍飛行員卡浦蒂．馬堪尼上尉擔任機

師，搭載幾名英僑和乘客，順帶郵件，飛離北京南苑機場，五十分鐘後飛抵天津兵營操場，下午從天津飛回北京，這是中國最早的民用航班飛行。一九二一年七月一日，北京—濟南—上海航線先開通北京至濟南段，使用「維梅」型飛機（取名「正鵠號」），由英國人巴德森擔任正駕駛、中國人曹志明為副駕駛。下午四時四十五分從北京南苑機場起飛，晚上七時四十分飛抵濟南張莊機場，中國、美國、英國和日本記者參加首飛，同時載運四件郵件、四件郵包，首航郵件上加蓋「由中國創設航空郵班開幕第一次所發之班運寄」字樣。

中德合資電氣設備廠將落戶蘇州

一九二一年十二月二十五日

題記：使用西門子專利製造電氣設備。

據美國駐華使館商務參贊安立德透露，一家電氣設備製造公司將在蘇州購買七十五英畝土地建設廠房，成為中國電氣設備製造的先兆。該公司還跟德國西門子公司（Siemens Company）商洽，經過協議，在若干贏利提成作為回報的主要條件下，中國公司可以使用西門子專利。西門子公司將派專家來華幫助安裝機器設備，並對工廠營運提供協助。

這家公司之所以選擇蘇州作為廠址，是因為這裡的土地價格比上海便宜一成，廠址距離西部的供水源僅八英里，而且離蘇州火車站僅五十五英里。此外，這裡的勞工價格也要比上海便宜很多。中國駐美公使施肇基的哥哥❶將出任新公司經理。該公司將製造適合中國市場的摩托車和其他電氣設備。首批投資為八十萬美元。

注釋

❶指施肇曾（一八六七～一九四五），江蘇民族資本家。一九二〇年，施肇曾、楊廷棟等前往德國考察西門子公

司等電工製造企業，回國後與德國西門子公司合資，在江蘇省武進縣戚墅堰創辦「震華電機製造廠」。他們還購置二臺德國西門子三千二百千瓦渦輪發電機興建電廠，供附近地區用電。該廠董事長為施肇曾，楊廷棟、江湛分任正、副廠長。

第七篇 民生世相

德軍飛行員將罐頭盒自製的炸彈投向進攻青島的日軍。唐太宗的「昭陵六駿」浮雕石刻突然現身美國大學。慈禧的愛犬在英國上流社會名噪一時。塞滿金條的竹筒從中國寄到紐約。開封的猶太人出賣了他們的教堂。上海洋律師幫小癟三打贏了討債官司。與此同時，中國內地很多農民不知道武昌革命，不知道皇上已經退位，還有數百萬飢民急待救濟。亞細亞這個美麗富饒、幅員遼闊的國家，為世界展現出萬花筒一般五彩繽紛的景象，吸引各國冒險家紛至沓來。但是，誰也不知道，這個充斥著世界最多人口、迸發著世界最大活力、繁華與赤貧共生、外敵入侵與民族自強並存的東方大國，下一步將走向何方？

中國畫在蒙特羅斯畫廊展出

一九一一年十一月十九日

題記：巴哈爾繪畫藏品展正展出有趣的中國藝術作品。展品包括中國各個時代畫作，從中可以追尋中國藝術發展軌跡。

巴哈爾中國繪畫藏品展（The Bahr Collection of Chinese Paintings）正在蒙特羅斯畫廊（Montross Gallery）展出，約有六十至七十件作品，這對於研究東方藝術的人來說是一個難得的機會。住在中國國內的西方人士告訴我們，一位學識淵博的美學家可能在中國住了二十年，也未必有機會親眼目睹中國古代畫家創作的真品。這種機會在美國自然就更少、更珍貴了。

中國畫是對自然熱愛和思考的結果

然而，如果沒有欣賞過中國繪畫的傑出作品就輕易評判中國藝術，就會像沒見過希臘雕塑而評價希臘藝術一樣。中國畫是這個天朝之國詮釋他們精神世界的最高形式，它以近似宗教式的虔誠來描述大自然。

事實上，如果西方人對於中國人幾千年來對大自然的敬畏之心缺乏深刻理解的話，那麼他們是難以真正感受和認識中國畫的。一位日本藝術評論家寫道，「中國人內心深處對於大自然的深切熱愛絕非率性而為，它是無數代人所受到的最直觀教育的結果。」對大自然的熱愛和尊敬，體現在中國哲學、詩詞和繪畫中，這種情懷根植於那些「長生不老的山中隱士」的神祕藝術，叫作「仙術」。這些隱士遠離紅塵，通過精神修煉達到無思無欲的境界。他們棄絕烹製的食物，以山林野果和露水為生。儘管他們的修煉不一定能夠達到最高的理想境界，但這種理想本身影響深遠。

隱士生活並非局限於神祕修行。對於官場腐敗深為失望和不滿的那些人，他們歸隱山林，遠離俗世，追求自我精神昇華到更崇高的境界。他們通過面對大自然的思考實現心靈的淨化，中國藝術顯然是這種虔誠行為的反映。很早以前的山水畫就在中國文人中佔據著至高無上的重要地位，還在比這些展品創作時間更早的時期，就已經有一些知名或佚名畫家開始繪畫創作。他們的作品，即使以當代藝術評論家的眼光來看，也會同樣給予極高的評價，但這些巨作卻極少流傳下來。

寧靜致遠、瀟灑超脫是最佳的繪畫狀態

中國山水畫無論在藝術技巧或美感上，都在宋代達到巔峰。宋代大畫家論述要旨，沉浸在極度虛擬的意境中。他們志向很崇高，日本美術雜誌《國華》（*Kokka*）曾用中國畫論家郭熙❶的話說明山水畫的意義，「儘管人們都迫不及待地希望享受大自然，但大多數人卻無法親近這種美

妙生活。為了滿足人們需要，畫師們將山水呈現人們眼前，於是他們無須走出家門，也可欣賞到自然奇景。從這種意義上來說，繪畫以一種高尚的方式向人們提供愉悅享受，滿足那些想觀察自然的人們的迫切願望。」❷郭熙還暗示藝術家們，「培養完整而兼容並蓄的精神境界，到處觀察，擁有廣博多樣的閱歷，找出畫面精髓所在，忽略細枝末節。」❸另一位中國畫論家則說，畫趣在於「傳情達意，賞心悅目」。

從上述評論不難看出，中國古人絕非以凡人之心繪製畫作，而是帶著高尚的道德情操和責任感投入創作。寧靜致遠、瀟灑超脫是最佳的繪畫狀態。宋代大畫家用他們手中靈巧的畫筆，為我們描繪出了蘊含蓬勃生機的山林。熱愛自然的人們在看到畫作時，都能強烈地感受到遠離塵世，避居山林之妙處，體會到空靈透徹的心靈追求，即使是西方人也同樣視若至寶。唐代藝術家注重技巧，將書法藝術發展到極致，而宋代則以更開闊的視野豐富了手繪的能力，從精神層面更積極、深刻地掌握和運用了美學原理。

龍的神聖和畫家的敬畏一覽無餘

本次畫展包括一些宋代作品，其中一幅佳作是佚名畫師所作《龍騰海上》（*Dragon Rising from the Sea*）。至少在西方人看來，這幅畫體現了藝術的「六法」之一——氣韻生動❹，赫斯教授將它稱為"Spiritual Element: Life's Motion"，吉爾斯教授則名之為"Rhythmic Vitality"❺。儘管翻譯者很難準確表述這些法則，但東西方的優秀藝術家們不會誤解其中的實質含義。在各種情況下，我們所說的優秀畫作中的各部分都高度和諧，創造出一種生命力，而畫家牢牢地掌握畫的精髓，不遺漏任何一個重要環節。

這幅作品展示了中國人的精神世界。在中國，龍是令人敬畏的「海中君王」。春分時節，龍王騰空而起，飛向天庭。秋分時節，龍王「退歸海中，回到它最鍾愛的住所。龍呼出的氣體成為護體祥雲」。畫家畫龍時，拚盡全力呈現出龍的精氣神韻，龍的神聖和畫家對龍的敬畏之情一覽無餘。至此，雲霧繚繞的背景、龍的王者霸氣、溫和精緻的色調、濃郁的古代韻味融合一體，盡顯龍的高貴不凡。

元代畫作風格雄渾粗獷，細節生動

元代繼承了宋代畫風，並逐漸演變，到明代後，變得更為婉約內斂。元代佳作《雲間山林》（*Landscape and Clouds*）顯示出藝術家對色彩處理的大膽創新，他們對色彩的搭配、畫筆力度的掌握以及線條和色調的運用，在宋代作品的基礎上有新的探索。

畫展中還有兩幅元代畫雁的作品，非常有趣。這兩幅十三至十四世紀的畫作，將西洋畫概念裡的印象派與現實派畫風融合到一起。第一一四號畫作有精緻美妙的現實派風格，畫家非常逼真地描繪出大雁柔軟的脖子，頗符合人們提倡的「觸感」；而大雁們昏昏欲睡的眼神，則傳遞出畫家的幽默與狡黠。第一一三號畫作則是一幅更為雄渾粗獷的作品，主題簡明，畫風奔放，創作中洋溢著輕鬆活潑的張力。

元代畫作中還有一幅不同尋常的作品，名為《弈者》（*The Chess Player*），懸崖峭壁之間，兩人圍坐棋盤對決。這種畫風常見於中世紀的義大利或德國。另一幅元代小品《獵人》（*The Hunter*），畫中駿馬飛馳，獵人逐鹿而奔，他騎在馬背上翻轉嬉戲，活靈活現。

中國畫家視印象爲創作的第一要素

畫展中還有多幅明代的代表作，有一幅題為《鷹》（*Eagle*）的作品，畫家沒用毛筆，而是用自己的拇指和手掌作畫❻。《三賢》（*The Three Sages*）則是一幅小畫，充滿了寧靜愉悅的氣息。《雨日》（*Rainy Day*）一作中，樹木、蘆葦和漁夫都沐浴在雨中。《鷹兔》（*Hawk and Hare*）一畫中，野兔驚惶恐懼的眼神令人印象至深，而畫中其他部分都虛化了，這可以看出，中國畫家仍然將印象視為創作的第一要素。

畫展中年代最久遠的作品來自唐代。畫作《麒麟與侍者》（*Giraffe and Attendants*）的落筆非常傳統，畫風端莊細緻，與宋代的寬幅畫卷和晚明時期的精雅畫風均不相同，由此可以探索中國藝術從略具雛形到發展成熟，再到登峰造極，最後衰落的歷史發展脈絡。對於愛好藝術本身而非追求藝術風潮的人來說，參觀這個畫展將是一次意義非凡的藝術經歷。

注釋

❶郭熙（一〇二三～約一〇八五）字淳夫，河南溫縣人，北宋著名畫家。熙寧元年（一〇六八）奉詔入圖畫院，

初為藝學，後升任翰林待詔直長，神宗趙頊深愛其畫，曾「一殿專皆熙作」。郭熙畫山水注重深入體察生活，能真實、細緻、微妙地表現出不同地區、季節、氣候的特點，得「遠近淺深，四時朝暮，風雨明晦之不同」，從而創造出極其豐富優美動人的意境，山石用狀如卷雲的皴筆，畫樹枝，如蟹爪下垂，筆勢雄健，水墨明潔。早年風格較工巧，晚年轉為雄壯，常於巨幛高壁，作長松喬木，曲溪斷崖，峰巒秀拔，雲煙變幻之景。傳世作品有《早春圖》（臺北故宮博物院藏）、《窠石平遠圖》（北京故宮博物院藏），《關山春雪圖》、《山林圖》、《秋山行旅圖》、《幽谷圖》（半幅）等。其中《早春圖》成功地表現出大地回春、萬物蘇醒的細緻季節變化。郭熙在繪畫理論上亦有很高建樹，對山水的表現技法作了深入研究，如提出高遠、深遠、平遠的「三遠」法，其理論集中反映在他的《林泉高致》一書中。

❷《林泉高致．山水訓》曰：「君子之所以愛夫山水者，其旨安在？邱園養素，所常處也；泉石嘯傲，所常樂也；漁樵隱逸，所常適也；猿鶴飛鳴，所常觀也。塵囂韁鎖，此人情所常厭也。煙霞仙聖，此人情所常願而不得見也。直以太平盛日，君親之心兩隆，苟潔一身出處，節義斯係，豈仁人高蹈遠引，為離世絕俗之行，而必與箕潁埒素黃綺同芳哉！白駒之詩，紫芝之詠，皆不得已而長往者也。然則林泉之志，煙霞之侶，夢寐在焉，耳目斷絕，今得妙手鬱然出之，不下堂筵，坐窮泉壑，猿聲鳥啼依約在耳，山光水色滉漾奪目，斯豈不快人意，實獲我心哉，此世之所以貴夫畫山水之本意也。」

❸即「所養欲擴充」、「所覽欲淳熟」、「所經之眾多」、「所取之精粹」，見《林泉高致．山水訓》。

❹南朝齊梁間畫家謝赫（四七九～五〇二）在其著作《古畫品錄》中，提出了品畫的六大訣竅與藝術標準：「六法者何？一，氣韻生動是也；二，骨法用筆是也；三，應物象形是也；四，隨類賦彩是也；五，經營位置是

也；六，傳移模寫是也。」後世通稱為「六法論」或「謝赫六法」，是中國繪畫最重要的理論之一。

❺見Friedrich Hirth: *Scraps from a Collector's Notebook*, p. 58; Herbert A. Giles: *Introduction to the History of Chinese Pictorial Art*, p. 29.

❻即「指掌畫」，是將顏料直接擠在手上、或者畫布上，然後以拳頭、掌心、指尖快意揮灑，無論是具體的花朵、抽象的風景，全都如靈光閃現，活脫脫浮現而出。

故宮珍寶開始拍賣

一九一二年一月二十五日

倫敦一月二十五日星期四電：昨天，一份來自天津的通訊社電報稱，美國駐華公使通告所有住在北京偏遠地區的美國公民。

另一份天津發來的電報稱，從一位權威人士獲得的消息，證實了總理大臣袁世凱有意儘快離開北京的報導。袁世凱打算把他的官邸設在天津的英國租界。

英國《每日郵報》報導，北京的清宮珍寶開始拍賣，但滿清親王貝勒們扣留下了最好的瓷器，並漫天要價。一位剛從奉天（譯注：瀋陽）故宮鑒賞珍寶回來的美國文物專家說，大約有四萬件瓷器根本不值什麼錢，最好的玩藝兒不是被拿走了，就是被盜了。

慈禧愛犬遠渡英倫

一九一二年二月二十五日

「魯狄」（Looty）——從前被稱為北京犬，又名哈叭狗❶——有一段離奇的故事。一八六一年十月八日，英法聯軍中的一名法國士兵洗劫北京頤和園時，偶然發現了一隻應該屬於慈禧太后的小狗，並將之呈獻給上尉。無論如何，慈禧拚命地想把這小傢伙討要回來。最後，是一名英軍軍官透過各國駐華使節達成了協議，即把牠作為大清皇室送給英國維多利亞女王的禮物。

如此這般，各方面都有了面子。而這隻冠上「魯狄」之名的小狗就住進了白金漢宮（Buckingham Palace）。可是，這小傢伙非常孤獨，因為牠的東方習性和外貌與皇宮裡的其他狗大不相同，牠們玩不到一起。

當威爾斯親王❷和王妃從海外旅遊回來時，王妃徵得女王允許，將魯狄帶回桑德林漢宮❸。六個月後，從中國又帶回一隻雌狗與牠相伴。漸漸地，人們把這種狗改造成能適應現代時尚的名犬。

不久之前，一群貴婦人為了籌辦狗展而聚會，名為「北京皇宮犬協會」。魯狄歷經狗之禍福，延續繁衍了眾多後代。所有揚名歐美的中國犬，實際上都系出魯狄。

——轉載自《哈潑週刊》（*Harper's Weekly*）

注釋

❶北京犬原產於中國東北，滿族稱為哈叭狗。慈禧太后將其飼養在萬壽山當寵物，以後就稱為北京犬。一八六〇年英法聯軍侵入北京，在頤和園見到該玩賞狗體形優美、活潑可愛，搶走帶回英國，獻給了維多利亞女王。一八九三年，這種狗第一次在展覽會上公開亮相，從此揚名於世。英語"Looty"料想是由"Loot"（暴亂後的刦掠、戰利品）演變而成。

❷威爾斯親王阿爾亞伯特・愛德華・維丁（Albert Edward Wettin, Albert Edward Wettin, 1841-1910），維多利亞女王的長子。一八五九年入牛津大學，曾在駐愛爾蘭陸軍部隊服役。一八六三年與丹麥克利斯蒂安親王（Prince Christian）的長女亞歷珊德拉公主（Princess Alexandra）結婚。一九〇一年登上王位，稱愛德華七世（Edward Ⅶ）。

❸桑德林漢宮（Sandringham）位於英格蘭東北的諾福克郡金斯林（King's Lynn, Norfolk）郊外，建於十八世紀下半期。十九世紀六十年代，當時的愛德華王儲將這座別墅及其周邊七千英畝（一英畝約合六市畝）土地買下作為他和新婚妻子、丹麥公主亞歷珊德拉結婚後的住所。後來，隨著王室家族的不斷擴大，最初的別墅一側又增蓋了稍矮的一排房子，遊客今天一眼就能看出顏色和風格不盡相同的兩排房屋。桑德林漢宮有三百多間風格各異、佈置精巧的房間。宮內有不少中國藏品，如精美的瓷器、玉器和翡翠等等。

開封的猶太教堂

一九一三年六月一日

題記：開封的懷履光主教努力保存猶太教堂遺跡，現存有三塊猶太教石碑。懷履光主教還買下了一處古舊的猶太教堂，並籲請美國的猶太人資助重建。

聖地不能失去聖潔的光輝

開封的懷履光主教❶給住在上海的伊茲拉（N. E. B. Ezra）寫信，生動描述了開封的孤兒社區（Orphan Colony）——一個在中原與世隔絕的古時猶太人僑居地遺跡的故事；並託他轉達上海的美籍猶太人，希望能籌集一筆資金以維護開封猶太教❷歷史遺址，如果可能的話，保留猶太教在此地殘留的一點信仰。

懷履光主教在信中解釋了他對此事發生興趣的緣由，他寫道：

「開封有一位穆斯林商人領袖，對我十分友善。他同時也是開封猶太人領袖（趙先生）的好友。去年，在我詢問下，他告訴我，開封猶太人聚居區的石碑如果再不妥善維護，很快就會坍塌。我表示將盡其所能提供一切可行的幫助。趙先生說，他們自己是無法採取任何措施來保護石碑了，問我是否可以幫忙。於是，我們簽署了一紙協議，石碑交由我來保管。

「三年前，當我來到開封時，就看到過這座破敗的猶太教堂。這裡曾經是無數猶太人先輩頂禮膜拜之處，如今卻是一片狼藉，周圍汙穢不堪。這片狀似垃圾場的教堂中央，矗立著兩塊年久失修的大石碑。調皮的孩子們往上面扔擲石塊，石碑斑駁陸離。其中一塊石碑飽經風霜，在雨水的侵蝕下已變得搖搖欲墜，隨時都可能摔成碎片。

「我下定決心，要盡自己最大努力來保護這一處猶太教堂遺址，因為這是聖地，不能讓它失去聖潔的光輝。我試圖買下這塊地，但失敗了。接著，我又試圖重建教堂，請這裡的猶太人與我一起努力，並恢復猶太教儀式，但同樣沒成功。

「還住在開封的猶太人說，他們對於猶太教已毫無興趣，也不想再重建教堂。另外，我看到他們內部的意見分歧很大，什麼都做不了。」

贖回教堂用地建醫院以示紀念

接著，懷履光主教描述了教堂中這些石碑的情形：

「第一塊石碑的正反兩面都刻有文字（一四八九年和一五五二年），第二塊石碑是一六八九年的，字跡已非常模糊了，有可能刻的是這裡猶太人祖先的名字。第三塊石碑（一六六二年）至今仍沒尋得。我隨信附上第一塊石碑一四八九年撰題的刻字拓本。我已盡可能重新修繕了這塊石碑，還從家中取來了防腐劑。」

他又說，「我與趙先生簽了協議後，買賣這塊土地的談判變得容易了些。我對他們說，將自己的教堂出租獲取租金是十分可恥的行為。如果你們自己不能清理教堂、重修石碑的話，我可以將它買下。我還告訴他們，如果他們能夠儘量找齊原來的材料和物件，我可以幫助他們重建一個小教堂

「但是，事情的發展真令人失望。這裡的猶太人對此毫無興趣。最後，我們達成協定，由我買下土地和地面殘存的物件。先前，他們已經斷斷續續地出售了教堂的部分土地。當我買下這塊長四百英尺、寬二百英尺的地產時，它已呈不規則形狀了。我又從其他人那裡買下了先前被出售的兩小塊地。有一小塊仍由猶太人所有，但上面蓋起了房屋，並高價抵押給了外人。我感覺到如果我能夠支付抵押金的話，他們會同意把這塊地賣給我。

「我希望能夠在這塊地上建一所有效率的醫院，以紀念開封猶太教先人。如果上海或其他地方的猶太人為示紀念願意出資幫助我實現這一計劃，我們將能夠建立起一個永久而實用的紀念館。

「看來，我是無法讓開封的猶太人對此產生興趣了。如果僅有其他地方的猶太人支持，而沒有本地猶太人參與，那麼紀念館即使建成後也會很快破敗，或落入官府之手。唯一希望是該聖公會教區的主教願意接手，並將此視為神聖職責。

他們恐怕不會再信仰猶太教了

「開封猶太人說，在當地生活的猶太人有七個姓氏❸、八戶人家。其中張姓因不贊同這裡猶太人之間的內部衝突和自相殘殺，自行宣佈退出。於是，其餘六姓人家聯合處理所有法律事務。趙家聲望較高，被推為領袖。我與六姓族長共同簽署了土地買賣合同，為此支付二千美元，其中不包括登記費和其他費用。

「開封的官員和士紳發現猶太人把教堂石碑出售後，試圖再搶奪回去。他們抓捕了趙先生，把他關押了一個晚上。當地官員向趙先生行賄，想用八百美元把石碑從我手中再搶走。但是，趙先生說，就算給他八萬美元，他也不會向我要回的。官員們又對趙先生說，如果能把石碑要回來，就替他們重建教堂。然而，趙先生和其他猶太人的立場仍然堅定。

「道臺❹本人親自寫信給我，表示這些石碑應該由中國政府保管。但我已下定決心，不能交還石碑。如果有必要，我會通過坎特伯雷大主教（Archbishop of Canterburg）將此事提交英國外交部。另一方面，由於猶太人嚴格遵守與我所簽訂的書面協定，政府無奈之下，最後不得不讓步。為了保存政府顏面，我寫下保證書，承諾石碑將永遠留在開封。

「這八戶猶太人大約還有五十來人，但沒有一個人信仰猶太教，也再沒這個意願。我送給趙先生一本《聖經》，向他講解舊約中關於猶太先人的宗教故事。但是，我想這毫無用處，他們恐怕是不會再去信仰猶太教了。」

注釋

❶懷履光（William Charles White, 1873-1960），生於英格蘭，一八八一年隨家人移居加拿大。幼年入教，嚮往神職，一八九六年被按立為副牧師，次年初來華，開始在福建各地布道。一九〇九年十一月被按立為加拿大基督教中華聖公會河南教區主教，次年五月赴開封領導該地宣教工作，至一九三四年退休為止。返回加拿大後，歷任多倫多大學中國考古學副教授、教授，中國研究系主任，兼安大略皇家博物館遠東收藏部主任。後病逝於多倫多。按：一九一二年，懷履光與猶太族人趙允中等人商洽，試圖將弘治二年（一四八九）的《重建清真寺記》碑、正德七年（一五一二）的《尊崇道經寺記》碑以及其他一些十分珍貴的猶太人遺物運往國外。一九一四年，懷履光以中華聖公會的名義，買下了「一賜樂業教」清真寺的舊址。

❷中國古代聚居河南開封的猶太人稱其信奉宗教為「一賜樂業教」，取意於明代對「凡歸其化者，皆賜地以安居樂業之鄉，誠一視同仁之心也」。又說「一賜樂業」為猶太人祖先雅各（以色列）的音譯。開封猶太人約自北宋年間遷入中國，他們保持獨特的宗教禮儀和社會習俗，宰殺動物時「惟謹守挑筋遺規，雖血縷肉線，必將盡焉」，故又名「挑筋教」，敬拜上帝，不設偶像，誦讀希伯來文聖經，每日三次禮拜，行割禮，遵奉安息日、贖罪日及住棚節、轉經節等節期。教徒戴藍色小帽，被稱為「藍帽回回」。明以後逐漸與外族通婚。至清末，其文化傳統和宗教習俗已難以維繫，與中國社會融為一體。開封猶太教堂原存十三件「脫拉」（猶太教經卷，載《舊約》前五書），後流失國外，在大英圖書館、牛津大學博多萊安圖書館（Bodleian Library）、劍橋大學圖書館和南美以美大學布瑞德威爾圖書館（Bridwell Library, Southern Methodist University）、美國猶太神學院（Jewish Theological Seminary of America）等有收藏。

❸七姓包括石、高、艾、李、張、趙、金，其中「趙」是宋朝皇帝賜姓，其餘據原來的猶太姓氏轉譯。

❹報導原文為"Tutah"，查開封歷史沿革，民國初年設豫東道，根據北京政府一九一三年一月八日頒佈的《劃一現行各道地方行政官廳組織令》規定：「現設巡道各省分，該道官名均改為觀察使」，屬於監督、指導轄區各縣的省級政府派出機關。又根據北京政府一九一四年五月二十三日頒佈的《道官制》規定：「道置道尹，隸屬巡按使，為一道行政長官，依法律、命令執行道內行政事務，並受巡按使之委任監督財政及司法行政及其他特別官署之行政事務。」由此推測，該官可能為當時豫東道道尹，民間可能仍沿用清制，稱為道臺。

顧維鈞迎娶民國總理女兒

一九一三年七月十八日

上海訊，顧維鈞與唐寶玥（May Tong）小姐的婚禮於六月十二日舉行。顧維鈞畢業於哥倫比亞大學，現在北京政府供職，唐寶玥是前民國總理、現任廣東參議員唐紹儀之女。婚禮以民間方式舉行，曾兩度出任駐美公使、後任南京軍政府外交總長的伍廷芳擔任主婚人。

美麗的新娘頭蒙面紗，身穿白綢婚紗曳地長裙，在充當伴娘的表妹和四位花童簇擁下款款而行。新郎、耶魯大學畢業的伴郎朱榜生❶和新娘的父親唐紹儀頭戴高禮帽、身著傳統的中式長袍緊隨其後。

婚禮上，伍廷芳博士宣讀了由新郎、新娘和來賓簽名的婚約，新郎為新娘戴上戒指，新郎新娘對拜，並一齊向來賓鞠躬敬禮。

注釋

❶即朱斯芾（一八八五～一九五三），字榜生，生於江蘇上海，祖籍浙江吳興。出身南潯絲商世家，一八九七年就讀上海聖約翰書院，一九〇四年秋赴美國入華盛頓中央高等學校大學預科進修，次年考取耶魯大學，一九〇

九年自該校法政科畢業。同年秋，取道歐州回國。一九一〇年清廷學部留學生考試，獲法政科舉人。一九一一年五月廷試取一等第十八名，奉旨授農工商部郎中職，並被公推為上海閘北商團董事。同年武昌起義，辭職回滬充上海閘北學務委員，閘北市政廳董事。一九一三年領得司法部律師證書。一九一四年曾任北洋政府內閣法律顧問，同年其律師事務所在上海麥當路正式開業。曾任湖州旅滬同鄉會董事、上海閘北救火會及自治會董事等職，又曾任美國耶魯大學上海同學會司庫。

《李鴻章回憶錄》出版

一九一三年十月二十六日

題記：中國著名政治家李鴻章也是一位多產的作家，他希望自己是中國的「文章魁首」。李鴻章曾對出使美國感到畏懼，但很快改變了對美國的印象。

對於「洋鬼子」來說，李鴻章具有作家身分大概是一件令人感到新奇的事。然而，根據《李鴻章回憶錄》英文版總編瑪尼克斯（William Francis Mannix）的說法，李鴻章總共已經寫出了十六萬字作品。一八四六年，李曾表示過他的雄心壯志：「我希望有一天成為中國的文章魁首（狀元）。」

瑪尼克斯先生從李鴻章的日記和書稿中挑選了西方讀者最感興趣的部分，由霍頓・米弗林出版公司（Houghton Mifflin Company）出版。《李鴻章回憶錄》中最能吸引美國讀者的，自然是有關他出使美國的軼事。李鴻章最初對此是懷有畏懼之情的，他寫道，「我希望短期就能回來，我只想見克利夫蘭總統❶，並拜謁格蘭特將軍❷陵。」但他後來發現，美國與自己的預期完全不同，他非常享受這次出訪。

初見記者有些不知所措

關於抵達美國的情形，李鴻章是這樣寫的：

「在我們的船真正駛離可怕的大洋，進入紐約港時，事實上，是進入紐約港之前就已有許多船隻向我們靠近，氣笛鳴響，從煙囪裡往外噴著煙，滾滾冒出白色的蒸汽。有兩三艘漂亮的汽艇衝在最前面，直駛向我們，好像要把我們撞倒一般。我想，這些肯定是美國政府派來的船，於是站到船首，眺望它們駛來。

「最前面的船上看不見女士的身影。我想當然地認為，這些是政府官員搭乘的船隻。但隨後我就發現自己錯了，站在這些船甲板上的全是美國記者。

「我們的大船慢了下來。美國記者很有本事，許多人已直接爬上我們的船來。他們衣著整潔，相貌堂堂，就像外交部門裡的年輕外交官或祕書一樣。

「一開始，我對記者們表現出來的熟絡有些不知所措，因為他們既沒鞠躬也沒行禮，而是徑直向我們走來，開始自我介紹，搶著與我們握手。儘管我完全沒覺得自己被冒犯了，但正如我所說的，我一時間不知道該說些什麼、做些什麼。但我很快就習慣了這一幫態度友善的記者，帶著他們往甲板走去。

被採訪者先向記者提問

「當大家在甲板上停下後，我說，『先生們，我是來見識美國而不是來提供信息的。我想學習了解一些東西。因此，在我們進入港口這段時間，請告訴我的祕書紐約所有有趣之處。』

「他們照做了。我看到任何東西都會提問。於是，在我們登陸時，我已經了解到許多關於紐約這個城市的情況了，尤其是哪些建築高聳入雲，紐約港有哪幾條河道、島嶼、碼頭，還有一個觀光客所需要了解的各種信息。

「那天，從早到晚，我無時無刻不是在這些記者朋友的陪伴之下。在華盛頓、在會見美國政府官員時、在火車上、在所有招待會和會議中，他們都站在一旁。甚至當我準備回去休息時，他們也在飯店等著。在我準備吃這裡的第一頓早餐時，他們又在到處尋找我的身影。美國記者非常專業，不知疲倦，配得上他們領取的每一分工資。他們跟總統和州長們談笑風生，彷彿這些政府高官們僅僅是令人尊敬的稅收官員而已。

「這一切告訴我，這裡是世界上真正的民主國家。這是我從美國記者言行中學到的偉大一課，我為此而感謝他們！

我本人也是一位新聞記者

「當我說自己也是一位新聞記者時，許多人對此表示懷疑或嘲諷。但不管怎麼樣，這是真的。雖然我從來沒出版過書刊，或做過編輯，但我可以驕傲地宣佈，我是作家這一高尚行業中的一員。在我年輕時，設想自己的未來，我曾說，希望有一天能成為中國的文章魁首。我刻苦學習多年，從一同參加科舉考試的數千人勝出，先中秀才（相當於歐美國家的文學學士），再中舉人（文學碩士），最後成為進士（博士）。我已從事寫作許多年了。

「當我告訴一個年輕記者自己也是一位新聞記者時，他大笑了好一會兒。他顯然沒有料到，我把自己收集到的所有信息都告訴了他。這位記者用機關槍掃射的速度向我提問。我看出來，他是個新手，對他頗為同情。

「當他看到我表情嚴肅時，追問一句，『李鴻章先生，您剛才說自己是個新聞記者嗎？』

「我回答，『是的，我寫了許多東西，發表在我們中國的報刊上，那些編輯們根本不敢不登。』

「『為什麼會這樣呢？』他問道。

「『因為這些都是聖旨。』我告訴他。

「顯然，這就是他當天文章所需要的素材，因為他送給我一支雪茄後馬上起身離開了。第二天一早，我讀到紐約一份報紙這樣寫道，『李鴻章是一位作家，他手持利斧，威脅任何膽敢修改自己作品的人。』

「紐約記者迎接我的方式讓我終身難忘。他們對我的來訪不像德國人那樣嚴肅，也不像倫敦和利物浦的記者老爺們那樣帶著施恩一般的傲慢。他們盡可能地從我這裡獲取關於中國和東亞事務的真實情況。評論員們對我們的到來開起了小小的玩笑，但與此同時，主編們卻將我們的來訪視作良機，以理性方式撰寫有關中國和中國人民的長篇社論。為此我很感謝他們。偉大的美利堅合眾國過去一直是我們的朋友，儘管她關閉了中國移民的大門。她在未來會成為我們真正的摯友。」

費城，百萬微笑之城

李鴻章將紐約描述為「我見過的最喧囂，最無法集中注意力和人口最密集的地方」，他認為華盛頓是他「見過的最美麗開放的城市」（連巴黎也比不上它），而費城則「處處充滿微笑」。他補充道，「當然，我指的是那裡的人民。因為我不知道費城有沒有什麼地方與紐約上城格蘭特將軍陵附近的區域相似。但費城人比我見過的任何地方的人都更自然。」

李鴻章還給這個城市新的命名。他寫道，「我覺得這個城市完全可以被稱為『友愛之城』。我告訴費城市長，我給這裡取了個新名字時，他說要把這記下來，稱它為百萬微笑之城。」費城的自由鐘（Liberty Bell）深深觸動了李鴻章。他為此寫下了詩句。……

克利夫蘭總統與俾斯麥首相

李鴻章發現克利夫蘭總統與俾斯麥首相有相似之處，只是克利夫蘭總統沒有俾斯麥的急脾氣。李鴻章說，一次俾斯麥只因為男僕縱容獵犬擋了他的路，就踢了獵犬一腳，又給了男僕一耳光。李鴻章評論道，「我無法想像克利夫蘭總統會這樣做，或是像俾斯麥那樣氣得滿臉通紅。」

當李鴻章對克利夫蘭總統說，如果克利夫蘭是中國總統，他只能有一個法律意義上的妻子，但他肯定會在每個省都至少有另外一位夫人，甚至更多。克利夫蘭總統聽後開懷大笑，眼淚順著臉頰流下來，連聲道，「不會的，不會的。」但他又接著補充道，「不過試想一下，一個可以管住十六到十八個中國女人的男人才能管得住一個美國女人。」

關於克利夫蘭總統的夫人，這位直隸總督這樣寫道：

「有人告訴我，克利夫蘭夫人是所有入主白宮的女主人中最有魅力的一位。我完全相信這句話，因為我不知道自己曾在何時何地見到如此令人讚歎的面容和身段了。我可以將她稱為優雅之母或是深受上天眷愛的女子。作為美國第一夫人，克利夫蘭夫人為美國女性增添了榮耀，也是世界女性的驕傲。我希望顯赫尊貴的慈禧太后也知道克利夫蘭總統夫人和葉卡捷琳娜大帝（Czarlina，譯注：凱薩琳大帝的俄文發音）。」

格蘭特陵前的呐呐私語

李鴻章訪美回憶中，最感人的一段就是他到老朋友格蘭特將軍墓前拜祭的故事了。李鴻章與格蘭特將軍的情誼世人皆知。出使美國途中，他在自己的日記裡寫道，「我將去格蘭特將軍的祖國。」下面是他拜謁格蘭特將軍陵的描述：

「我不會像有些人一樣淚流滿面。有些人連打碎了復活節彩蛋都會落淚。但此時此刻，站在我這一生榮耀的朋友陵前，我的心中充滿悲傷和昔日美好的回憶。誠然，我很高興自己能夠佇立在這神聖的碑前，與已踏上永生之路的格蘭特將軍交談。只有站在逝者墓前，我們的言語才有意義。當悲傷的朋友來到墓前，而逝者的靈魂在墓地徘徊，傾聽朋友的訴說，將它帶給長眠地下的人，那裡有靈魂之泉長流不息。

「於是，我告訴這位已逝的摯友，我從中國遠道來此瞻仰他的墓地，只因為多年前我曾與他會面。這是我的心聲。現在，我為了自己的祖國出使沙俄、德國和其他國家，向各國元首傳達中國的友善之意。而在我的心裡，藏有一個美好的願望，就是要在這位美國將軍的陵前傾訴我的肺腑之言。

「如果不能實現這個散發著鮮花芬芳的使命，我無法圓滿地返回中國。我在格蘭特將軍陵前送上一本誦經，請求他受到庇佑的靈魂能夠時常想起我，並歡迎我來到這個正值黃金時代的陽光國度。我做完這些後，內心感到安寧與滿足，就像我站在自己慈母墓前所感受到的那種發自內心的讚美與愉悅。

「我緬懷格蘭特將軍，他曾帶著名滿天下的榮耀與讚譽訪問中國，現在我們更加地尊敬他。從過去到現在，從來沒有任何一個外國人如此值得我們尊敬。

「這難道不奇怪嗎？他在聽我訴說嗎？當我與伊藤博文侯爵在馬關代表各自國家談判和約時，一個日本暴徒企圖暗殺我，當時我正懷念著格蘭特將軍。這難道不奇怪嗎？

「是的，當我忍受暴徒的子彈鑽入身體的灼痛時，我甚至看到了格蘭特將軍與夫人之樹，並對著將軍說話。」

李鴻章先生認為大家都知道，當年格蘭特將軍攜夫人訪問遠東時，日本給予他們崇高禮遇。

其中一項，就是在馬關對面的小島上，種下了兩棵雄偉壯麗的武士樹，並將這裡封為聖地。其中一棵樹上懸掛著格蘭特將軍的銅像及題字，而另一棵樹上則掛著有格蘭特夫人肖像的標牌。當地記錄稱，格蘭特將軍去世不久，將軍樹枯萎了，另一株仍舊枝繁葉茂。可是，當格蘭特夫人逝世後，這棵樹也死去了。

俾斯麥與啤酒

李鴻章出使德國的經歷中最有意思的恐怕就是他會見俾斯麥的一段。

「前天，我在俾斯麥的城堡裡與他的會面非常有趣。他請我喝啤酒。我一點也不喜歡啤酒，但首相告訴我，如果我在德國待的時間長了，就必須學會品味這裡的啤酒。我告訴首相，我並不準備在這裡待上若干年，也許我實在沒辦法喜歡這種德國飲料。

「我們一起抽菸斗，賓主相談甚歡。會見時間很長，打斷我們的只有翻譯和進出送菸斗、飲料的僕人。我們大部分時間都在討論國際政治，最後，我們談到未來德國對遠東地區的影響。

「俾斯麥首相說，『在你們的世界裡，對德國了解非常少。德國統一不僅意味著新國家的誕生，未來總有一天，德意志帝國將統治整個歐洲。別看大英帝國現在威風凜凜，風光無限，但她有一百處弱點。英國意識到，與鄰近的強國對抗將會導致她的毀滅。我討厭誇誇其談的英國人，儘管現在是德國血統的國王在統治英國。』

「會談最後，行將告辭時，我對俾斯麥首相說，一些人給我極高的讚譽，稱我為『遠東的俾斯麥』。首相努力想使自己看上去嚴肅些，好像在揣摩我這句話的含義。接著，他濃密眉毛下的雙眼泛出笑意，輕聲對魯夫巴赫上尉（Capt. Ruffbash，他在我見過的德國人中，中文說得最好）說，『你轉告李鴻章閣下，法國人可根本不會認為這是一句讚譽之辭。』我當然理解，法國人一點兒也不喜歡俾斯麥。為此，我們握了握手。

「我發現俾斯麥誇獎人的速度一點也不比其他人慢。我們剛握完手，他馬上就說，『看來他們把閣下稱為東方的俾斯麥了？那麼，我想告訴閣下的是，我可永遠也沒希望被稱為「歐洲的李鴻章」了！』」

和格萊斯頓首相一起砍樹

在英國，李鴻章為會見格萊斯頓首相❸，拒絕了英國貴族向他發出的邀請。他擔心此舉有所冒犯，但同時又自問，「這些貴族能給我什麼呢？麵包、紅酒和音樂會？這些貴族我一個也不認識，我為什麼要花費時間和他們見面呢？」李鴻章只希望拜會維多利亞女王、格萊斯頓首相、威爾斯親王、莫利❹以及丁尼生❺。

李鴻章在回憶錄中描述了他造訪霍瓦登堡（Hawarden Castle）的場景，這兩位政治家的會面情景令人震撼。李鴻章寫道：

「格萊斯頓首相指著一些樹樁對我說，這八年來，他都是以砍樹樁作為鍛煉身體的方式，以保持肌肉的強壯和身體健康。這讓我覺得非常有意思，我說，想看看他是如何砍的。於是，他舉起一把大斧，對著一棵樹連著劈了好幾下，而後將工具遞給我說，閣下有沒有砍過樹？我告訴他，當自己小的時候也經常這樣玩，但是，這個童年的習慣長大後也隨著其他小習慣一起消失了。他還是希望我試一下，於是我照辦了。但這真不是一件容易的事，斧頭的手柄卡住了我的衣服袖子，我差點砍到自己的腳。」

參觀英國貧民窟的感想

李鴻章先生關於中、英兩國窮人生活狀況差異的分析發人深省：

「主人們可能對我想參觀英國貧民窟的願望和請求感到不是那麼高興。我說，中國窮人成千上萬，我見多了他們衣衫襤褸的樣子。恐怕我在這裡看到了太多盛世景象，所以，我想，除非你們應允我的請求，否則，在我腦海裡對英國人的生活就沒有一個真實的概念。我就這樣把自己的想法坦率地告訴了英國人。最後，我被匆匆帶到倫敦城裡的一個貧民窟。

「我至今難以描述我所看到的場景或是我當時的感受。但是，我知道自己可以得出一個結論，即雖然許多國家擁有強大的陸軍和戰艦，但在這一切光鮮耀眼的場景背後，總是隱藏著那麼多悲慘的故事。中國並不是世界上唯一貧窮和飢餓的國家。

「當中國人飢渴時，可能會呼天喊地。然而在外國，飢餓的窮人會到鄰居家偷竊或入室搶劫。我出訪這幾週雖然時間短暫，卻眼界大開。我時常聽到有人說，他準備用炸彈和匕首向政府發起沉默的戰爭，因為是政府使他陷入如此絕望無助的境地。

「我越來越多地看到和了解到歐洲社會底層人民的生活，這讓我越發地熱愛和同情我自己祖國的那些境遇悲慘的窮人。因為，當我做過對比後發現，中國的窮人不那麼邪惡。現在，我想向所有中國人致以我的敬意，從慈禧太后、朝廷到廣東的漁民。」

爲慈禧虐待光緒帝和珍妃義憤填膺

李鴻章對於他可怕的主子慈禧太后也直言不諱，滿足了我們所有的好奇心。李鴻章生動描述了這位女暴君是如何對待她的兒子、可憐的光緒皇帝的：

「天津。一八九八年十月九日。這天早上，從首都北京過來的信差帶來許多很有意思的消息。榮祿紀錄了在皇宮中發生的一幕，悲慘的光緒皇帝跪在慈禧面前，承認自己一無是處。榮祿稱，老佛爺在接受皇帝的跪拜大禮時全然是一隻暴怒的母獅，她對待年輕皇帝的態度比對那些無法無天的太監們還要差。

「根據榮祿的描述，他聲明這都是事實，慈禧太后威脅光緒皇帝，如果不同意與皇后（慈禧的姪女，也是安插在光緒身邊的間諜）好好過日子，就只有死路一條。於是皇帝說，他會愛皇后，與她一起生活。這真是讓人義憤填膺，因為我知道皇帝恨皇后，壓根兒不願意看到她。

「珍妃是這位不幸皇帝鍾愛的妃子，她是所有年輕男子夢寐以求的好妻子。珍妃在慈禧面前為光緒求情，慈禧命人將她拖出去，關到皇宮一處偏僻的院子裡，並下了門栓。我認為這種做法非常不妥。慈禧太后羞辱光緒皇帝，有時甚至在身分卑微的太監和侍從面前讓他難堪，這就夠過分了，而現在竟然將他生命裡唯一的安慰也要剝奪去！

「當然，榮祿對於這位被剝奪實權的皇帝不抱任何同情心，袁世凱對皇帝也毫不憐憫。但我準備向這二人求情，幫我最大一個忙，奏請慈禧太后允許珍妃重新回到皇帝身邊，能與他在瀛臺這座牢獄中一起生活下去。」

沒有任何紀錄顯示李鴻章曾就珍妃一事奏請慈禧太后，或致信榮祿和袁世凱求助。珍妃是皇帝最喜歡的妃子，因為她的容貌美麗光芒像珍珠一般，因而得名「珍妃」。這個不幸的年輕女子被軟禁了將近兩年，除了在慈禧太后面前，她再也沒有單獨見過皇帝。一九〇〇年，八國聯軍將攻進北京，清軍匆忙應戰時，慈禧下旨，將珍妃投入紫禁城裡的一口井中溺死。

中國的愚昧招致了西方的憤怒

本書最有意思的，應該算李鴻章自述在一九〇〇年如何承擔苦差而徒勞無功的那段。他協助清廷對抗義和團，試圖將中國從災禍中拯救出來，但一切皆枉費心思。李鴻章比其他任何人都更清楚，正是中國的愚昧招致了西方的憤怒。他大聲疾呼，「如果中國國內那些自以為是的大人們能夠像我一樣，親眼目睹歐洲和美國的強盛與軍隊的現代化，那該多好！他們就不會再像幼稚孩童一般白日做夢了！」

端親王載漪是慈禧的耳目，正是他將慈禧帶入了無可挽救的深淵。李鴻章寫道：

「他應該羞愧地將頭掩藏起來。在他的頭腦裡，充滿著仇恨和爛泥，已不是真正的大腦了。」

李鴻章徒勞地掙扎著，但是，噩運還是降臨中國。於是，他又被派去出使各國，試圖挽救中國的命運。

《李鴻章回憶錄》中講述他鎮壓太平天國起義的經歷是本書中極有價值的部分，尤其是他與「中國人」戈登（"Chinese" Gordon）打交道的故事。李鴻章最初並不信任戈登，而後卻真誠地支持他，最後又因戈登違命而不得不將他解職。根據李鴻章日記所述，戈登曾多次當面讓他難堪，兩人實在無法再合作，李鴻章才解除了他的職務。

本書妙趣橫生，講到東方傳統習俗和思維方式時更是相當地精采。

注釋

❶克利夫蘭（Stephen Grover Cleveland, 1837-1908），生於紐澤西州考德威爾（Caldwell）。律師出身，後轉往政界發展。一八八一年任水牛城市長。次年任紐約州州長。一八八五年當選美國第二十二任總統，一八八九年競選連任失敗。一八九三年捲土重來，又當選第二十四任總統，一八九七年卸任。後病逝於紐澤西州普林斯頓（Princeton）。

❷格蘭特（Ulysses Simpson Grant, 1822-1885），生於俄亥俄州波因特普萊森特（Point Pleasant）。一八三九年入西點軍校，一八四三年畢業。參加內戰，屢建戰功，一八六四年三月晉升中將，指揮全部聯邦軍，最後擊敗南方叛軍。一八六六年晉升五星上將。一八六八年當選美國第十八任總統，一八七二年連任成功，一八七

七年卸任。後病逝於紐約州麥格雷戈山（Mount McGregor）。

❸格萊斯頓（William Ewart Gladstone, 1809-1898），英國自由黨政治家。生於利物浦，牛津大學畢業。一八三二年作為保守黨黨員進入議會，歷任一些次要職務。一八五〇年同一批主張自由貿易的保守黨人脫黨加入了自由黨，一八五二～一八五五年在阿伯丁（George Hamilton Gordon, 4th Earl of Aberdeen）的聯合政府中任財政大臣，一八五九～一八六六年在帕麥斯頓（Henry John Temple, 3rd Viscount of Palmerston）政府中再度任財政大臣，以善於理財聞名。一八六七年成為自由黨領袖，其後四度出任英國首相（一八六八～一八七四、一八八〇～一八八五、一八八六、一八九二～一八九四）。勤於公務，任內建立國民教育系統，成功地執行一項有利於男子普遍獲得選舉權的議會改革計劃。後在霍瓦登堡逝世，葬於西敏寺。他是美國總統威爾遜的偶像，始終被學者評選為英國最偉大的首相之一，其排名僅次於邱吉爾（Sir Winston Leonard Spencer Churchill）。

❹莫利（John Morley, 1st Viscount Morley of Blackburn, 1838-1923），生於英國蘭開夏郡布萊克本（Blackburn, Lancashire）。牛津大學肄業。雜誌編輯出身，自由主義分子，支持普遍參政權及國民教育系統，曾多次當選下議院議員。一八八五、一八九二年被格萊斯頓首相兩度任命為愛爾蘭部長，任內嘗試說服國會議員接受愛爾蘭獨立，未成。一九〇五年任坎貝爾─班納文（Sir Henry Campbell-Bannerman）內閣印度部長。一九一〇年因反對英國參加第一次世界大戰，在英國對德國宣戰之後憤而辭職。莫利一生中寫了多部名人傳記，包括《愛德蒙·布魯克》（*Edmund Burke*）、《伏爾泰》（*Voltaire*）、《盧梭》（*Rousseau*）、《理查·科布登》（*Richard Cobden*）及《威廉·格萊斯頓》（*William Gladstone*）。

❺丁尼生（Alfred Tennyson, 1st Baron Tennyson, 1809-1892），生於英國林肯郡索默斯比（Somersby, Lincolnshire）。少有詩名，十二歲時便寫出了六千行的史詩。一八二八年入劍橋大學就讀。一八三〇年出版自己的第一部詩集。次年因父喪被迫輟學。一八五〇年為已故摯友哈勒姆（Arthur Henry Hallam）發表了哀歌〈悼念〉（In Memoriam A. H. H.），是英國文學中最偉大的挽歌之一。同年十一月，繼華茲華斯（William Wordsworth）之後成為英國桂冠詩人。一八八四年獲封男爵。

四川吸食鴉片者將被槍決

一九一四年五月十日

題記：民國政府在成都採取史無前例的禁煙行動。

北京五月九日電：根據政府二十一天前發佈的公告，在四川省成都，自即日起，凡發現四十歲以下吸食鴉片者將處死刑。超過四十歲者則將判罰強制勞動。

四川禁煙十分嚴格，所有吸食鴉片者必須強迫接受戒煙治療。

「通濟」艦爆炸致三十五人死亡

一九一四年七月十三日

中國上海七月十二日電：昨晚，中國砲艦「通濟號」❶發生可怕爆炸，當時它正停靠在江南兵工廠（譯注：即江南製造局）。

爆炸正好發生在海軍學校學生宿舍的下面，正在熟睡的三十五名軍校學生當即身亡。爆炸原因尚未查明。

注釋

❶「通濟號」為福建船政局於光緒二十年（一八九四）建造的練習巡洋艦，造價一百一十萬銀元。鋼質船身，艦長七十七米，寬一〇．六米，吃水五．五米，排水量一千九百噸，航速一〇．五節。此艦曾長期作為馬尾船校學生練習艦。一九一四年六月發生爆炸，導致三十六人死傷。一九三七年八月十二日，淞滬抗戰爆發，為自沉江陰的八艦之一。

美國爲德國難民和戰俘提供協助

一九一四年十二月十三日

華盛頓十二月十二日電：美國國務院應德國使館請求，準備將在中國上海避難的一些德國婦孺接至美國。他們大多數是在英軍和日軍攻打膠州灣時逃到上海的。

國務院已預先向移民局提出建議，因為如果難民可能成為美國公眾負擔的話，他們的避難申請將被移民局拒絕❶。

此外，美國還準備向關押在西伯利亞的德國戰俘提供協助。美國駐華公使（譯注：指芮恩施）奉命將援助資金交到戰俘營，據稱那裡的德國戰俘急需錢用。

注釋

❶根據美國移民法規定，非移民或移民簽證申請人都必須證明他們到美國後不會成為該國的「公眾負擔」（public charge）。

普呂肖上尉逃離青島記

一九一五年一月十六日

題記：德國海軍上尉普呂肖駕飛機逃離青島，假扮蘇格蘭人一路驚險逃亡到美國。普呂肖本為中國政府收押囚犯，越獄出逃後乘輪船離開。在船上避開了日本人的搜查。

德國海軍飛行員普呂肖上尉❶在日本佔領青島前夕，承擔了德軍在青島上空的大部分空中偵察任務。在日本攻佔青島的前一天，普呂肖上尉神奇逃離中國，並於昨天抵達紐約。據稱，普呂肖上尉是駐守青島唯一未淪為日軍戰俘而倖存的德國軍官。他在德軍投降前一天駕機駛離青島，在中國內地一個小村莊著陸，又歷經種種危險，輾轉來到紐約。

儘管普呂肖上尉不願接受採訪，認為這違背德國海軍軍規，也不希望公眾知道他現在紐約，因為他僅僅想從這裡借道而過。然而，一位普呂肖上尉的朋友對他的逃亡經歷瞭若指掌。他描述了這位年輕的德國軍官是如何逃離中國的。

普呂肖上尉面容光滑整潔，看上去不滿二十一歲，但他卻已在德國海軍服役十一年。他也不太像典型的德國人，他能順利逃亡得益於此。他甚至能講一口帶蘇格蘭口音的英語。普呂肖上尉是從上海遁上「蒙古號」（Mongolia）輪船的，他在海上航行的一週多時間裡，隨時有被船上日本特工人員揭穿身分的危險。

「蒙古號」輪船先後在長崎、神戶和橫濱作例行停靠，普呂肖病得非常厲害，每天只能在自己的客艙裡用餐。直到「蒙古號」駛離橫濱港，一路遠行，他的這場病才好轉起來。

青島作戰

普呂肖上尉在戰爭爆發前三天跟另一名飛行員和兩架鳩形單翼機（Taube aeroplanes）一同來到青島。他們是當時青島德軍中僅有的飛行員。此前，普呂肖僅接受過三個月飛行訓練。他的戰友被日本機槍擊落。這之後不久，德軍的探測氣球又被日軍砲火摧毀。

隨著戰事的變化，普呂肖上尉變得忙碌起來。他在藍天翱翔時找到了安全感，但青島只有一處馬球場可以供其起飛降落。接下來，這個場地也落入日軍火力範圍之內。於是，普呂肖起飛和降落時，經常伴隨著日軍的隆隆砲火。日本人在試圖用砲火摧毀飛機機庫時，將這個馬球俱樂部夷為平地。普呂肖上尉自造了一個模型飛機，從外表看與真的一模一樣。這架假飛機剛放置在馬球場上，就引來日軍猛烈的砲火。

普呂肖上尉並未從德國將大批航彈帶到遠東，而是自己動手製造炸彈。他用罐頭盒、炸藥和鐵釘製成炸彈，但這些炸彈無一成功，當然，失手扔到英軍廚房帳篷裡的那一枚除外。

普呂肖在青島失守前一天逃離。他於黎明起飛，從馬球場一升空就被槍砲尾隨。有一發槍彈擊中了飛機的機翼，炸出一個大洞。

逃往上海

普呂肖上尉徑直往西飛，飛越日軍防線。他在槍林彈雨中穿行。幾小時之後，他大約飛行了一百八十英里，燃油耗盡，於是迫降在江蘇海州城附近。當地老百姓看到普呂肖從雲端落下，都被驚呆了，但他們很快克服恐懼，轉而圍聚到他身邊來。人們驚奇地發現，普呂肖自己焚燒了飛機，走進市區向中國軍隊投降。

中國人覺得這位囚犯非常重要，很是敬畏，於是派一名軍官率五十名士兵將他護送到南京並予拘留。中國人並沒為拘留在南京的這名德國囚犯提供任何特別待遇，生活條件遠談不上舒適。中國當局對於如何處理這名德國軍官似乎感到困窘。普呂肖也不願無限期地處於中國當局囚禁之中。於是，某夜，他賄賂守衛後溜走，前往上海。

普呂肖來到上海這個自由港，但在國際租界裡仍無安全感。此地唯一能帶他離開的是太平洋郵輪公司（The Pacific Mail Liner）的中立船隻，郵輪前往檀香山和舊金山途中，照例要停靠三個日本港口。普呂肖設法弄到了一本護照——普呂肖的這位朋友並未說明他是如何弄到護照的，搖身一變成為名叫麥克加文（E. F. MacGarvin）的蘇格蘭人，他並努力模仿蘇格蘭口音講英語。

神祕病人

「蒙古號」上有許多英國人，還有不少看上去像軍人的日本人，他們對登船的每一位旅客都興趣盎然。當郵輪駛入長崎港做體檢時，人們才發現這位「麥克加文先生」身患惡疾。日本醫官在船上餐廳對其他乘客做了常規檢查後，到這位「蘇格蘭人」客艙門口掃了一眼，發現床上這位先生與他們概念中的德國人毫無相似之處，於是說聲抱歉就離開了。

兩天後，當郵輪抵達橫濱港時，普呂肖仍抱病在身。但第二天，當郵輪經理小科爾斯（George H. Corse, Jr.）向船橋上的賴斯船長（Capt. Emory Rice）揮手告別後，普呂肖上尉就神奇地康復了。他穿好衣服走出客艙，成為甲板體育運動最活躍的參與者。

昨天，普呂肖上尉不願透露他下一站將去哪裡，只是說將乘坐下午晚些時候的火車離開紐約。

注釋

❶普呂肖（Lieut. Gunther Plüschow, 1886-1931）是德國著名航空探險家、作家。他從青島逃出後，著陸在海州城外的稻田裡，並騙取通行證件，租了一條船到南京。從南京逃到上海後，他找到一名曾在柏林相識的外交官的女兒，幫助他搞到護照、錢和船票，由此逃往紐約。等他逃到倫敦後，再次被關進戰俘營，又再次逃出。蘇格蘭場曾簽發通緝令，要求找到這名胳膊上有龍紋身的逃犯。一九一六年，普呂肖第一部作品《一位航空家的青島歷險記》（*The Adventures of the Aviator from Tsingtau*）出版。此書熱銷七十萬冊。一九二七年，普呂肖駕乘配有BMW IV發動機的「亨克爾」（Heinkel HD-24）水上飛機開始南美探索飛行，多次飛越壯美的巴塔哥尼亞冰川（Patagonian Ice Field），對南美洲地理發現做出了重要貢獻。後死於飛行事故。

竹筒裝金條從中國寄來

一九一六年一月四日

題記：寄來的金條用帆布包裹的竹筒分裝，已送郵局分析室。

昨天，郵遞員把二十五個帆布包裹的竹筒送到分析室。經檢查發現，這些竹筒每枚長一英尺。每只竹筒裝有若干金條，每根金條重八十盎司，價值一千六百美元，合計四萬美元。金條先裝進竹筒，再用帆布非常精細地縫攏，兩頭用重蠟密封。裝滿金條的帆布包裹以掛號方式郵寄，每包郵寄費是二．一美元加保險費，從紐約擔保信託投資公司的上海代理處寄出。郵遞員稱，幾週以前，有一個價值四百美元的單件竹筒從一個中國城市寄出。顯然，郵寄者發現他們的試驗取得了成功，並且發現，如果用大宗郵件的方式寄發的話，將比特快郵寄要便宜得多。

中國古董拍賣成交踴躍

一九一六年一月二十日

昨天下午，巴哈爾中國藝術品拍賣會（Bahr Chinese Art Sale）在美國藝術畫廊（American Art Galleries）落下帷幕，當天拍出二萬六千五百三十二美元，總收入達到七萬零二百七十五美元。

一幅美輪美奐的中國古地毯拍得當日最高價，由鍾斯先生（O. A. Jones）以五千二百美元買走，這是康熙年間的大地毯，長二十三英尺八英寸，寬二十三英尺，以皇家的明黃色為底，襯以深棕色和天藍色的纏枝蓮花紋樣，再配上其他柔和的色彩。地毯四周鑲有花邊，幾何圖形整齊劃一，令人爽心悅目。

另外有一對宋代定窯瓷碗，呈漏斗狀，透射出半透明的象牙白光澤，由蓋恩斯太太（Mrs. Gaines）以四百美元收藏。唐尼先生（G. K. Towne）則以二百九十美元收藏了一尊珍稀的明初壽老（道教的長壽神祇）雕像；瓊斯先生（L. L. Jones）以四百美元收藏了一個明代佛廟的陶器模型；隆盛泰古玩行❶以三百三十美元買走一對宮燈，玲瓏剔透，旁有側門可開，飾以薄紗和翡翠；還有一件罕見的明代漆板雕刻相框，以三百美元再次被瓊斯先生買走；古董商西曼

（Seaman）以四百二十美元拍得一對巨大的柚木雕屏，它是為掛畫定做的，飾有鎏金銅人。

另有一對乾隆年間的翠鳥羽毛畫屏，高三英尺一英寸，寬二英尺三英寸，硬木雕刻框架，有花鳥、蝴蝶、岩石和枯樹，被古董商勞倫茲（Lorenz）以一千二百五十美元收藏。瓊斯先生還買走了以下這些藝術品：以一百七十五美元拍得一個五面鏡畫屏，是宮廷用品；以五百六十美元收藏一件順治年間雕工精美的黑漆木屏風（Coromandel），這是一件雕刻和漆器工藝的精品。它是最早期的黑漆木屏風之一，畫屏上還刻有工匠的姓名，由某將軍（General Chi Yen）的全體隨扈——一群權貴子弟合送，側幅有為其歌功頌德的題辭，共十二幅，每幅高八英尺七英寸，寬一八．五英寸；以一千二百美元買走四套御製金緙絲掛軸，每套三百美元。

唐尼先生以三百美元買走一件雙面有五爪龍紋的緙絲龍袍。雷曼夫人（Mrs. A. Lehman）以三百四十美元拍得一套兩件御製緙絲掛軸。格拉梅西（Gramercy）以三百九十美元收藏一套二十二件直幅絲繡，每件長五英尺二英寸，屬十八世紀作品。

亨利先生（H. J. Henry）以四百三十美元收藏一件乾隆年間的中國古地毯，金黃色底，飾有深淺不一的藍色及黃色花紋，長十英尺四英寸，寬五英尺七英寸；再以三百八十美元收藏另一件長十八英尺四英寸，寬六英尺六英寸的金黃色地毯，但色調偏紅，圖案裡有各種家用器具。

買了多件藝術品的小韋德納先生（Frank A. Widener, Jr.）以三百六十美元買走一件靛藍色底襯有傳統青花樣式的地毯，長九英尺三英寸，寬五英尺六英寸；亨利先生還以五百五十美元收藏了另一件非常有趣的掛毯，長十英尺六英寸，寬九英尺五英寸，帶有窄邊和深底。其他買主還有哈里遜夫人（Mrs. Benjamin Harrison）、加蘭夫人（J. A. Garland）、摩爾先生（Rowland Moore）、比拉斯科先生（David Belasco）以及昂特梅耶先生（Irwin Untermyer）。

注釋

❶隆盛泰古玩行（Long Sang Ti Chinese Curios Co., Ltd.），一九〇二年創立，位於紐約第五大道臨近三十三街處。

慶親王奕劻去世

一九一七年二月二日

北京二月一日電：前滿清皇族內閣總理大臣、慶親王奕劻❶昨天在天津逝世。去年四月他歡度了八十大壽。

他是滿清末代皇帝溥儀的叔叔❷，是晚清政壇的風雲人物。滿清政府垮臺後，慶親王一直住在天津。作為皇親，一九〇八年慈禧太后封其為世襲罔替慶親王。此前，他任統領軍機大臣，負責整頓清軍。一九〇九年廢軍機處，一九一一年五月，首任皇族內閣總理大臣。

慶親王奕劻是乾隆帝家族的第四代，出生時一文不名，而去世時卻身家百萬。《泰晤士報》評論他的一生時稱，他創造了亂政之術（an art of misrule）。

注釋

❶慶親王奕劻（一八三八～一九一七），愛新覺羅氏，滿洲鑲藍旗，乾隆皇帝第十七子永璘孫。自一八八四年起掌管總理各國事務衙門，領班軍機大臣，廢軍機處後首任內閣總理大臣，是少數參與晚清改革全部過程的元老重臣。政見開明，身段靈活，是李鴻章和袁世凱等人的保護傘，主張及早預防，避免事態失控造成外交、軍事

麻煩，英國駐華公使竇納樂（Colonel Sir Claude Maxwell MacDonald）認為他是「推動中國政府（進步）的一個槓桿」。

❷此說不確。溥儀是奕譞的孫子，屬宣宗（道光）系，奕劻屬高宗（乾隆）系，若論輩分，奕劻應是溥儀的堂叔公。

美國砲艇在重慶附近遇襲

一九一七年十一月八日

北京十一月七日電：今天，在離四川省重慶不遠的長江江面，一幫中國土匪向美國砲艦「帕羅斯號」（Palos）開火。艦身輕微受損。

「帕羅斯號」排水量為一百九十噸，是在中國水域巡邏了一段時間的眾多小砲艦之一。今年六月，「帕羅斯號」、「莫諾卡西號」（Monocacy）、「薩瑪爾號」（Samar）、「奎洛斯號」（Quiros）、「維拉羅柏斯號」（Villalobos）等五艘砲艇曾被中國政府扣押在上海港，中國與德國斷絕外交關係後，即被歸還。

重慶位於距上海八百英里水路的長江上游。

廈門附近地震，萬人喪生❶

一九一八年二月二十六日

中國廈門二月二十五日電：根據來自汕頭的最新報導，約一萬人在最近發生的地震中喪生。

汕頭是中國通商口岸，隸屬廣東省，位於廣州東北二百二十五英里。它是當地的製糖工業中心，城鎮人口約四萬。

二月十六日與十七日發生的一系列地震給廣東多數地區造成巨大損失。廈門和附近許多市鎮的建築物破毀，廈門腹地有幾個村莊被夷為平地。

注釋

❶一九一八年二月十三日（農曆正月初三），廣東南澳至福建詔安外海一帶發生七．三級地震。地震發生於當天下午二點零七分，震央位於廣東省東部南澳島東北約十公里的海底，即北緯二三．五度，東經一一七．二度，震級為七．二五級。受震範圍包括廣東、廣西、福建、湖南、江西、上海、江蘇、浙江、安徽、湖北和香港等地的一百三十多個縣市，面積五十多萬平方公里。此後，餘震又持續一百多天，造成極大破壞。

兩名美國工程師在華被綁架

一九一八年三月十二日

題記：美國工程師奈爾和佩舍爾攜帶大量現金，原本準備支付給測量隊員。衛兵與土匪激戰。美國要求北京政府採取行動，釋放被劫人員。

北京三月八日電（延誤）：兩名美國工程師奈爾（Nyl）和佩舍爾（Pursell）在河南郟縣被土匪洗劫並綁架，一名中國助手也被俘虜。

這一群人當時是在勘測周家口至襄陽府鐵路❶途中。他們身上攜帶大量現金，原本準備支付給其他測量隊員。北京政府派出二十名士兵武裝護衛。衛兵們與前來襲擊的土匪爆發激烈戰鬥，直到彈藥用盡而投降。有兩個中國人逃生，並向政府報告了這一暴行。

華盛頓三月十一日電：美國國務院要求民國政府傾盡全力，儘快解救在郟縣附近被綁架的美國工程師，並嚴懲土匪。儘管最近發生了一幫中國土匪向美國砲艇「莫諾卡西號」（譯注：此說與前二篇報導有出入）開火的事件，但美國人在中國內陸被騷擾近年來還是第一次。

裕中鐵路與運河公司❷十日證實，在中國被土匪劫持的美國工程師佩舍爾，姓名為E. J. Pursell，是明尼蘇達州聖保羅市（St. Paul）人。據稱，裕中鐵路與運河公司跟中國政府簽約後，佩舍爾先生從美國派來從事測繪工作。

儘管公司人員表示沒有雇用過一位叫奈爾的人，但他們相信這是把凱爾（G. A. Kyle）的名字弄錯了。凱爾是俄勒岡州波特蘭（Portland）人，已居中國數月。

俄勒岡州波特蘭三月十一日電：據信被中國土匪劫持的兩名美國工程師之一的凱爾（George A. Kyle），原是俄勒岡幹線公司（Oregon Trunk Line）的築路總工程師，幾年前來到中國，為清廷擔任錦州鐵路的總工程師，而且還參與裕中鐵路與運河公司在華築路工作。

注釋

❶一九一七年二月七日，北京政府交通部建議自河南省周家口經南陽到湖北省襄陽修建一條鐵路，長二百英里，稱為周襄鐵路。

❷一九一六年五月十七日，美資裕中鐵路與運河公司（Siems-Carey Railway and Canal Company）跟北京政府簽訂《承造鐵路增訂合同》，貸款一千萬美元，取得一千五百英里（後減為一千一百英里）的鐵路修建權。計劃修鐵路五條：衡陽至南寧、豐鎮（今屬內蒙古自治區）至寧夏、寧夏至蘭州、廣東瓊州至樂會、杭州至溫州。這些鐵路完成後，還可以獲得再修一千五百英里的權利。借款除以路產作抵押外，裕中鐵路與運河公司還

取得在造路前和造路期間在中國設廠製造鐵路器材的特權，以及竣工後參與經營管理和在鐵路沿線「發展工業」等權益。取得鐵路修建權是列強劃定在華勢力範圍的重要標誌。美國駐華公使芮恩施承認，裕中項目是美國擴大在華勢力的重要起點。

奇怪流感橫掃華北

一九一八年六月一日

北京五月三十一日電：一種奇怪的流感正在中國北方各地肆虐。天津已出現二萬病例，北京也有數千例，最近，兩地銀行和綢緞店鋪紛紛歇業，甚至警察局也關門了。令人慶幸的是，此病尚不致命，病情通常在持續四日後，可望緩解。

在華美國人興起學中文

一九一八年十一月十七日

美國駐天津總領事赫茲勒曼（P. S. Heintzleman）稱，美國人讓其年輕雇員學習中文的熱潮正在中國天津興起。熱中於進出口貿易的美國人很久以來就認識到，要與中國商人建立密切關係必須學會說中文。

不久前，在天津的英國商人已經認識到，通過密切和當地商人的聯繫可以擴展貿易。出於這個目的，一所中文語言學校於一九一七年開始興辦。這所學校最近竣工了，一些美國公司的員工也註冊進入該校學習中文。預計當這家中文培訓機構廣為人知後，會有更多的西方人士前來報名。

目前，學校由一位精通中文的英國傳教士掌管，設有初級班、中級班和高級班三個級別。各級別的授課重點，都是突出商業交往中口語運用和寫作的能力。

該地區一些美國大公司過去就認識到了與中國商人用當地話開展商務活動的重要性，並且為雇員提供學習時間和場合，支持他們掌握中文語言技巧。這所學校的建立，使得美國公司的所有雇員都有機會學習中文，達到可與中國人進行複雜商業交談的程度。美國駐天津總領事對此相當重視，並呼籲這裡的美國人支持這所學校，鼓勵雇員選修。

儘管整個學習方案能否成功尚取決於當地美國公司是否積極支持，但毋庸置疑的是，這項學習活動必將促進中美貿易和相互理解。

北京政府開始全面禁菸

一九一九年九月二十一日

美國的道德學究們或許將為中國這個昔日的鴉片大國發動反對菸草的運動而深感欣慰。在這個長期被菸草毒害的國家，現在貼出了如此之多的警示標語，令人矚目。北京政府內務部發佈公告稱，國民幾乎人人沉溺於菸草，這比過去吸食鴉片還要糟糕。現決定，在全面禁菸前實行如下限制措施：十八歲以下兒童嚴禁吸菸；如陸、海軍人員吸用菸草，將受到嚴厲處罰；在公立學堂和大學嚴禁雪茄和香菸。

莫小毛打官司

一九二〇年九月十二日

退役少校魯丁格爾（Major St. P. Rudinger, Chinese Military Force, Retired）

孔夫子說，「聰明人只上一次法庭，只有傻子才去兩次。（The wise man goeth to court once; only the fool goeth twice.）」上海的莫小毛（Moh Hsiao Mao，音譯）沒聽孔聖人教誨，他進法院打了兩次官司。莫小毛是上海一家棺材鋪的老闆，他與販賣假煙土的張文青（Chang Wen Ching，音譯）結有宿怨。莫小毛設計請出一位洋律師，調動一名中國法官幫他打贏了這兩場官司，證明孔夫子的話也不是絕對正確。下面是莫小毛的自述。

莫小毛東拉西扯

「有學問又受人尊敬的律師大人，我名叫莫小毛，住在小花園街。聰明的大人難道不知道小花園街在哪裡嗎？就在顧戴路❶的南邊，這裡原來是刑場，就是砍頭的地方。很多像張文青這樣的惡棍都在這裡下油鍋，或被剁成肉醬。張文青是我鄰居，專門把假煙土賣給街上那些傻子們。我今天到聰明的律師大人您這裡來，就是請求您的保護。

「張文青對我做了什麼？如果您允許小人在您這樣的大律師面前提到他，我可以說張文青就是雄龜和母蛇生下的雜種，心眼很壞、無法無天。他是幾百年前一個可怕的惡魔投胎轉世。他的老母親癱瘓了，躺在家裡，他都敢放火把她的房子燒了。

「張文青是一個強盜、鴉片販子，是我們國家最膽大包天的騙子。我們現在也是民國了，就像您這樣有學問又受人尊敬的律師的祖國一樣。您來到我們這裡，就是要幫助那些心情很壞、受到欺壓的人，為了幫助我這樣的人。我受那個狡猾惡棍的傷害和欺負，心情無比悲痛。如果閻王不怕張文青騙他交出地獄來給他管，就應該把張文青抓進阿鼻地獄。唉唉呀，我心裡難過，腦子也糊塗了。唉唉呀，就是因為張文青，那個騙子，殺人犯，強盜！

「律師大人，請保護我，幫我打敗張文青這個惡棍。我非常願意支付您酬勞，您要多少銀子或是美元，我都付給您，用現金或者銀行支票都行。只要您幫我打贏官司，把他抓起來，關進上海城裡最小、最臭、到處是害蟲的牢房裡，讓他當著法官的面被拖走，判他砍頭，或者槍斃他，讓他碎屍萬段。如果判他死罪需要花我太多銀子，那就讓他被大竹板子抽打一萬下，這樣我也高興了。我將非常樂意請您去吃一頓大餐，給您上澳門燕窩湯、上威海衛最好的魚翅，讓廣州姑娘和蘇州姑娘給您唱小曲兒。廣州姑娘身段兒豐滿，蘇州姑娘好模樣、好談吐，您一看就知道她們跟廣州姑娘不一樣。

「我得告訴您，有學問的先生，有一位名叫李杏花（Lee Shing Hua，音譯）的蘇州姑娘三天前剛到這兒來。我得跟您說說，昨天晚上她在一品膳飯莊（Yih Ping Shan Restaurant，音譯）怎麼著了——

狀告張文青打人殺狗

「我為什麼要告張文青？難道我沒告訴您這位讀了上萬本法律書的聰明先生嗎？對不起，我實在太氣憤了。因為張文青實在是這個世界上最壞的惡棍。他的心腸黑得像——

「唉唉呀，律師大人，您是中外律師界的驕傲啊！幹嘛這麼著急呢？您難道不知道孔夫子，就是你們叫Confucius的人曾經說過嗎？安息來自天堂，憂愁來自地獄！（Repose comes from heaven while worry comes from hell!）

「這個張文青，讓他們家孩子變成長尾巴猴兒、長出貓臉來！說到做壞事，再沒人比得上他了。您知道這是怎麼回事嗎？因為他的祖宗是長尾巴的，還——

「唉呀，你們外國人怎麼都這麼性急的？

「您想知道張文青都對我做了什麼？

「他對我做了非常壞的事，讓他的大兒子去——

「您讓我描述一下他的罪行好讓您能起訴他？

「聰明的律師先生，我可以向您保證，有許多人都看見了，三天前，張文青這個黑心腸的惡棍故意使壞，偷走了我的狗，用棍子打牠的頭，把狗皮剝下來做成裝銀兩的袋子。他把這個錢袋送給了他三姨太的妹夫，這傢伙住在昆山，跟張文青一樣可惡。您知道，我是從賣豬內臟的阿豐那兒聽來的消息，阿豐認識昆山警察局邊上的工頭的兄弟，是他告訴我張文青的三姨太的妹夫——

「您不想聽他妹夫的事兒？

「唉呀，寫過書的聰明人啊，難道您不知道李太白，他可是中國的大詩人，他曾經說，有消息就要認真聽，把它存在腦子裡。因為這些消息就像錢財一樣，要保存好，藏起來，到時候就派上用場了。（**That news shall be carefully listened to and stored away, for information is like a sum of money, saved and hidden away and which comes very handy when in need.**）

「是的，肯定是這樣，您這位打贏了上萬次官司的大人。張文青偷了我家的狗還把牠給殺了。我到他家去理論時，他不但不承認，而且轉身操起一根大粗竹棍，擡手就打。他打我就像官府打囚犯。大人您得替我申冤哪，您看看我這後背，看這些竹棍印子，疼死我了。還有，他不但拿竹棍打我，還抬起右腳踢我，就像大都督閱兵時步兵們踢正步一樣踢我，正好踢到我用來坐椅子的部位，越發地疼了。我往前撲倒了，撞到一個盛滿垃圾廢物的桶，桶砸下來，裡面的髒東西灑我一身，弄得我臭哄哄的。周圍看熱鬧的人看到我被竹棍打得喊痛，又被垃圾灑一身，都笑起來。

「唉唉呀，張文青太可惡了。他罪該坐牢判死刑！

「但我不想去法庭，因為我身上還帶著他打的傷呢。我只想告他偷我的狗，還把狗殺了，拿狗皮做錢袋送給——

律師要五十兩訴訟費

「您說我得付您五十兩銀子，您才會出庭告張文青這個強盜嗎？您知道這條狗值多少錢嗎？

「這狗不值錢。牠只不過是我們街上一條黃毛雜種狗，但牠每天都到我家來，我的二姨太總餵牠，給牠抓蝨子。我二姨太做飯很好吃的。這狗根本不值錢。我其實根本不喜歡牠，因為牠很麻煩，身上到處是蝨子，總喜歡溜到我臥房，爬到我的床上躺著。價錢？不，牠不值什麼價錢。

「我為什麼要起訴張文青？因為他是雄龜和母蛇生下的雜種，他的心腸——

「唉呀，你們美國人不能理解人的感情，你們想的全是錢。你們如果傷害了一個人又想安慰他，就給他錢。如果想傷害一個人或懲罰他，就把他的錢拿走。你們知道人的感情嗎，知道人心嗎？

「您要五十兩銀子，我肯定會付給您。錢是小數目。您就是開出十倍的價錢，我也樂意付給您。因為張文青心腸太壞了——

「五十兩銀子對於您這樣一位有學問的了不起的大律師當然只是小小的報酬了。親愛的先生，在我付給您銀子之前，我希望您考慮一下，以您和我這麼深的交情，是不是可以降低一下費用呢？二十兩怎麼樣？我們的交情——

「您說的沒錯，我們剛認識不到一個小時。但您看我不是把您當成最信任的顧問，向您敞開心懷了嗎？中國古書裡不是說『英雄相見恨晚』（Between twin souls of friendship can be closed on sight）嗎？

「唉呀，你們外國人就是這樣固執，死腦筋。那麼在我付您五十兩銀子之前，您是不是可以同意先接收二十五兩現錢呢？其餘的二十五兩我給您個欠條。十三天後，只要我老婆的大表哥跟浦東茶商做成那樁大專賣，他馬上就會把錢付給您。那個茶商每年跑兩次漢口呢。

「您不收欠條？那好吧，我給您做個頂好的棺材，漆成黑色，上面畫著紅色和金色的龍怎麼樣？完全按您的尺寸來做！

「還是不行啊？您就和法律一樣沒商量。啊，了不起的律師大人哪，我同意就是了。這裡是五十兩銀子，您拿去吧。我希望您不介意收下這張破支票。銀行的人只會少給您一成，因為它還不是破得很厲害。

「這樣就行了吧？您能跟我保證，張文青肯定會被判刑吧？」

「您連這都沒法保證啊？唉唉呀，我是多麼可憐，如果連您都不能說服法官給這個黑心腸的惡棍判刑的話，我這心裡怎麼好受啊——」

「您說您很忙？怎麼啦，你們這些外國人總是這麼匆匆忙忙的。

「好的，如果您寫信給我，我就過來見您。不，我會每天都過來找您的，因為我見到您就很高興，您是要保護我、替我復仇的人。

「我真是太高興了，能認識您這樣了不起的人。願您一直交好運！」

張文青當庭撒謊

案子開庭。儘管有許多人作證，看到張文青殺死那條狗，而且還拿大粗竹棍痛打莫小毛的背，但張文青也許是受習慣驅使，毫不知恥地撒謊，否認全部事實。他甚至還找來自己不在現場的證明。有一個證人說，案發當天，張文青到他在杭州的家裡作客，他們喝了浙江特有的加飯酒，醉得一塌糊塗。

但接下來的一個證人說不是這樣，張文青當天到了他在南京的家裡，大家一起搓麻將，張文青輸給他一七．六五銀元，到現在還沒給他。這個證人問，法庭能否好心地勸告張文青付清賭債呢？張文青在法庭上高聲指責這兩個證人，說他們和他們的祖宗八代都是騙子。

證人陳述滔滔不絕，法官花費兩個小時才審完。法官不時焦急地看看法庭裡掛的大鐘，因為他知道麵條和竹筍放在鍋裡煮太久，味道就不對了。最後，法庭莊嚴宣佈，被告張文青是個膽大而又愚蠢的騙子，他殺了狗還打了人。法庭宣稱，張文青在選擇證人時極不慎重。另外，由於張文青不負責任，耗費法庭寶貴時間，因此判決張文青為殺狗行為賠付十個大洋，另外還須支付訴訟費和其他開支。而且，由於明顯是張文青違法，他被當庭收押，直到付清所有賠償。案件就這樣審理完畢。

莫小毛高興壞了。他離開法庭時將律師介紹給朋友和各位證人，稱他為世界上最偉大的律師。

洋律師百思不得其解

律師回到自己辦公室後琢磨，他不知道自己的委託人是不是一個真正的傻瓜。是錢多得沒處花了，或只是復仇願望太強烈了。

律師怎麼也沒想明白。兩週後，莫小毛又來了，與他同來的是一個年輕的中國人，穿著鑲金邊的西裝，戴一副厚眼鏡。雙方相互問候後，年輕人介紹自己是莫小毛的兒子。莫小毛從衣服口袋裡掏出一些髒紙片，並說明來意。這次他狀告殺狗打人的張文青的罪名是，張文青拒絕償還一筆三千五百兩銀子的舊債。

律師詢問，是否有文件或類似證據來證明他的指控。莫小毛搖了搖頭，只是把這些髒紙片遞給律師，問他怎麼看這些東西。這些僅僅是有張文青簽名的信件，上面提到一些債務，但並未明言數額或注明數據。律師明確告訴他的委託人，這些東西無法構成充分的證據。但是，不管律師如何說明，都無法打消莫小毛要告張文青欠債的念頭。律師既不想接這個案子，也不願因為拒絕而惹火莫小毛，於是他試圖引用孔夫子的名言，他說，「你難道不知道孔夫子說過嗎？聰明人只上一次法庭，只有傻瓜才去第二次。」

穿著西裝的年輕人從眼鏡片後透出的目光頗為嚴肅，他反駁說，「親愛的先生，您肯定已知道，中國過去十年裡進行了完全徹底的改革。我們中國的年輕人經過認真研究，認為孔夫子已經過時，儘管他在他的那個時代和後來幾千年都是權威，但他的道義已跟我們這些現代進步青年的觀念不相符合了。中國年輕人現在希望成立共和國，希望獲得自由和——」年輕人看到律師臉上的表情，沒再接著說下去。

當孔夫子也敗下陣來的時候，律師就只剩下最後一招，用高昂的費用嚇跑他們。可是，當律師開出五百兩銀子要價時，父子兩人都迫不急待地點頭表示同意，並且馬上開始數放在桌上的香港和上海銀行的銀票。他們拿好收據，鞠了個躬，轉身離開了。

那陣子法庭正好沒什麼案子，因此莫小毛訴訟案很快開庭。正巧還是審判張文青殺狗案的那位法官。這位法官幫了莫小毛的大忙。儘管原告提出的證據不算充分，但法庭不久後還是宣判莫小毛勝訴，要求被告歸還三千五百兩銀子，並支付訴訟費用。

眞相大白

第二天晚上，莫小毛在一品膳飯莊設宴慶祝，請了許多棺材行的朋友，律師也作為嘉賓出席。莫小毛和兒子對他大肆褒獎，父子倆對勝利討回三千五百兩銀子異常興奮。

等其他客人都散了後，莫氏父子把律師叫到一邊喝高粱酒，開始講體己話。律師對法官如此快速做出判決感到很吃驚，莫小毛一本正經地點點頭說，「有學問的律師大人，請允許我告訴您，我告張文青欠我三千五百兩銀子已經十年，這個雄龜和母蛇生的雜種！張文青從我這兒借錢開鴉片鋪。但這個惡棍賣的根本不是鴉片，不過是把豬肉膘、芝麻、乾碎木屑與劣質鴉片混在一起，做成假煙土賣。只有傻子才會去抽它，但張文青卻因此賺足了銀子。他靠這種不誠實的方式發了大財，卻一再拒絕還我錢，還說他根本沒向我借過錢。

「我早就想讓張文青還錢了，但他太狡猾，我拿他沒辦法。而且我只有那麼一點點證據，怎麼能讓法官相信我是對的，張文青是錯的呢？

「張文青有個弱點，就是非常喜歡騙人，而且倔得像頭牛。但我必須向法官證明這一點。我等了好些年。殺狗這事兒終於讓我逮著了機會。

「您覺得我花五十兩銀子去報復一個殺狗的人很傻。我知道就算這件事微不足道，又有許多證人出庭作證，但張文青肯定還是忍不住要當庭撒謊。他果然撒謊了。法官看到他這樣做非常氣憤。您還記得法官說張文青是一個膽大而愚蠢的騙子嗎？

「我打聽清楚了，所有民事案件都由同一個法官審理。所以，當我告他欠錢的案子又擺到這個法官面前時，法官一眼就認出了張文青，也記起他之前是怎麼撒謊的。法官一看張文青連在那麼小的事情上都會撒謊，就認定他在比這多上千倍銀子的事情上更會撒謊了。所以，法官很快就判決了。

「所以，有學問的先生，您和我們的孔夫子都說傻子才會第二次上法庭，但在這件事上，你們都錯了。」

注釋

❶報導原文為"Giu Mow Tee"，初步判斷是顧戴路，曾為舊上海刑場。

美國女明星的中國印象

一九二一年一月二日

伊莎貝爾・羅斯（Ishbel Ross）

在傳統中國女性的心目中，枯燥無聊的生活日復一日。西方文明的火燄從未使她們熱血沸騰。即使她們遭遇困難，或對於現代女性有些許不滿，你也從她們麻木混濁的杏眼中看不出一絲端倪。

和安靜的中國女人交談時，她感覺走進了飄雪和凝固的時空

中國女人每天陷入簡單瑣事中，她們對丈夫百依百順，就像小狗對主人一樣。富門豪宅中的中國女人為自己能夠支撐起一個大家族深感驕傲，她順應世事的變化，從不多問，只是一味地接受命運的安排。她不擔心身旁沒有傭人侍候，也不擔心離婚訴訟，但她們也沒有改變的勇氣。她們的基本生存法則就是循規蹈矩。

埃爾西・弗格森❶，即舞臺上著名的小湯瑪斯・克拉克夫人（Mrs. Thomas B. Clarke Jr.），對中國女人就是這樣看的。弗格森女士剛剛結束她的環球之旅。這位美國舞臺劇和電影明星在她

的東方之行中對於中國女性和她們奇怪的生活態度非常感興趣，覺得比其他任何事都更有意思。弗格森女士從熱鬧紛囂的紐約走進中國人家，與和平安靜的中國女人交談時，她感覺自己好像走進了一個飄雪和凝固的時空。

弗格森女士說，「我花了好大一陣兒才習慣這種平靜的氣氛。一開始，我完全被中國街道上嘈雜尖銳的雜訊給驚呆了。但是，當我剝開城市的外殼，就會來到一個充滿智慧和寧靜的地方。中國人有快樂的天性。你雖然看不到外在張揚的生機，然而他們的快樂充滿平靜和舒緩，還有對自己能力的溫和的認知。

大部分中國婦女是埋頭於家務的奴僕和肩負重擔的牲口

「中國的女人們非常聰明。如果她們與美國女性進行自然的交流，她們可以與最聰明的美國女性相媲美。當然，這只限於受過良好教育的中國女性。大部分中國婦女是埋頭於家務的奴僕和肩負重擔的牲口。在北京和廣州，都能看到這種令人驚駭的場景。只有在中國發生了巨大的進步後，全體女性才會意識到她們實際上是男人的奴隸。女人們在稻田裡、運煤船上、甚至在建築工地上幹活。中國的女苦力像男人一樣扛運重物。這些女人看上去像剛從地獄中走出一樣，粗聲粗氣地相互喊罵著髒話，她們跟別的有色女人沒有兩樣，因為她們隨時都準備上前揪扯對方的頭髮。」

弗格森女士說，每隔十年左右，中國女性也會女人味兒十足地更新她們的服飾。這並不常見，但一旦開始，同樣會在平靜的家庭生活中掀起漣漪。媽媽和所有年輕姑娘們都會迅速跟上潮流。最時尚的中國女性正在模仿美國女性，在這裡看到她們奇特的小腳上穿著高跟鞋已不是一件新鮮事。從中國女性走路的方式，仍可看出她們千百年來飽受束縛。她們的腳真是異乎尋常的嬌弱細小。她們總是小心地踮著腳，踉踉蹌蹌地走路。

中國女性服裝如此端莊，最嚴厲的道學先生也挑不出毛病

弗格森女士說，「照美國人看來，中國女人顯得非常單調。如果她們穿上制服的話，所有人看起來都一模一樣。她們衣服的顏色顯得非常的灰暗，唯一一絲亮色就是在頭髮上隨意別上一枝花或一個珍珠夾子。相對於我們花樣繁多的頭飾來說，她們衣服的款式倒是別有韻味。中國女人穿戴的珠寶完全是中國化的。她們主要佩戴各種玉飾和金飾，也像美國人一樣喜歡鑽石。我經常看到漂亮的中國女孩兒戴著俗豔的玉耳環，手上戴著傳統的寶石戒指。

「中國女性原來的長袍現在變成了一種小的緊身外套，是一種高領、兩邊開襟的衣服，很像我們舊式的巴斯克衫（basque）。衣服上沒有任何刺繡花紋，除了黑色，再無別的顏色映襯。中國女性服裝是如此端莊，就連最嚴厲的道學先生檢查著裝時也挑不出毛病來。中國女性在晚會不穿露背裝，還是白天那一身古怪的緊身衣裳！」

任何進步的動力必須來自他們自身，而且不能有任何外界的建議或推動

弗格森女士對於中國女性異乎尋常地遵從三從四德也有看法。她說，中國男人只要自己願意，可以有兩三個妻子和許多侍妾，然而女子不忠卻會犯下大忌。現在將新生女嬰扔到水中溺死的做法已不多見，但江河岸邊仍有尼姑庵，尼姑們常常會查看流淌的河水中有沒有漂著棄嬰，隨時準備將她們救起。中國的父親們對自己的孩子非常關心、寵愛，在街邊的桌椅旁，時常能看到他們與孩子們一同玩耍。

弗格森女士說，「有一些中國女性開始走出家門找工作，尤其是那些在美國完成了學業的知識女性。她們進入了律師樓、醫藥領域。從事自然科學研究的單位開始招收女員工。然而奇怪的是，工商業反倒拒絕女性加入。中國人還是認為，女人走出家門掙錢養活自己是一件非常極端的事情。中國年輕人從美國學校畢業後回國，慢慢將新的做法和理念介紹給國人，但中國女人政治覺醒的話題卻很少提及。

「我認為中國人在內心深處仍舊非常傳統。他們的性格就是接受現實，任何進步的動力必須是來自他們自身，而且不能有任何外界的建議或推動。他們並沒有反駁我們的觀點，但他們對這些東西完全免疫，認為他們與我們是站在同等位置的。中國人已不像過去那樣憎惡我們的侵擾，但他們繼續築起保守主義的圍牆，讓人難以接近，更不要說翻越了。」

中國人缺乏原創能力，但他們是出色的模仿者

弗格森女士說，「北京和廣州的貧困觸目驚心。成百上千的窮人餓倒街頭。但是，我並沒見

到很多職業化的乞丐。中國人民確實是世界上最勤勞的民族，他們天性中沒有懶惰的成分。說真的，在中國看不到美國商業界積極忙碌的氣氛，但他們相信一切都會應運而生，事實也是如此。美國人總是堅定地說，『我明天就必須拿到！』而中國人平靜地回答，『你明天會拿到的。』於是中國人為了沒有耐心的外國顧客晝夜趕工。

「中國人缺乏原創能力，但他們是出色的模仿者。中國人對於外國商業世界的感受很難說清楚。他們同意與外國人打交道，也樂於滿足他們的需求，但中國人也非常精明。在我的想像中，中國人最令人畏懼的就是他們砍價的時候，對於別人最初給出的價格總是毫不客氣。

「還有一件讓我感到吃驚的事，就是中國店鋪裡僕人的數量太多。不論多小的地方，都會有五六個夥計在侍候一個顧客。中國人固守自己的手藝活兒，仍在製造世界上最好的瓷器、地毯和刺繡品，他們極度不信任機器作業。」

中國人對滑稽喜劇的反應最強烈，看到美國喜劇也會樂得前仰後翻

在弗格森女士看來，中國的戲院仍然顯得有些原始。對於偶然到訪的外國旅客來說，中國戲劇自然也晦澀難懂，但舞臺佈置也讓人感到困惑。這裡時常會上演一些滑稽喜劇，幽默無處不在。北京一些大劇院在演出時也開始更換布景了，而且觀眾能看到換景的全部過程。但即使如此，也是中國戲曲界的一個進步。

弗格森女士說，「我發現中國人非常喜歡看電影。那些覺得中國沒有電影的人該去看看中國

的電影院。人們坐在長條木凳上，電影一結束就粗聲粗氣地大喊。他們的樂隊其實是在添亂，顯然全套家什都一齊上陣了，忙得不亦樂乎。中國人似乎最喜歡情節劇。和美國人一樣，中國人對滑稽喜劇的反應最強烈。他們看到美國喜劇也會樂得前仰後翻，用手大拍著凳子，笑聲不絕於耳。」

他們一舉一動都保留著與生俱來的莊重

說到中國人的社會生活方面，弗格森女士認為，中國人在自己家中感到最舒適。除了在歐洲租界外，中國很少有樓房公寓。在中國的大城市中，精美的舊式庭院與貧民窟混雜在一起。中國人有個古怪的習慣，他們將住所建在城市一端，而茶室和曲徑通幽的花園則建在離住所很遠的地方。

弗格林女士說，「中國人是非常完美的主人。他們保留了彷彿已不屬於這個時代的殷勤待客之道。他們優雅鎮定。如果你是客人，那麼一切以你為重。可惜的是，中國人的待客之道如今在美國看不到了。中國人喜歡熱鬧，抽菸、閒聊、女孩兒歌舞助興。他們一舉一動都保留著與生俱來的莊重。中國人真是非常特別，有無窮的魅力和無盡的潛能。他們不希望被打擾，但如果你是從外地來的，他們又對你非常感興趣。中國人跟美國人一樣普通，但比我們工作更努力。即使是最漫不經心的遊客，他們也不會認為中國人是被支配或被壓迫的。」

注釋

❶埃爾西．弗格森（Elsie Ferguson, 1883-1961），二十世紀初美國百老匯著名演員和早期電影明星。

「昭陵六駿」兩件浮雕落戶美國

一九二一年一月二十四日

費城一月二十三日電：由於肯頓的勝利公司（Victor Company of Camden）董事長艾德里奇・詹森❶的慷慨捐助，賓州大學博物館❷獲得並收藏了唐太宗「昭陵六駿」中的兩件浮雕石刻❸，據稱這是中國、也是世界現存最精美的唐代藝術瑰寶。無論是詹森先生或賓大博物館的官員，他們對這兩件藝術奇珍的估價都守口如瓶。但毋庸置疑的是，它們是賓大博物館最具藝術價值的鎮館之寶。這兩件東方的寶物由美國收藏，意義非凡。

唐太宗昭陵北面祭壇兩側有六幅浮雕石刻，這兩件浮雕石刻是其中之二，作品年代約為公元七世紀。唐太宗李世民戰功赫赫，幫助父親開創大唐基業，並繼承大統。他是東方的拿破崙，創造了太平盛世，開闢了中國藝術的黃金時代。昭陵共發現六件唐太宗征戰時期的戰馬浮雕，六匹戰馬都受有戰傷，另外四件被中國作為無價之寶永久收藏。賓大博物館所獲得的這兩件是幾年前從中國走私出口的。中國方面已同意它們可留在美國，但慎重保護其餘幾件。

這兩件浮雕石刻，一匹馬稱為「颯露紫」，另一匹馬稱為「拳毛騧」。石刻有輕微的損傷，但仍顯示出精美絕倫的雕刻技藝。文物專家稱，它們與希臘黃金時代的藝術珍品相比也毫不遜色。

注釋

❶勝利留聲機公司（Victor Talking Machine Company）是一家二十世紀早期在留聲機及留聲機錄音方面處於領先地位的美國公司，當時其技術獨步世界。一九一〇年十月由艾德里奇・詹森（Eldridge R. Johnson, 1867-1945）在紐澤西州肯頓成立，係由兩個公司重組而來：埃米爾・柏林納（Emile Berliner, 1851-1929）的「柏林納留聲機公司」（Berliner Gramophone Company），從事碟片錄音；詹森的「聯合留聲機公司」（Consolidated Talking Machine Company），專門生產碟片播放機器。公司取名「勝利」是為了紀念二人在有關專利產品之爭中獲勝，有權使用著名的Nipper商標（圖案為小狗聽留聲機）。一九二八年，詹森把勝利公司的股權賣給席格曼與史匹爾銀行（Siegelman & Spyer），此銀行在隔年又將之轉賣給美國無線電公司（Radio Corporation of America），成為其下的勝利收音分部（Radio-Victor Division，即後來的RCA Victor）。

❷賓州大學博物館（University of Pennsylvania Museum），全名為賓州大學考古與人類學博物館（University of Pennsylvania Museum of Archaeology and Anthropology）。

❸唐太宗當建昭陵時，詔令創立「昭陵六駿」浮雕，除彰顯赫赫武功外，也希望這些曾相依為命的戰馬能與他永遠相伴，並告誡後世子孫創業艱難。六駿中的「颯露紫」和「拳毛騧」兩件分列祭壇西側首位、次位，於一九一四年被美國人畢士博（Car Whiting Bishop）盜賣國外，現藏美國賓州大學考古與人類學博物館，其餘四件

收藏於陝西西安碑林博物館。

其中，「颯露紫」是李世民東征洛陽的坐騎。據史書記載，李世民與王世充在洛陽邙山交戰時，親跨颯露紫，只帶數十名騎兵猛衝敵陣。李世民和隨從失散，只有丘行恭將軍一人緊隨其後。突然，一條長堤橫在面前，敵人一箭射中颯露紫。危急關頭，丘行恭急轉馬頭，向敵兵連射幾箭，隨即翻身下馬，把坐騎讓與李世民，自己牽著受傷的颯露紫與李世民一起突圍回營。回營後，颯露紫倒地而死。

「拳毛騧」則是在初唐平亂時為李世民立下大功。武牢關大戰後，竇建德原部將范願、高雅賢推舉劉黑闥為首領在河北起兵反唐，攻城陷郡，勢如破竹。李世民奉命出征，與劉黑闥兩萬騎兵在洺水（漳水）決戰。戰鬥非常激烈，代州刺史許洛仁進獻給李世民的坐騎拳毛騧身中九箭（前中六箭，背中三箭），戰死在兩軍陣前。

《追蹤罌粟》(*On the Trail of the Opium Poppy*)

一九二一年五月十五日

題記：文科碩士、法學博士、英國皇家地理學會會員謝立山爵士[1]著，本書共兩卷，由波士頓斯莫爾與梅納德出版公司（Boston: Small, Maynard & Co.）出版。

中國，神祕的土地，黃皮膚的人民，黑眼睛的孩子像玩偶娃娃，奇特的寺廟和銅鑼聲，絲綢和菊花。

數百年來，這個國家被惡魔玩弄於股掌。她擁有世界上最古老的歷史，講述著自己創世紀的故事。偉大的長城只剩下斷壁殘垣蜿蜒不絕，依稀可見昔日的輝煌。然而，有一個惡魔跨越了古老的歷史和殘存的長城，徹底征服了黃種人，使他們的大腦變得遲鈍，四肢變得呆滯，為他們物質與精神的創造力蒙上塵灰。這個惡魔就是嬌柔、優雅的罌粟花，它名叫鴉片。我們也許很難描述鴉片在過去好幾個世紀裡是如何制約著偉大的中國人民，但是，毫無疑問，它發揮了巨大的作用。

在過去十五年裡，中國一直在與鴉片惡魔作鬥爭。中國革命也對禁止鴉片生產起到了猛烈攻擊的作用。罌粟漿汁在遼闊的中國大地上作惡多端。中國通過了禁止種植罌粟的法律，這部法律中許多條款都意義非凡，各省都下令禁止種植罌粟，許多省嚴格遵照執行。中國人也因此部分地擺脫了罌粟的危害，但危害並未根除。有一些省對禁止種植罌粟的法令陽奉陰違，照種不誤，而且把大量罌粟運到中國各地。

謝立山爵士曾任英國駐天津總領事，他決心調查各省種植罌粟的情況。從一九一〇年到一九一一年，他兩次到中國主要罌粟產地，親眼目睹了這些地區在中國政府頒佈禁令後種植罌粟的情況。他在厚厚兩卷《追蹤罌粟》中，以坦率直白的口吻講述了兩趟旅行的經歷。

本書在作者所宣稱的調查目的外，還有更多閱讀價值。因為謝立山爵士不可避免地加入了其他一些有趣的材料，他寫到旅行的艱辛、中國內陸城鄉人民生活、奇特的地方習俗和生活方式，以及對中國工業、產品和貿易發表的評論等。毫無疑問，在西方人看來，中國是所有國家中最特別的。歐美人士從哲學和宗教角度審視中國人時會發現，不僅在生活方式上，而且在精神世界方面，中國人也與他們完全不同。到中國內陸旅行幾乎是行走在另一個星球。

革命中斷了禁煙的進程

謝立山爵士一九一〇年對華北三省的調查結論是，山西省已完全消滅了罌粟種植，陝西省和甘肅省的種植量比一九〇七年分別下降百分之三十和百分之二十五。而一九一一年，在西南三省中，四川省罌粟種植已絕跡，雲南和貴州的罌粟種植量分別下降百分之七十五和百分之七十。謝立山爵士還說到，罌粟禁令取得顯著成就，但卻被一九一一年十月的革命打斷了。

革命發生後，中央和地方政府失去控制權，一時間無力阻止，罌粟種植又死灰復燃。人們不禁好奇，如果今年再進行一次中國內陸之旅會有什麼新的發現。謝立山爵士觀察了被政府官員援助、輔導的平民百姓對此問題的看法，得出結論是，要使萬惡的鴉片絕跡於世，還需要幾十年而非幾年的努力才能實現。中國人對鴉片的渴求已成為種族特徵之一，鴉片的誘惑超過酒精。人人皆知，要想徹底禁止鴉片需要跨越無數障礙。

中國的罌粟花有各種顏色

謝立山爵士行走於中國六省調查這小小的罌粟花時，經歷許多困難，讀來饒有興味。也許我們應該先描述一下罌粟花。

「中國罌粟花有各種顏色，以白色為主，但粉色、深淡不同的紅色和紫色都十分尋常。各省種植罌粟的季節也不同。在西南各省，人們在十月末或十一月初播種。四川的罌粟三月開花四月熟。雲南、貴州要比四川晚一到兩個月。在西北各省，如山西、陝西和甘肅，罌粟六月開花七月熟。

「用不著多解釋大家都知道，罌粟花花瓣凋謝後，蒴果成熟，切開表皮流出漿汁，即可提煉鴉片。印度人將罌粟花細心收集起來，用來製作包裹鴉片丸的外殼。而中國人把罌粟花直接扔掉。蒴果的切刻有時是水平的，但更多是垂直的。人們在一個短木柄上嵌入三到四片平行排列的小刀片，僅露刀鋒在外，足夠劃破蒴果，但又不會刺穿蒴果內壁。

「在浙江省一些地方，人們使用一種類似於木匠鉋子的小工具，從下往上割破蒴果，只有罌粟花底部還殘留蒴果的表皮。每個蒴果都可在間隔一定時間後再次劃開，如此反覆幾次。按規矩，這些活動都在夜間進行。漿汁剛流出時呈乳液狀，帶一絲粉紅色，而後變成深褐色，最後變成黑色。人們在早上將它們收集起來。收集鴉片的男女或兒童通常用一塊扁平的竹片將罌粟汁漿濃縮成的生鴉片刮到碗內或竹筒中，讓它暴露在空氣裡，多餘的水分將蒸發掉。如有急用，可通過加熱方式烘乾。」

想深入中國內陸是件非常困難的事

中國鐵路很少，營運狀況不太好，開通線路也少。通常情況下，旅客們無法乘火車到達目的地。謝立山爵士為此組建了一支旅行隊，這是在中國內地旅行唯一合適的方式。他常常需要應付政府官員造成的麻煩，因為他們試圖勸說爵士按他們設計好的線路走，那麼他幾乎發現不了罌粟田了。謝立山爵士下決心要獨立完成調查，不許地方官的勸告或他們沿途的刁難阻礙他達到目標。

他的旅行隊由一輛騾車與七匹騾子，以及若干管家、趕騾人組成。四個趕騾人中有二人負責駕駛騾車，另二人負責照管五匹馱運行李的騾子。駕駛騾車非常辛苦，由二人輪流趕車。負責馱運行李的人騎在騾子上，常常搖著搖著就睡著了。正如謝立山爵士所說，「趕騾子的人在上面搖來晃去，讓人看了心驚肉跳。但據我一路觀察，他們從沒失掉平衡摔下來過。」

騾車實際上是一頂大轎子，不由人擡著，而由二匹騾子扛著。為避免隨身攜帶太多銀兩，謝立山爵士帶了許多地方錢莊的銀票。熟知中國貨幣的人應該知道，如果謝立山爵士攜帶銀兩和銅錢的話，那麼他這趟旅行大概需要再加上五匹騾子來馱。

在山西失去最得力的管家

這次漫長旅行的開端只能用災難來形容。謝立山爵士寫道：

「五月十一日是這次旅行最倒楣的一天。那天，我們到達文水縣（譯注：位於山西省中部的呂梁山地區）。晚上九點，管家將我的屋子收拾妥當後，到隔壁房間準備歇息，路過那兩匹拉車的騾子時，其中一匹被拴在屋檐下的騾突然抬起一隻腿，踢到管家右腳踝的上方，把他兩塊骨頭踢折了。

「管家被擡進房間，疼痛難忍，連聲喊叫，讓我趕緊給他找一味毒藥，毒死他了事，免受這等痛苦。管家不讓我碰他的腿，於是請來當地一個醫生。這位醫生對西醫有一定了解，給他一小瓶麻醉劑，但不頂事。我自己藥箱裡有安眠藥，就自作主張給他吃了。病人終於睡了過去。我們把他的腿綁上夾板，請人造了一頂滑竿，第二天清早在黎明時把他送到汾州府，因為我聽說那裡正好有一所外國教會醫院。

「負責照料我旅途衣物用品的管家受傷了，我不得不在文水縣多停一天來處理旅行隊。我還得把所有事情向廚師交代，但他完全不知道該怎麼做管家。旅途就以如此不幸的方式開始，這種不幸一直持續到最後。這次受傷的管家在我早前去藏東邊境考察時也曾因頭骨受傷而掉隊，當時也是由這個廚師承擔雙份工作。然而，他那次只離開了十八天，而且那次旅行並未遇到太多麻煩。每個旅行者都知道，一次旅行的成敗與否，很大程度上取決於管家的本領。儘管我在人手短缺的情況下繼續前行不是明智之舉，但是，我不願再等待一個從北京來而且可能並不合格的新管家。這時，我已離開北京一週了。」

一位衣著考究的士紳走過來，正告他此地沒種罌粟

漫長旅行的目的就是要觀察罌粟種植地，逐一記錄並按省分類。儘管謝立山爵士遇到的地方官都保證中國已不再種植罌粟，但他在旅途中還是找到了一些罌粟地。他幾乎沒法更加深入內陸，但仍盡可能接近他計劃要去的地方，而且找到不少罌粟，這讓他很滿足。有時，罌粟地裡還種植著其他作物，如豆類等，來為種植罌粟打掩護。

在大勞山（譯注：位於陝西省延安市甘泉縣境內）一個小村旁，謝立山爵士有過一次有趣經歷。當他走進鄉村旅店的房間時，老闆娘正試圖趕緊擦掉屋子裡陳積了好幾年的灰塵。謝立山爵士連忙從雲霧中逃出來，讓老闆娘把飯菜端到旅店後面露天場壩上食用。他吃飯時，突然看到眼前山谷裡有塊地正種著他熟悉的植物。爵士走過去，發現種的就是罌粟，面積大約有三分之一英畝。他採下一朵罌粟花放進口袋裡，而後返回旅店。

當謝立山爵士準備與自己的旅行隊起程離開這裡時，一位衣著考究的士紳走過來，神情嚴肅

地告訴他，這個地方沒種植罌粟。謝立山爵士說，那就奇怪了。然後，他從口袋裡掏出那朵罌粟花。好奇圍觀著洋鬼子的村民們大笑了起來。這位衣著考究的士紳迅速轉身離開。

罌粟種植是公開的祕密，但中國人不希望外國人打探

謝立山爵士遇到的大多數中國人都不願談論種植罌粟的事，總是很小心地將話題引向別處。罌粟種植看起來在中國已是一個公開的祕密，但中國人不希望外國人四處打探。政府官員的態度有些不同。他們談論罌粟，但大部分人都堅決表示，罌粟種植已經絕跡，或已大大減少，幾乎可被忽略。

謝立山爵士來到西安府時，受到陝西巡撫的殷勤招待。謝立山爵士向他打聽前往渭河河谷的道路是否安全。巡撫回答，這一路很安全，但建議只走大路。巡撫提供了好幾條不同路線，但每條路線都小心地避開了渭河河谷。只能得出一個結論，即當地政府不希望謝立山爵士對那一帶進行調查。事實果真如此，他後來發現河谷裡大量種植著要命的罌粟。

謝立山爵士在漫長的旅途中時常會發現大片罌粟種植地。但大多數時候都只是小塊種植。謝立山爵士在總結陝西調查情況時說，他第一次去陝西，發現了九百八十八片罌粟地。第一次到甘肅發現五百九十五片罌粟地，第二次發現二千零三十六片。

謝立山爵士在蘭州時兩次會見陝甘總督長庚。總督告訴謝立山爵士，甘肅的罌粟種植面積當年減少四成。謝立山爵士輕描淡寫地說，僅在通往總督府沿途十英里內，他就發現了一百八十片

罌粟地。總督聞之感到有些驚慌。謝立山爵士相信，總督對轄區情況並不了解。這說明有相當數量的政府官員的確對消滅罌粟雄心勃勃。不過，從謝立山爵士的書推斷，他們的雄心壯志極少落實到行動中。任務交付給了下級官吏，但這些小官吏對禁止種植罌粟並無興趣。

謝立山爵士的書，大部分章節都是據事直書的遊記，書中不時穿插著這樣或那樣的軼事，處處可見中國人的幽默。

《追蹤罌粟》是一份廣泛且可靠的調查報告，對於那些想要了解新中國的生活狀況及現代化運動的人來說，應該極有用。讀者可從書中查到大量資料，這些資料都經過精心挑選，以有趣方式展示給讀者。書中還有兩篇關於事件簡介的附錄及富有啟發意義的插圖，為本書增添了閱讀價值。

注釋

❶謝立山（Sir Alexander Hosie, 1853-1925），一八七六年進駐華領事界做翻譯學生，一八八一年為駐重慶領事。曾多次在華西旅行，搜集了許多商業和博物學資料，後在溫州、煙臺、臺灣等地任代理領事和領事。一八九三年發表一份關於臺灣的重要報告。一九〇二年四月，首任英國駐成都總領事，後曾任英國駐華使館商務參贊。一九〇八年出席在上海舉行的萬國禁煙會議。一九〇九～一九一二年任駐天津總領事。後脫離駐華領事界，一九一九年復被召回，任使館特別館員。著有《華西三年》（*Three Years in Western China: A Narrative of Three Journeys in Su-ch'uan, Kueichow and Yun-nan*）、《滿洲》（*Manchuria: Its People, Resource and*

Recent History）、《追蹤罌粟：中國主要產煙省分旅行記》（*On the Trail of the Opium Poppy: A Narrative of Travel in the Chief Opium-producing Provinces of China*）、《四川的物產、實業和資源》（*Sze-chwan: Its Products, Industries and Resources*）等書。

退位清帝生母自殺身亡

一九二一年十月十七日

北京十月十六日電（美聯社）：宣統皇帝溥儀的生母瓜爾佳氏❶十月一日去世，據報導，她因吞食過量鴉片中毒身亡。幼帝溥儀於一九一二年二月十二日退位。

據皇宮傳說，瓜爾佳氏是因與端康皇貴太妃發生爭吵而自殺的。皇貴太妃希望溥儀娶民國總統徐世昌之女為妻，而瓜爾佳氏屬意另一位佳麗。另外一種說法是溥儀對皇貴太妃不敬，而且不大理會宮廷禮儀，遭致皇貴太妃不滿，責怪溥儀的父母。瓜爾佳氏性情剛烈，受不了委屈，一時想不開，便吞了鴉片，很快隕命。

據報導，退位皇帝說他現在還不想結婚，除非他能對世界形勢有清楚的認識，並能尋找到甩脫皇貴太妃擺佈的途徑。

注釋

❶溥儀生母瓜爾佳．幼蘭，人稱「八妞」，是慈禧重臣榮祿的掌上明珠，由慈禧指婚嫁給醇親王載灃。對於溥儀遜位和清朝覆亡，瓜爾佳氏心有不甘，與端康皇貴太妃（即光緒皇帝的瑾妃他他拉氏）頻繁往來，由她出面拿

宮中珍寶賄賂榮祿舊部，策劃「復辟」活動。隨著溥儀日益年長，端康一心效法慈禧，想把溥儀控制於股掌之中，導致溥儀與她爆發衝突。瓜爾佳氏在這場宮廷衝突中左右為難。端康發瘋似地斥責她對溥儀管教不嚴，還公然責問她以活動「復辟」為由從宮中拿走的大量珍寶，到底是去賄賂了軍閥，還是她中飽了私囊。這大大刺激了性格剛烈的瓜爾佳氏。她受不了這有生以來的奇恥大辱，吞鴉片煙暴卒。

【中國饑荒系列報導之一】

紐約教會爲賑濟中國飢民募捐

一九一二年三月十一日

昨日，為響應中國救災基金會（Chinese Famine Fund Committee）在本週早些時候發出的呼籲，紐約市許多教會舉辦了「饑荒募捐日」。牧師們做了主題為賑濟中國飢民的布道，並募集到大量捐款，力圖解救此刻正忍饑挨餓的三百萬中國飢民。

位於百老匯大道和七十三街的羅格斯長老會教堂（Rutgers Presbyterian Church）是眾多舉行「饑荒募捐日」的教堂之一。教堂的福克斯牧師（Rev. William Hiram Foulkes）正巧在哥倫比亞大學向一個中國學生團體開設講座。在昨天主持的募捐布道中，兩名中國學生應他邀請來到教會，親口描述了中國近況，貧瘠的收成和滔天的洪水。

這兩名學生分別是來自中國武昌文華大學（Boone University）的曾先生（A. T. L. Tsen）和紐約中國學聯主席郭先生（P. W. Kuo）❶。曾先生首先發言，他向大家描述了他本人去年在中國看到的情景。

「從歷史角度看，中國最近發生的革命遠比饑荒更重要，因此使得饑荒問題在美國人民當中未能引起重視。」曾先生說道，「美國人民並不知道那裡發生的可怕情況，而大部分中國人都生存在如此惡劣的環境中。

「長江沿岸有超過一千英里的地區，每到汛期，湍急的江水每一年都會溢出河堤，淹沒大片土地。我的家鄉碰巧離長江不遠。過去，我在洪水季節順流而下出外旅行時，至少還可以遠遠望見陸地上的房屋。但是，當我去年再次沿江而下時，所有房屋都淹沒在洪水中了。

「沿岸所有城鎮都被洪水侵襲。連續好多年，地裡的莊稼幾乎顆粒無收。戰爭將壯丁從田間帶走，軍隊對當地人民進行搶劫和掠奪。許多男人被殺害了，許多城鎮被砲火摧毀。過去那些能夠為貧窮省分捐款賑災的城市，十有八九也被戰火破壞，今年已完全沒有能力繼續救濟災民。

「中國有三百萬災民正忍饑挨餓，上萬平方英里的土地被廢棄。由於莊稼嚴重欠收，農民甚至連播種的種子都沒有了，牲口也大都被淹死。派往中國調查的專家詹美生❷報告說，他沿著一條馬路行進一百多英里，除了一些手推車外，沿途沒有看到一輛農用車或者其他交通工具。

「父母為了讓小孩活命，只有將他們送給別人。所有提供給災民的救濟食品都需要以工代賑。接受救濟的災民被安排去維修河堤，疏通河道，或幹其他事情防止洪水和饑荒再現。只需要三美元捐款，即可幫助一戶中國家庭支持整整一個月；而一筆十五美元的捐款，可以幫助一戶家庭支撐到六月分莊稼收割。」

郭先生說，為了新生的共和國獲得成功，他的同胞們還需要做出多大的努力，這仍然是一個疑問。

「中國在過去四年取得了長足的進步和發展，」郭先生說道，「在我家鄉所在的省分，有了電話、電報，現在又有了鐵路；而在四年前，這一切都是沒有的。二十年前，那裡只有一個郵局，現在差不多有二千個。

「二十年前，那裡也沒有報紙，但是現在有上百種。單在上海，便有五十多種不同的報刊。現代教育系統直到最近才被建立起來，現在全國有四萬五千所新式學堂，學生數量達到一百五十萬人。

「陳舊腐朽的陋習、鴉片交易、婦女纏足都正在被摒棄。國會和省諮議局在過去十年間迅速發展。這些都為建立一個共和政體進行了充足的準備。中華民國的建立，將停止日、俄、英、德之間在遠東的衝突，這意味著遠東的和平。由中國出口到美國的商品在過去幾年中已經翻了三番。然而，為了實現國家的自強和重建，中國還需要大量的資金，需要取得列強的承認，需要向西方世界虛心地學習。」

在聆聽兩位中國學生的發言後，教徒們為賑濟中國災民慷慨認捐。

注釋

❶以上二人姓氏皆音譯。

❷詹美生（Charles Davis Jameson, 1855-1927），美國工程師。生於緬因州班戈市（Bangor），曾執教於麻省理工學院及愛荷華州立大學。一八九五年來華，受聘為清廷的工程及建築總顧問。一九一一年由美國紅十字

會派遣來華，考察治理淮河水患，任技師長，提出導淮方案。一九一八年離華。後病逝於美國佛州薩拉索塔（Sarasota）。

【中國饑荒系列報導之二】

科學賑濟中國飢民

一九一二年三月二十四日

慈善救濟事業中也包含著科學的原理。如果按照科學方法賑濟災民，那麼每一個美元、每一片麵包都將發揮出更大的收效。克雷西（Earl H. Cressy）是科學賑濟方面的權威，他正在將最新的科學方法介紹給中國官方，如孫中山先生。這片正遭受饑荒的土地上建立了新政權，而孫先生是這個新政權的精神領袖。孫中山說，民國政府未來將採取更為積極有效的措施，避免人民陷入饑荒。

需要五百萬美元應付饑荒

孫的國家距離糧食收穫季節還有四個月，但幾乎所有省分都正禁受飢餓的煎熬。華中救災委員會（Central China Famine Relief Committee）已向美國三百五十個城市、四千位名人和數百家報紙發出求助請求。克雷西先生剛對災區進行了一次實地考察，並撰寫了報告。他在報告的最後這樣說道：

「就在撰寫本報告時，一筆價值一百萬美元的外國賑災貸款極有可能在未來幾天內確定。袁世凱已經批准，孫中山大總統❶也已派出一名代表表達合作意願。這表明新成立的民國政府已向全面承擔賑災責任邁出了第一步。

「然而，必須清醒地意識到，這並非意味著這裡今年便不再需要國外的援助。根據保守估計，大約需要五百萬美元才足以應付當前的饑荒。捐款可寄往紅十字會，或者任何西方教會組織。」

蘇北如無外援，將有三分之二人口餓死

克雷西先生談到了中國正在發生的許多變化，以及這個龐大的東方國家如何從沉睡中蘇醒，崛起於強國之列。他說，「在中國正在發生的各種變化中，有兩個方面的巨大變化可能有被忽視的危險。其一是在饑荒時期把糧食灑在老鼠洞的時代已經一去不復返了；其二是新政府正在採取行動承擔當前賑災和未來防災的責任。

「正如當前出現的饑荒，正是這種悲慘的形勢在很大程度上誘發了革命。當前中國的領導者都十分清楚地知道，這個國家能否保持長久的繁榮與和平，在很大程度上取決於人民的經濟狀況。

「當前的饑荒是數年來中國面臨的最嚴重的災難。根據一個月前的估計，約有二百五十萬民眾面臨飢餓的威脅，而現在這個數字已經過時。華中救災委員會幾乎每天都會接到來自新災區的

求助。許多災區的死亡率已經非常高了，兒童被出售以換取食物。元月的最後一週，作者親自對蘇北農村五十五戶家庭進行了全面調查。

「八戶家庭中僅有一戶家中尚有存糧。為所有人準備的食物都是紅薯葉和胡蘿蔔頭，而三戶中便有一戶只能吃榆樹皮。在這五十五戶家庭中，已有四人被餓死，其他人中有不少最多只能再活幾天。在這一地區，如果沒有外部援助，至少會有三分之二的人餓死，因為離糧食收穫還有整整四個月。這裡的情形反映了蘇北災區的普遍狀況。據在此居住多年而且熟悉當地情況的傳教士估計，蘇北約有一百萬人面臨飢餓威脅。

「每當對饑荒實情出現質疑時，華中救災委員會便會雇人進行調查，但這項工作的薪水極低，一般人非到萬不得已決不會申請。目前，這項調查工作在兩個地方展開，有很大數量的一批人在進行此項工作，說明災情十分嚴重。總體說來，完全不存在對此次中國災區提出的賑災要求提出質疑的可能性。

民國政府支持饑荒預防計劃

「對於病人和沒有工作能力的人來說，救濟當然是完全無償的。但對於有工作能力的人來說，委員會為保護其自尊心，決定將以工代賑。他們將修壩挖渠，預防災荒再次出現。委員會並給災區的地主和地方官員上示範課，講授開墾技術，給人們以未來發展的希望。華中救災委員會與眾不同的一點是，它試圖說服民國政府採納一項饑荒預防計劃，從而使得自己成為最後一個在中國的外國賑災委員會。

「美國紅十字會派遣的詹美生工程師報告說，整個蘇北災荒地區的開墾是可能的。華中救災委員會幹事長為此付出了巨大努力，試圖促使民國政府對救濟災荒地區和採納饑荒預防計劃立即行動起來。」

克雷西先生講述了中國官員對於外國慈善機構給予的幫助，以及當地金融界和社會名流對詹美生工程師的熱切企盼。

詹美生先生說，「從一開始，便有許多有影響力的中國人士和我們精誠合作，如孫中山政府的司法總長伍廷芳和實業總長張謇❷。一月十七日，張謇先生通過官方管道表示，民國政府願意沿著華中救災委員會宣導的科學賑濟路線開展工作，並且先行撥款八萬元提供支持。一月二十五日，孫中山大總統在會見委員會幹事長時談到，一旦新成立的民國政府鞏固下來，他將著手採取必要措施，預防這類頻繁出現的饑荒再次發生。」

中國飢民的悲慘狀況令人髮指

中國救災委員會紐約辦事處（New York China Famine Relief Committee）已將收到的六萬五千美元捐款送達忍饑挨餓的中國人民。新的委員會也已在芝加哥和波士頓成立，以救助三百萬受災的中國人民。根據委員會提供的資料，現有捐款可以救助五萬飢民，而另外二百九十五萬中國人將繼續忍饑挨餓。委員會在昨天發表的公告中說，「在現有條件下，大多數中國人過著極其慘澹的日子，根本不知道奢侈二字為何物。貧瘠的生活、狹窄的草屋、從早到晚繁重的苦力活，構成了他們生活的全部內容。當旱災或者水災損毀莊稼後，辛苦勞作的農民們便沒有任何可資依賴的東西。

「人們想盡各種手段求取生存，他們先是賣掉家裡的奶牛、耕地的水牛，然後是農具，最後是自己的家什。一件接一件，所有東西都被『啃光』了。最後，門和窗戶被從泥磚砌成的房屋拆下來，拿到市場上賣掉。最後，連屋頂上的一點點木材都被卸下出售，力圖支撐全家的生活。家中一無所有，只有人可出賣。先賣女兒，然後賣妻子，但即使如此，最終還是無法避免貧困、飢餓直至死亡。在這樣的困難時期，兒童被賣作奴隸，有時可換取到與他體重相等重量的糧食，但更多時候只值一、二美元。

「當一個家庭發現他們需要用四個月的糧食維持七個月的生活時，便開始節衣縮食，用稀飯代替白米麵。稀飯逐漸變得越來越稀，裡面開始摻雜越來越多的雜草樹葉，甚至樹根，米粒越來越少。人們想盡各種辦法尋找可以吃的植物，只要是沒有毒的東西，都被放進鍋裡充數。然而，這些食物之中僅有很少的營養可以維持生命，於是人的身體變得越來越虛弱，就像他們吃的稀飯一樣。最後，他們的胃和面容都被這些不健康的東西弄得浮腫和扭曲了，他們僅能徒勞地維持生命的最後一點火星。

「在美國這片繁榮興旺的土地上幸福生活的人們，如果此情此景能夠觸動你們的心靈，那麼迅速及時、計劃縝密的救濟方案即可挽救三百萬災民的生命，而不會有絲毫的延誤。

「中國救災委員會的地址位於紐約市麥迪遜大道（Madison Avenue）一號，委員會的財務主管是希夫（Jacob H. Schiff），通過他可以接受捐贈匯款。」

注釋

❶袁世凱於一九一二年三月十日就職大總統，克雷西的報告應在此之前寫成。

❷張謇，字季直，號嗇庵，一八五三年生，江蘇南通人。一八七六年在淮系慶軍統領吳長慶幕中任文案。一八八〇年隨軍移駐山東登州，結識袁世凱。一八八二年隨吳長慶赴朝鮮。一八八五年中舉人，先後執教於江蘇贛榆選青書院、崇明書院。一八九四年考中狀元，授翰林院修撰。目睹官場腐敗，決意棄仕途辦實業。一八九五年受兩江總督張之洞委派，在通州招股創辦大生紗廠，一八九九年投產。一九〇〇年起，陸續開辦大生二廠、廣生油廠、復生麵粉廠、上海大達外江輪步公司、天生港輪步公司、資生鐵冶廠和通海墾牧公司等。從一九〇二年開始，積極發展南通教育、文化和公益事業，先後創辦南通學院、通州師範、通州女師、中學、小學、幼稚園、職業學校、盲啞學校、圖書館、氣象臺、博物苑、公園、醫院、劇場等。又資助南京高等師範、吳淞中國公學、上海復旦大學等。一九〇四年代張之洞起草《擬請立憲奏稿》。一九〇六年參與組織預備立憲公會，被選為副會長。一九〇九年任江蘇諮議局議長，後發動各省諮議局代表赴京請願召開國會。一九一一年，被學部任命為中央教育會會長。同年冬任江蘇省臨時議會議長、江蘇兩淮鹽政總理，在江蘇獨立中起了推動作用。次年一月被選為中華民國南京臨時政府實業總長。一九一三年九月任熊希齡內閣農林、工商總長兼全國水利局總裁。一九一五年憤袁世凱推行帝制而辭職歸里，繼續經營實業，興辦教育。一九二三年因資金周轉困難，把大

生一廠抵押貸款。此後企業漸陷困境。一九二六年七月病逝於南通。

【中國饑荒系列報導之三】

中國饑荒災害危及百萬生命

一九一二年四月四日

「儘管做了各種努力，在華東地區仍有一百萬無助的洪災難民因飢餓瀕臨死亡。」

這是中國救災委員會在最近一次善款募集活動上的開場白。他們目前正與美國紅十字會展開合作。

「這些地區是賑災救濟糧可以運到的地區。上一次，我們通過來自美國的救濟成功地解救了大饑荒中的災民。我們相信，如果救災款能夠及時到位，那麼目前的災情可望得到控制。救災款可通過電匯迅速傳送過來，而我們還有五十五天時間來避免這場悲劇的發生。」

這次慈善活動的發起者希望在美國募集一百萬美元，但截至三月二十八日，僅收到十四萬五千美元的捐款。

「歐洲的捐贈已用於救濟發生在俄羅斯和印度的饑荒，於是，這次解救中國饑荒的重任便落在美國人身上。」最新的公告這樣說道。

中國救災委員會紐約辦事處位於麥迪遜大道一號。

【中國饑荒系列報導之四】

聚落農場幫助飢民恢復重建

一九一二年四月七日

根據美國駐華使館的報告，西方和美國特有的興建聚落農場的想法正被中國人如饑似渴地接納吸收。興建聚落農場，不但可以為成千上萬的飢民提供理想的避難場所，同時還可有效避免饑荒進一步加劇。

美國駐南京領事格雷西（Wilber T. Gracey）寫道，事實上，南京大學教授裴義理[1]提出的聚落農場計劃已開始付諸實施。

格雷西先生說，「該計劃正在一個有影響力的委員會推動下快速進行，南京大學、基督布道團（Foreign Christian Mission）、美國長老會、南京商會、洋布公所和絲業公所等機構參加了這項計劃，上海許多知名人士鼎力支持。

「孫中山先生對該計劃表現出濃厚興趣。他指示從南京附近安排一塊廢棄土地用於試驗。該地的鄉紳慷慨捐助，總計三千美元捐款已經到位。

「計劃要點是在距南京三十英里的滁州以東建立一個聚落農場，此地與津浦鐵路相鄰，處於饑荒發生地區的邊緣地帶。然而，如果革命帶來的社會混亂未得平息，任何事情都無從談起。好消息是已在紫金山下獲得六千畝地，成功邁出了第一步。

「目前獲得的一些土地並不適合耕作，但是水果、特別是山楂可廣泛種植。大約二十戶飢民家庭在試驗區內獲得安置，他們已開始勞作忙碌。

「這些辛勤勞作的工人和他們的家庭將獲得資金補償，直到收割第一批作物。之後，他們將開始自己經營，並向政府交納土地稅和項目啟動資金的借貸利息。此外，允許佃戶通過做工方式付清大部分稅款，以避免他們負擔過重。其中，有二百畝土地由農場管理機構保留，用作試驗站。

「根據上海的新聞報導，該計劃最大優點是獲選在農場工作的人可通過集約高效的勞作實現自助。這些流離失所的飢民，通過精細周到的經營管理，可藉由自己的努力恢復重建家庭生活。」

注釋

❶裴義理（Joseph Bailie, 1860-1935），美國長老會北方教會傳教士。加拿大人，生於愛爾蘭，獲貝爾法斯特女王大學文學士學位，後赴美國專攻神學。一八九〇年來華，在蘇州宣教。一八九九年任京師大學堂英文教習。一九〇三年協助李佳白（Gilbert Reid）在上海設立尚賢堂（The International Institute of China）。一九一二年和張謇等人發起成立中國義農會（華洋義賑會前身）。一九一二年在金陵大學任教授。一九一四年創辦

金陵大學農科，為中國高等農業教育的開始，次年設林科，再一年合併為農林科，裴氏自任主任。又在南京紫金山開始大規模墾荒造林。一九一五年在中國倡導成立植樹節。一九一七年辭職返美。一九一九年赴東三省籌備墾殖，因日本人反對，未成。抗戰以前曾在西北創設中國工業技術學校。

【中國饑荒系列報導之五】

饑荒迫使父親毒子賣女

一九二〇年九月十三日

北京九月十二日電：直隸、河南、山東三省的饑荒災情已令人髮指。饑荒遍及九萬平方英里的面積，影響人口達三千至四千萬，救災資金據保守估計也需要二億美元，大大高於民國政府目前所能承受的水平。

民國總統命令財政部、內務部與受災省分的都督聯合開倉放糧，以免稅低價出售穀米。然而，這遠遠不能緩解災情，外國駐華使節在美國公使倡議下已組成國際對華救災會❶。

據中國目擊者報告，在許多村莊，有父親毒死全家以避饑荒。逃荒人家將自己的孩子綁在樹上，避免他們在逃荒路上跟著遭罪。其淒慘場面恐怖難言。女孩僅以一百錢即出賣成交。

北京九月九日電：美國人在華北賑災行動中發揮了帶頭作用。今年，直隸、河南和山東三省的莊稼收成不到二成，當地人民苦不堪言。河南省已募集十萬美元資助當地的當鋪，以解一些人的燃眉之急。

美國駐華公使科蘭❷已向華盛頓報告災情，並要求美國紅十字會提供緊急援助。科蘭公使今天還在官邸召集旅華美國僑領會議，商討一項全面援助計劃。

注釋

❶報導原文為"International Relief Committee"，並非全稱。國際對華救災會（The International Executive Famine Relief Committee），或譯為國際施賑協會、國際救災協會，一九二〇年中，由美、英、法、義、日、比六國使館共同組成。同年十月二十八日，又與汪大燮、梁士詒等人主持的華北救災總會合併，成立北京國際救災總會。

❷科蘭（Charles Richard Crane, 1858-1939），美國外交官，芝加哥資本家。一九〇九年被塔夫脫總統簡派為駐華公使，未就。一九二〇年三月又被威爾遜總統任命為芮恩施公使的繼任者，但次年七月即辭職。

【中國饑荒系列報導之六】

中國的丫鬟買賣

一九二〇年十月三十一日

亨利・邦恩（Henry W. Bunn）

近期來自中國的報導描述了直隸、河南、山東三省發生饑荒的慘狀。據報導，饑荒範圍達到九萬平方英里，影響人口約三千至四千萬。「據中國目擊者報告，在許多村莊，有父親毒死全家以避饑荒。逃荒人家將自己的孩子綁在樹上，避免他們在逃荒路上跟著遭罪。其淒慘場面恐怖難言。女孩僅以一百錢即出賣成交。」救災資金預估需要二億美元，大大高出民國政府目前所能承受的財政能力。然而，如同許多來自中國的報導一樣，我認為對此須仔細考察。

在中國十八個省中，確有人口密度過於飽和的現象，尤以直隸、河南、山東三省情況最為嚴重。據保守估計，山東人口密度為每平方英里七百人，河南為五百二十人，直隸為五百人，人口稠密地區的密度更高，而這也是此次饑荒發生地。因此，我懷疑以上資料的準確性。報導說受災地區面積為九萬平方英里，受災人口為四千萬人，但是如果只有四千萬人受災，那麼受災地區面積應少於九萬平方英里。

饑荒是所有乾旱地區居民都可能面臨的災難。他們都是赤貧的農民，成千上萬戶人家平均僅靠三分之一英畝（譯注：一英畝等於四千零五十平方米）耕地謀生。他們中如果誰擁有三英畝地，就算是有產階級。正如有人形容的一樣，「中國人掛在眼睫毛上都能活下去」。在豐年裡會有足夠的穀物（這三個受災省分主產粟米和小麥，此外山東南部還種植水稻），並無其他糧食作物。在荒年裡，如最近幾年，災情慘狀難以形容。但是，假定糧食歉收情況比發生大饑荒的一八八八年（譯注：光緒十四年）還要糟糕，那麼現在的災情應不比那時更壞。當時的困難主要在於賑濟糧調運受到運輸和分發條件的限制，因為雖然其他省有足夠的糧食可以救濟，但不能及時運到災區並及時分發到災民手中，然而如今有鐵路，還有輪船可從廣州、日本和暹羅等地緊急進口糧食。

然而，即使有最快、最有效的救助，並且能夠高效率地進口和分發，仍然會有數百萬中國人忍饑挨餓，甚至如中國人所說的「奔赴黃泉」，就是指死。我們的感歎主要針對相關報導所說的「毒子賣女」而發。因為我擔心會有許多美國讀者從這則報導中得出對中國人非常負面的看法，也許成見已經存在。

目前極端缺乏介紹中國的優秀書籍，充斥市場的儘是那些由傳教士和旅遊者們寫的，其中許多內容極其愚蠢並且誤導讀者。其實，許多中國人非常有幽默感，愛吹牛，他們對被稱為野蠻人不大在乎。他們喜歡聽那些聳人聽聞的故事，因為在中國城鎮裡發生的恐怖事件比我們這裡多。但是，如果僅從這一點就下結論說中國人殘暴，也極為不公平。

他們是如此忠厚、樂觀，與貧窮進行著不懈的鬥爭，僅以此而論就非常令人敬佩。知識淵博、富有魅力的漢學家翟理斯博士對此持與我相同看法。我所熟悉的許多中國人身上都具有非常可愛的品性。中國管家是世界上最能幹和忠誠可靠的僕人。

中國人遵循孔夫子的教誨。他們家族龐大，喜愛孩子，不管是男是女，甚至連別人家的孩子也一樣喜歡。當然，中國也存在這樣的一種說法，即他們開玩笑時經常說養女孩子是「賠錢貨」。因為她們很早就出嫁了（在有些地區，姑娘出嫁的年齡平均為十五歲），還要帶走一筆嫁妝。中國人給他們的女孩取很好聽的名字，如「金鈴」、「夏裳」等。

也許，那些堅信中國人非常殘酷的人會引用溺死女嬰和賣女為奴作為佐證。一些胡編亂造的書連篇累牘地這樣告訴我們，好像全世界的人都認為在中國殺女嬰是普遍現象，五分之二女嬰都要被殺掉。這種可笑的觀點已被翟理斯博士戳穿。

絕大多數中國家庭堅守的傳統觀念是只有男丁才能傳宗接代，即一個人死後是否幸福，在於他有無男性子孫能在其墓碑前延續香火，並以此決定此人靈位能否歸入祖宗牌位。這種習俗延續下來，如果某人沒有男性子孫，他死後就會變成孤魂野鬼。

因此，儘管女子與男子享有同等的祖宗牌位，但為祖宗祭奠進香之事只有男子才有資格做。男孩剛剛長大就會讓他娶妻生子，兒子越多越好，越多越安全。所有人都相信，在中國沒聽說過溺死男嬰的情況。通常強調的是嚴禁溺死女嬰。

現在談談賣女為奴的情況。首先應該知道，這種情況並不是普遍的。發生這種可怕交易的情形有幾種。除非家庭面臨極大的經濟壓力，否則是不會這樣做的。辯護士們宣稱，女子離家越早越好，越遲越痛苦。通常情形下，丫鬟會被東家收為姨太太或成為少東家的小妾。如果不是這樣，東家應根據法律，待丫鬟一到婚齡就給她找個丈夫。在中國，公共輿論和習俗的壓力比在世界上其他任何地方都要強，不允許虐待丫鬟，也不贊成東家將丫鬟趕出家門給她們所謂的「自由」。

在中國沒有「老處女」。在大多數情況下，納妾受到正房妻子的默許，妾所獲得的地位也不算壞。妾的子女是合法的。通常說來，一個成年男子不敢有違公眾輿論的壓力及妻子和親友的反對去納妾。父母在孩子們眼中是受到同等尊敬的；「嚴」父「慈」母，但他們對子女都很寬容。

儘管荒唐的纏足習俗導致中國女人生理殘缺，使男人更便於管理她們。但二十世紀初，慈禧太后曾發佈禁止纏足令。儘管確有販賣女孩的現象存在，但中國婦女不像許多西方作家描述的那樣，只是卑賤的奴隸。

賣女只是在經濟絕望時採取的臨時手段，是窮苦老百姓無法生活下去的必然結果。即使這種情況下出賣女兒，也比過去不多久英國仍然存在的契約奴隸好許多。值得一提的是，中國婦女在文學上做出的歷史性貢獻，《康熙字典》中就有二萬四千條是關於中國女性的。我想在此就人們對中國刑法典普遍存在的誤解做出澄清，即中國的刑法制度總體上講是符合人道的，也是能夠體現出人性關愛的，而且中國人對動物也是愛護的。

讓我們再回到饑荒使人毒子賣女的報導來。依我個人的觀點，如果賣女為奴尚可勉強說得過去的話，那麼根據我對中國父親的了解，所謂「父親毒死全家以減輕饑荒痛苦」就是一則羅馬傳說了。至於將孩子綁在樹上的報導，那是胡說八道。

中國的饑荒有任何緩和的希望嗎？毫無疑問，由於通訊條件的改善、財政狀況好轉和官員清廉，災情應在不久的將來得以消除。但是，中國老百姓日常生活又如何呢？如果生活總是這樣不堪重負，忍耐、樂觀和本性善良的農民就會變得冷酷、壓抑、殘暴和絕望，何去何從難以確定。設想改善衛生條件會減少死亡率，如果死亡率從現在的千分之五十至千分之五十五下降到日本目前的千分之二十，那麼中國人口將繼續增長！

所有的可耕地都已經佔用，更多的糧食從哪裡來？假如改善農業耕作方法或許可以提高糧食產量和儲備，假如努力開發礦產資源、發展製造業、新建工廠或可消化吸收一部分過剩人口，但是很快又會人滿為患，比過去更糟。一個可能的解決辦法是移民和節制生育，但後者又與孔孟之道相違背，將徹底改變中國的政治結構、倫理道德和社會生活。

有人向我提議，國際聯盟或許可為制止中國的丫鬟買賣提供幫助，但我不認為修改國聯盟約即可制止這樣的行動。國聯不可能向中國下達強制性的命令。唯一可適用條款或許是第三章第二十三款：「受國聯委託，國聯會員有義務監督杜絕買賣婦女兒童的實施。」如果這可解釋為能夠制衡中國的話。

如果中國是國聯會員，採取措施制止丫鬟買賣或許有用，可中國尚未成為國聯會員，壓制這一習俗恐為其成為會員設制障礙。即使民國政府同意接受這個條件，這一習俗就會得以制止嗎？

中國丫鬟的不幸，只能靠剷除產生這種現象的根源去解除。但是，這只是一個美好的意願。目前的中國應該何去何從，誰也不知道。難道她在轉型和過渡時期裡就沒有任何希望了嗎？

【中國饑荒系列報導之七】

中國飢民死亡人數急劇上升

一九二〇年十二月二十六日

題記：報紙稱北京地區每天有一千人死於饑荒，災民全家自殺。居住在上海的美國人和英國人籌集了五百萬美元救濟款。

北京十一月十五日電：我們得到一些關於中國饑荒災情的報告。中國受災地區東起直隸灣西至陝西漢中（Han Chinga），北起內蒙古南至河南商丘（Shang Ching）一帶。

四十二年前的一八七八年（譯注：光緒四年），中國也曾發生大面積饑荒，有數百萬人在飢寒交迫中死去。但當時的情況遠沒有今天這麼嚴重，因為那年的小麥在旱災前就收割了。現在的情況是兩年未降雨，只有少數地區的糧食作物有微薄產量。報導說，整個災區所有的樹葉都被飢民扒下來當糧吃掉了。飢民們將樹葉與糠、苜蓿、雜草和少得可憐的一點穀粒混合在一起，烤成「糧糕」，它們的外表看起來幾乎與陶土一樣。成千上萬的難民都靠這種食物為生，他們都在設法逃離災區，到情況稍好一點的城鎮去，那裡能買到些許糧食。

不擇手段謀取錢財和食物的人遍及受災五省（譯注：指河北、陝西、山西、山東、河南）。

兒童被扔棄街頭，還有很多孩子被窮困的父母扔進河裡，又被人救起來。到處都在賣孩子。被嫌棄的女嬰只需一美元。有個五歲男孩，母親餓死了，患病的父親說，如果無人願意餵養這個孩子，就把他扔河裡淹死算了。這個男孩最後獲救了。但是，另有一家人全部自殺。

據估算，約需二億美元購買最基本的口糧才能使大量災民勉強存活下來。根據各地傳來的災情報告，北京每天有一千個災民死亡；山東德州和壽張的農民廉價賣掉家裡幹農活的牲口，因為農民們沒有草料餵養牲口，即使殺了牠們也沒有柴火來烹煮。從河南彰德通往北方的各條路上都擠滿了飢腸轆轆、蹣跚而行的災民，許多實在走不動的人倒斃在路邊。保定府西南方的大片地區已經寸草不生，如同剛被蝗蟲席捲過一般。在武城旁一個村子，有一位老人用籃子提著六磅小米，他說是用兩件大衣和一雙靴子換來的，準備帶給他的妻子和七個孩子。

迄今為止，有關災民救助情況是，民國財政部、農業部和內務部成立了一個聯合委員會，負責分配通過短期借貸一百萬美元購得的糧食。據上海報導，在參加南北和談的南方首席代表唐紹儀要求下，有七個省已籌集一百八十萬美元緊急購糧。日本政府對華提供了五十萬蒲式耳[1]大米的援助。此外，在上海的英、美兩國商人籌集了五百萬美元，捐贈給中國救災總會（Chinese Relief Association）。

允許難民免費乘坐京漢線火車，將他們轉移到南方的河南和湖北。老人和孩子們將火車擠得滿滿的，因為他們沒力氣翻山越嶺，去往有食物的地方。

注釋

❶蒲式耳（bushel）是一種定量容器，或稱為「斛」，英國及美國通用，主要用於量度乾貨，尤其是農產品，類似我國舊時的斗、升。在美國，一蒲式耳相當於三五・二三八公升。

後記

鄭曦原

《帝國的回憶：〈紐約時報〉晚清觀察記》是二〇〇一年由北京三聯書店首次發行的。二〇〇二年，臺灣遠流出版社發行了上、下兩冊繁體字版。二〇〇七年，再由當代中國出版社推出修訂版。這三個版本發行以來，一直受到讀者歡迎，深為感謝！

編譯《紐約時報百年看中國》，是力圖用第三隻眼來觀察、思考我們民族近百年的歷史。全書由晚清部分組成黃色系，民國部分組成藍色系，再截取尼克森（Richard Milhous Nixon）訪華到鄧小平訪美這個歷史片斷組成紅色系。三部曲的編纂結構基本成形後，再根據情況逐步充實、完善。

二〇一一年十月十日是辛亥革命一百周年紀念日。辛亥革命是中國近代史上具有劃時代意義的大事件。推翻帝制，創立共和，堪稱為「三千年未有之大變局」。特別是民國初期的十年（一九一一～一九二一），正是中國處於激變的時期。這一時期，新舊制度變換，新舊思想衝撞，各種政治勢力交替，內憂外患，國民彷徨，許多影響中國發展的事物和思想由此發端。這是容易被人遺忘的十年，今天的國人對這段激變的歷史也不太了解，而《紐約時報》當時有許多相關的記錄、報導和評論，因此，我們將此一時期截取出來，做成一個歷史片斷，作為觀察民國初年社會生活形態的標本，供國人研究。

全書原始文獻的選輯由我承擔，細讀了上述時段涉華報導的上千篇文電，從中挑選出二百餘篇，編成本書。翻譯工作由蔣書婉、劉知海、李方惠三人承擔。李方惠是我夫人，畢業於四川大學新聞專業，曾長期供職於外交部新聞司，合作編譯《帝國的回憶》。蔣書婉是北京大學國際關係學院畢業的碩士，曾與我在外交部政研室共事。劉知海是北京大學數學系畢業的碩士。他們三人譯成初稿後交我審定、校勘並加注釋，由我負責統籌和設計。

全書劃分為「民國初創」、「捍衛憲政」、「維護國權」、「西風東漸」、「文化覺醒」、「實業興起」、「民生世相」七篇。其中，有部分文電涉及同一專題，彙成單元便於連續閱讀。每篇文電的視角、立場、觀點不盡相同，選稿力求平衡。此外，民初政府體制和國會組織比較混亂，還同時存在過南、北兩個政府，由於各國外交機構集中北京，為尊重外電原意，本書表述以「民國政府」概稱。書後附有英文文獻目錄，方便有興趣的讀者檢索和研究。注釋部分多綜合歷史文獻加以考據，具體出處未一一列舉，不妥之處且望海涵並批評指正。

最後，誠懇感謝《紐約時報》為我們保存了如此豐富的史料。點點滴滴，盡是先輩足跡，令人感泣。藉此機會，向當代中國出版社周五一社長、張永副總編、柯琳芳編輯和遠流出版社游奇惠主編、陳穗錚女士的鼎力支持表示衷心感謝！

二〇一一年七月十八日於雅典

跋：一面飛鏡

楊少波

鏡子在世間出現的時候，是人類生活的一個轉捩點。鏡中的影像，作為世界的構成部分，開始和世界本身凝視、對望。據說兒童面對鏡子的第一印象是巨大的困惑，接下來是第一次體會到的奇異感覺：瘋狂。為什麼這裡也有一個「我」？

鏡子分開了世界，神造的完整世界不再是恬然無知的樸訥狀態，世界開始分離、分割，世界有了自己的形象，開始和母親溫暖的氣息告別，開始長大成人，開始發育、變老。

古老的千年帝國，中國，在被西來的艦隊喚醒之前，是一個酣睡的嬰孩。象形方塊文字裡的夢，是年邁嬰孩的青春夢，如果沒有人來叩門，窗外沒有炮仗的的聲響，嬰孩的一個晨覺可以再持續一千年。

萬里之遙的紐約，向帝國派駐了他們的記者，在這個嬰孩的面前豎起了一面紙質的鏡鑒。深目高鼻的他鄉來客，用曲曲彎彎的西洋字母，持續不斷地講述著一個遙遠如夢的帝國故事，從

《帝國的回憶：〈紐約時報〉晚清觀察記》到《共和十年：〈紐約時報〉民初觀察記》，這就是《紐約時報》關於中國最後的帝國時代和二十世紀初葉十年（一九一一～一九二一）的報導文字。

初始見到西洋文字的中國人，懷著複雜奇妙的心理描述字母文字：這些曲曲連連的筆劃其實不是文字，是聖人老子騎坐的青牛撒的尿溺印記，西域蠻族不知教化，比劃青牛的溺跡弄出了文字。

這些散發著青牛身體味道的文字，記載的是天朝帝國的每日故事：從孫中山的總統參選，到留學生的奉命召回，從幼帝退位，到巴黎和會；天津的高爾夫球場在一片墳場開建，中國的話劇在百老匯上演，袁世凱批准了鐵路修建計劃，慈禧太后的愛犬遠渡重洋到了英國……

這些本應被當時的帝國嬰孩閱讀的文字，遲到了一百年的時間。如果說當時《紐約時報》的記者用越洋電報的通訊工具，提供給帝國嬰孩的是一面鏡子，這面鏡子的光線反射時間在歷史中走了一百年。

這些文字來自紐約公立圖書館的《紐約時報》縮微膠捲庫，彎彎曲曲的西洋文字被翻譯成了古老的象形方塊文字。我們作為此刻的讀者，閱讀的是散發著幽靈之光的文字，那些《紐約時報》記者用一般現在式、現在進行式和尚有餘溫的現在完成式寫就的文字，和我們的此刻當下隔開了三、四代人的時光。這些記述我們太爺爺、曾爺爺時代的文字，被我們以現代白話文的方式閱讀，在我們閱讀紙面的背後，似乎總有幾重隱約魂靈的疊影。

這種時空巨大跳躍、轉換的閱讀，是奇妙感受的閱讀，是脊背發涼、汗不敢出的閱讀，是拊掌大笑、悲欣交集的閱讀，是精魂聚散、刀劍鏗鏘、萬馬嘶鳴的閱讀。

《紐約時報》平日九十多版，週日一百四十多版，厚厚的一摞，壓手的沉重。這是一些原本只有一天壽命的文字，是迅速成章並被迅速遺忘的文字。這些文字經過一百年的海底電纜的延宕和沉澱，如今卻有了電光石火、觸目驚心的意味。

三名清國海軍將領……他們值得大清國的人民引為驕傲。他們是通過一種令人哀傷的、悲劇性的方式——自殺來表現出這種可貴品性的。……他們向世人展示出：在四萬萬清國人中，至少有三個人認為世界上還有一些別的什麼東西要比自己的生命更寶貴。……大清國官員一貫的行為準則就是：為了金錢可以出賣國家，同時保證自己不受傷害。……這次，三名清國軍官為祖國戰敗表現出了強烈的羞恥感，這種羞恥感之強烈，以至於驅使他們選擇自殺。這個小小的跡象表明，這個民族並不像她過去所表現的那樣令人可鄙。

——《帝國的回憶：〈紐約時報〉晚清觀察記》

年輕人渴望財富和權力，認為西方的財富和強大武力單憑精準的科學知識即可立即握在手中。所有學生都急於獲得科學知識，卻大多忽視了西方獲得成功的道德基石。他們拋棄自己的道德傳統卻又無視我們的理想主義，只可能成為自私的物質主義者，那樣中國的覺醒將是一場災難而非福音。

——《共和十年：〈紐約時報〉民初觀察記》

這是深目高鼻的外鄉人記下的文字，如今這些文字的作者也早已謝世。這些原準備只為一天的報紙壽命而存在的文字，在時間的懷抱中竟然有了大理石的記憶。

希臘神話中，歷史是被繆斯女神克里娥（Clio）掌管護佑，她的手中拿的是脆弱的莎草紙張，身邊是堅實的書箱，她不斷地把手中的莎草紙張投入書箱，不知道哪一張莎草紙會在時間中凝聚成大理石的紋樣。

繆斯女神的母親是記憶女神（Mnemosyne），九個繆斯（Muse）是大神宙斯（Zeus）和記憶女神共同孕育的女兒，這一篇篇《紐約時報》的文字都被攬在記憶女神的懷裡，祖母級的呵護。

在這些記憶祖母呵護的文字中，我們感受到的時而是帝國嬰孩恬然純淨、無限未來，時而感受到的是老邁中國的自卑虛弱、風燭殘年。中國嬰孩的晨夢醒來，老邁中國的涅槃再生，都是世界今天正在眼睜睜看到的現實。令人驚異的是，記憶祖母呵護的文字竟然有了神啓和預言的力量。

在我們早已不知名諱的太爺爺、曾爺爺的魂靈疊影中，我們身上負載的世代傳承的血緣密碼向我們述說著難懂的預言，三輩上溯的先人無法料想我們今天的生活，我們不足百年的人生中竟然有了如許的經歷。

我和這兩本書的主編和譯者鄭曦原、李方惠夫婦相約在雅典衛城腳下的一個小咖啡館見面，是在衛城腳下的古羅馬劇場聽完馬勒（Gustav Mahler）音樂會之後的約會。擡頭是兩千多年前的古希臘文明的標誌建築衛城，身右是建於公元前三三四年的利西克拉杜斯（Lysicrates）紀念碑，那是為了當年紀念酒神戲劇節的優勝者而建的，身左是以拜倫（George Gordon Byron）姓氏命名的拜倫旅館，衛城夜間燈光下的山岩洞穴內，是更為古老的雅典人供奉潘神（Pan）和繆斯的聖所。

馬勒《大地之歌》（*Das Lied von der Erde*）中以李白、孟浩然的唐詩為素材的音樂，是對他從未到達的神祕中國的狂野想像，《紐約時報》的文字，是馬勒音樂語言之後朝向古老中國的又一次文化探尋。唐詩中的中國，音樂中的中國，報紙文字中的中國，都是這一無可窮盡的神祕國度的鏡中形象，是她多變的真身在鏡子中的顫動影像。是她，又不是。

我們聚會的飲品是，一瓶啤酒，一杯咖啡，一份茶，還有一盤水果。

鄭曦原夫婦的女兒從數學的故鄉希臘考進英國帝國理工學院，繼續她的數學研究，她在學校組織的青年劇社排演了自己創作的新戲《奧米赫里》，她把在英國的學習經歷、拍戲體驗寫成博客文字，貼在二十四小時無限通達的互聯網上。《奧米赫里》的劇名取自希臘辭彙「霧」，她用中文方塊字重寫了一遍這個古老而美麗的希臘辭彙。

雅典的神在頭頂飛翔，中國的血液在我們三個異鄉人的身體內奔湧，我即將三歲的女兒是雅典出生，她在家裡、幼稚園裡面對的是中文、英文和希臘文的語言的磨難和歷險，這是屬於她的新一代的中國人的奧德賽（Odyssey）旅程。

我的先人從沒有想到，此刻我對他們如此懷念，我的上溯三代的先人的生活，以「鏡中像」的方式盛放在這兩本書裡。我閱讀這些文字，透過一百年的延遲時間，和我上溯三代的先人共在同一個空間。

我從來沒有像此刻一樣，真切感受到古老瀕死、即將重生的嬰孩中國的呼吸溫熱，從來沒有像此刻一樣，感受到歷史本身那不可遏止的湧動的海潮。

鏡子，從發明伊始，就有神祕的性質。攬鏡而照的人，瞳孔裡也有鏡子的影像，鏡子和瞳孔，如同兩面相互面對的鏡子，影像互生，深淵般無窮。

一八五一年八月十九日，《紐約時報》由雷蒙德（Henry Jarvis Raymond）創辦，當時的每份報紙售價一美分。

【跋者簡介】楊少波，河南洛寧人，《人民日報》記者。曾就讀於豫西師範學校、河南大學、北京大學，現在希臘雅典大學攻讀藝術史博士。著有《兩世悲欣一扁舟：李叔同傳》等書。

【附錄】

《紐約時報》民初報導英文原文目錄

＊以下為編者所選各篇報導的原文標題，按發表時間順序排列，末附本書頁碼。

◆一九一一年

◆一九一二年

◆一九一三年

◆一九一五年

◆一九一六年

◆一九一七年

◆一九一八年

◆一九一九年

◆一九二〇年

◆一九二一年

國家圖書館出版品預行編目（CIP）資料

共和十年 ： 《紐約時報》民初觀察記(1911-1921)
/ 鄭曦原編 ； 蔣書婉， 劉知海， 李方惠譯. - -
初版. - - 臺北市 : 遠流， 2011. 11
冊 ； 公分. - - (實用歷史叢書)
ISBN 978-957-32-6873-4(上冊 ； 平裝). - -
ISBN 978-957-32-6874-1(下冊 ； 平裝). - -
ISBN 978-957-32-6875-8(全套 ； 平裝)

1.辛亥革命 2.民國史 3.新聞報導

628.1 100020257